沖縄　憲法なき戦後

講和条約三条と日本の安全保障

古関彰一・豊下楢彦

みすず書房

沖縄　憲法なき戦後　講和条約三条と日本の安全保障

目次

終章 「閉塞状態」の打破に向けて

はしがき

一九六五年九月七日、佐藤栄作政権は「沖縄の法的地位に関する政府統一見解」をまとめた。その二項「日本国憲法の沖縄における適用」では、「同地域〔沖縄〕の施政権は、平和条約により米国が行使しているので、憲法の適用はない」との見解が示された。つまり日本政府は、「平和条約」（サンフランシスコ講和条約第三条）によって米国が施政権を行使しているため、沖縄には日本の憲法が適用されていないことを公的に認めたのである。

それでは、米国の憲法が適用されたのであろうか。断じて否である。それどころか、米軍支配下の沖縄では「軍事的必要性」が最優先され、戦時国際法も世界人権宣言も国連憲章さえも遵守されない事態が日常化していた。一九五八年七月、中曽根康弘は沖縄のこうした事態を「変態的な態勢」と呼んで岸信介首相に対応を求めた。

しかし岸首相にあっては、同年秋に米国のメディアにおいて、日本が「自由世界を防衛する戦いで完全な役割」を果たすため海外派兵を禁じている憲法九条を改正せねばならないと言明したように、最大関心事は憲法改正にあった。これに対し社会党の飛鳥田一雄は、「憲法改正伝々《ママ》なんという問題よりも先に、現行憲法を日本国民と名づくすべての人に享受せしめる努力があるべきではないだろうか」と問うた。つまり、本土の憲法改正を論じる前に、沖縄の八〇万もの人々が「無憲法」の状態におかれているという異常事態に終止符を打つことが先決ではないかという、今日にも通じる根源的な問いかけであった。しかし岸首相は、沖縄返還に「今後も努力していきたい」と答えるのみであった。

ところで飛鳥田は「日本国民と名づくすべての人」と述べたが、これは政府側が、沖縄県民は「日本人であり日本国籍を有している」と繰り返し答弁していたことを踏まえたものである。しかし現実には沖縄県民は、「国籍を喪失した者」として「外国人」の扱いになった在日朝鮮人・台湾人と事実上同じ立場におかれていた。だからこそ、日本人としての選挙権も代表権も剝奪され、日本の施政権がおよばない「国外」に居住していても日本人であれば与えられるはずの外交的保護権からも、沖縄県民は排除された。

こうして沖縄は、外務省条約局長（下田武三）でさえ国際法上「先例のない事態」と答弁せざるをえないような、まさに「変態的」な地位におかれつづけた。その地位は、本質において「軍事植民地」であった。日本政府はこれを否定したが、実は一九五〇年代のアイゼンハワー政権以来、米国の側は、沖縄が「植民地主義」の象徴として国際社会からの批判に晒されることをなによりも危惧していた。そもそも、一九五五年から翌年にかけて、本土に駐留していた米海兵隊が沖縄に移駐したのは、反基地・反核・反米運動の抑圧も土地の強制収用も、憲法なき沖縄ではいっさいの法的枠組みを無視して強行できるからであり、地政学的な理由は二次的な問題であった。

本書は、沖縄がなぜこうした事態におかれることになったのかを、歴史的に解き明かそうとするものである。第一章は、マッカーサー司令部が一九四六年一月に沖縄を本土から行政的に分離する前月に、日本の国会が在日朝鮮人・台湾人とともに沖縄県民の選挙権を停止する選挙法改正を成立させたことに象徴されるように、日米双方が沖縄を旧植民地と同様の地位に追いやった経緯を、国籍とは何かという問題から説き起こし、法令・施行規則・通達にいたるまで詳細に分け入って明らかにする。こうして沖縄の「要塞化」が進められたが、それは本土の非武装化と表裏の関係にあった。

第二章はまず、米国が沖縄を信託統治とするまで全権を行使できると規定する一九五一年九月に調印された講和条約第三条の成立経緯をめぐり、信託統治制度がいかなる背景で国連憲章に導入されるに至ったのかを解明することを通して、米国による沖縄「併合」を不可避とする前提で組み立てられてきた従来の通説を根底から覆す。次いで、講和条約とともに調印された安保条約について、米国の当初の構想がNATO（北大西洋条約機構）の太平洋版を構築することにあったが、太平洋諸国が共産主義よりも「日本の脅威」を警戒したため、結局は米国を軸とした個別の軍事条約網が形成され、無制限の軍事行動の自由が享受される沖縄がこれら条約網の「要石」となった経緯を、新たな外交資料を駆使して解き明かす。

第三章はまず、一九五三年末の奄美返還が逆に、米国による半永久的な沖縄支配を内外に宣言する契機となったことを明らかにする。しかし、そのことが国会における論戦に火を付け、さらに五六年の日本の国連加盟も加わって、沖縄支配の国際法上の根拠が脆弱であり講和条約三条は「失効した」のではないかとする議論が激しく展開された経緯を、膨大な国会議事録の検証を通して明らかにする。こうした議論に押されて岸は期限付きでの沖縄返還を求めて訪米するがアイゼンハワー政権によって一蹴され、これ以降、日本による返還要求は「凍結」されることになる。

第四章はまず、一九六〇年の安保改定にあたり沖縄を共同防衛地域に含めるか否かの問題が岸の改憲論と交錯して沖縄が翻弄される結果となったことを明らかにする。しかし、同年の国連における植民地独立付与宣言が「植民地」としての沖縄問題を再浮上させ、信託統治制度の事実上の終焉と相まって、講和条約三条は事実上「死文化」も同然となった。とすれば、米国の沖縄支配に国際法上の根拠があるのか否かが、一九七二年の沖縄返還を再検討するさいの重要な評価軸に設定されねばならないであろう。

終章はまず、米軍による沖縄支配と戦前の「帝国日本」による植民地行政の類似性を明らかにしたうえで、米軍基地が自衛隊とは異なり「基地」とは呼ばれず「施設および区域」と称されているように、外国人の軍人・軍属・家族の日常生活を支える「町」を形成していること、沖縄の本土返還後もこの「町」を確保しつづけるために「米軍土地収用特措法」など、事実上沖縄にのみ適用される差別行政が展開されていることを指摘する。

次いで、沖縄になお加重な軍事負担が押しつけられる根拠として挙げられる北朝鮮と中国の脅威の問題を掘り下げて考察したうえで、東アジアの脅威と緊張から脱却する道筋として、いかなる理念も欠いたまま「米国第一」をかかげるトランプ米大統領が混乱を引き起こす今日の時代を「共通敵」なき時代と捉え、逆に際限のない軍拡と緊張激化を新たな「共通敵」として措定し、米中両大国間で翻弄される東アジアの国々が「東アジア軍縮同盟」という提携関係を構築し、その「要石」に沖縄を設定するという見取り図を提起する。

執筆の分担については、第一章、第二章2節と3節、および終章1節は古関が、第二章1節と第三、

第四章、および終章2節を豊下が、それぞれ担当した。
なお、本文中の傍点は、とくに断わらない限りは、筆者（古関・豊下）が付したものである。

豊下楢彦

第一章

国籍を奪われた沖縄

二〇一五年は、本土にとっては戦後七〇年の節目の年であり、それまでの長期にわたる「平和と安定」を再評価する声も高まった。しかし沖縄では違っていた。沖縄の人々にとって「戦後七〇年」は、米軍直接占領下の二七年間と、本土復帰後の四三年間を意味した。しかも復帰以前には、本土の法制度はおよばず、「民主化政策」の恩恵にもあずからなかった。一方の本土が地上戦をまぬがれ、日本政府の間接統治下におかれたのとは大きく異なっていた。

それだけに、一九七二年の沖縄返還は「長く夢見た祖国復帰」であり、「平和憲法への復帰」であったはずだ。しかしそれから半世紀近く、米軍基地の活動は一方的に強化され、本土による政治的差別はより顕著になり、絶望が深まるなかで、沖縄の自己認識としての「自己決定権」が、さらに「自治」や「自立」の議論が、沖縄のメディアや研究者を中心に出てくるようになった(1)。

沖縄の戦後の歴史を研究しつづけてきた新崎盛暉は、沖縄に対する「構造的差別」を早い段階から指摘してきたが、戦後七〇年にいたって、それ以前には自分は「沖縄とヤマトを隔てる構造的沖縄差別の仕組みを見抜くことはできなかった」と語る(2)。

それでは、本土の側は「本土と沖縄」の関係をどう見てきたのか。歴史家の遠山茂樹は、「沖縄返還」を直前にひかえた一九七二年早春にこう述べていた。「一体沖縄をとりあげることで、新しく何が見えてくるのか、沖縄を視角の一つの柱とすることが、どういう意味で、日本人の歴史研究にとって不可欠であるのか、まず、本土の研究は、このことを明らかにする必要に迫られている。それが本土の研究者が今日はたさなければならない社会的責任である(3)」。

あれから四五年以上を経て、われわれはどのような答えを出して、「社会的責任」を果たしてきたであろうか。沖縄の研究者が沖縄の視点で、あるいは本土の研究者が沖縄の視点で、沖縄を論じた多くの成果を知ることはできるが、近代以降の日本のなかでの沖縄の位置づけを、正確には避けていたといわざるをえない。

今日の沖縄は、「時代の大転換点」を迎えている。そこで従来ほとんど解明されてこなかった問題、沖縄県民の国籍は日本国籍であったのか、沖縄の主権は「潜在（残余）主権」と称されてきたが、その実態はどうだったのか、アメリカ占領下で日本政府はいかなる政策決定に加わったのかなどの問題の憲政史的な側面を再検討し、戦後沖縄の原点を見極めたい。

1 日本国憲法上の「国民」とは？

日本の国籍と「外地法」

私たちはいつから、どのようにして「日本国民」になり、「日本国籍」を取得できたのか、これこそまさに国の基本構造であり、根本である。とはいえ、この国は多くの国民にとってそんなことを考える必要もなく、考えなくて過ごせるほど圧倒的多数の日本在住の人々が日本国籍所有者であり、そもそも「日本国籍所有者」になる手続きをしたことがなく、しなくとも無意識のうちに日本国籍所有者になれる法構造である。

まず、日本国憲法第一〇条をみると、「国民たる要件は、法律によって定める」とある。「法律」とは「国籍法」であり、国籍法では、基本的には「出生の時に父又は母が日本国民であるとき」（第二条一項）とある。つまり、生まれたときに父または母が日本国民（日本国籍所有者）であれば日本国民になることができる。それではその「父又は母」はどのようにして「日本国民」になったのかということになる。「父又は母」、つまり親と子の関係をどう証明するのか。日本は、いわゆる世間でいう「血のつながり」（血統主義）の国柄である。

日本では、誕生とともに住所地などに出生を届け出る（出生届）。そこでは生まれた子の名前とともに、父と母の名も記載するので、それによって家族を単位とした「戸籍」が作成され、そこに父または母の本籍（国籍）も記載される。これによって子に国籍が継承され（戸籍法第四九条）、「血のつながり」が形成されるわけである。つまり国籍は、結婚などのさいによく「戸籍に入る」あるいは「籍を入れる」というように、家族を単位として戸籍法を通して決まるということになる。

かつては、といっても一九八五年の改正国籍法の施行までは、国籍法二条一項には「父が日本国民であるとき」とだけ書かれ、父の国籍のみが子に継承された（父系血統主義）ので、父が日本国民でない、つまり、父が外国籍の子は日本国籍を得ることができなかった。その後、日本が女子差別撤廃条約を批准したことにより、男女平等原則にもとづいて国籍法が改正され、現状のようになった。

一方、戦後沖縄の人々は「日本国民であったのか」否か。なぜこの問いが生まれるのかといえば、つまり戦後の沖縄の国籍を論じるさいには、実は日本の植民地であった台湾、朝鮮などの住民の国籍問題——これもまた従来論じられてこなかった——と無関係に論じることはできないからである。いささか回り道になるが、まずその経緯を説明しよう。

二〇世紀前半の台湾、朝鮮などは、日本の領土となったことにより（台湾は一八九五－一九四五年、朝鮮は一九一〇－一九四五年）、その住民は「帝国臣民」とされ、時には、異なる民族にもかかわらず「一視同仁」（日本人と同様に帝国臣民）であるといわれ、区別されることなく皆平等であると喧伝された。戦争遂行にあたっていわれた「一億国民」とは、実は七〇〇〇万の本土の日本国民と、三〇〇〇万の植民地住民とを意味していた。しかも実際は「植民地住民」とはいわず、当時は「外地人」と称し、日本国民は「内地人」と呼称されていた。

法令でも同様に「外地法」「内地法」の表現が用いられた。法律家はいうまでもなく、研究者までも法律用語として「外地法」を常用し、植民地法という言葉を使うことはまずなかった。憲法学者の清宮四郎は、植（殖）民地という用語はもともと政治上あるいは経済上の用語であり、法律上の用語としては適当ではなく、「その原語に該当する諸外国語と同様にとかく帝国主義的搾取といふやうな特殊な連想を伴ひがちで、わが帝国の新領土統治の本質を適正に表現するにふさわしくなかった」[4]と指摘した。

ところが、国籍の内実を示す戸籍をみると「同仁」どころではなかった。戸籍法はそれぞれの植民地で日本政府が任命した総督による命令によったが、台湾の場合は「律令」と称し「戸口規則」（一九〇五年、総督府令第九三号）によって、朝鮮の場合は「制令」と称し「朝鮮戸籍令」（一九二二年、総督府令第一五四号）によって、それぞれの戸籍法の下で戸籍を得ていた。帝国臣民とはいえ権利義務関係、たとえば選挙権については、一九二五年に普通選挙法が公布されたさいに、朝鮮籍や台湾籍であっても内地の市町村内に住居を有する者には選挙権があたえられたが、外地にあって朝鮮戸籍令の下にある朝鮮籍の「帝国臣民」は、そのまま自由に日本の戸籍法の下にある日本籍の「臣民」になることはできなかったのである。[5]

しかも、こうしてつくられた「帝国」は、その統治方法に根源的な問題をかかえていた。それは、日本が最初に植民地を統治するにあって、明治憲法の統治権が植民地にどのようにおよぶと考えるべきかという問題、つまり明治憲法（天皇）と、日本最初の植民地であった台湾の総督府令（総督）との関係であった。当初は、総督府に律令を発する権限があると定められた（明治二九年法律第六三号）が、明治憲法の下で憲法問題が生じた。それは、取得された植民地領土に憲法の効力はおよぶのか、仮におよぶとすれば、天皇の統治権は植民地におよぶのか、およばない場合はどうするのか（当時は法律の番号から「六三問題」といわれた）である。結果的には台湾では総督の発する「律令」が自律的な権限を有することになり、のちには朝鮮の場合も同様となった。つまり、台湾・朝鮮などの法制は「大日本帝国憲法」の埒外となったのである。

この点、美濃部達吉は一九三〇年代初頭に、これでは植（殖）民地は、憲法がおよばない本土の「異法区域」になると述べ、「殖民地」ではあるが「現在に於て完全に日本の統治の下に属することに於ては全く異なること」はない[6]と批判した。しかし、こうした学説（解釈）は受け入れられず、その後は植民地に憲法はおよばなくなった。それは美濃部らの「天皇機関説」が攻撃され、日本が軍事化へとひた走るころである。

このように、外面的には「内地」と「外地」とが「一体」を保ち、「帝国臣民」「一視同仁」が叫ばれつつ、内面の法的統治は「内地法」とまったく別な「外地法」によって「分離」されてきたのである。後述する沖縄においては、こうした植民地法制を彷彿とさせるように、本土の法制度はまったく適用されず、一連の「琉球法令」が制定され、その一方で政府によって沖縄県民は「日本国民」であり、沖縄には「潜在主権」があると叫ばれる歴史がつくられることになる。

本来の「国籍」とは

こうした植民地支配下での「国籍と戸籍」の構造とその歴史が日本で、なかでも本土で知られていなかったことは、戦後の沖縄の「国籍と戸籍」の構造をきわめてわかりにくくすることになった。まず住居移転の自由の問題から検討していこう。一般的に近代国家では、国籍とは、住んでいる住所に関係なく、住所とは別に、主権のおよぶ領土内であればどこにでも本籍を定めることができると解されており、「国民はその属する国の領土内に居住する権利をもっている」ともいえる。(7) それが近代憲法の定める「居住、移転の自由」である。

国籍はそもそも、国王（皇帝）への忠誠を誓った者が取得しうる制度として出発した。君主国の英国では、外国人が英国籍を取得するさいには、「国王に対する忠誠の宣誓」がおこなわれているという。(8) 日本の場合も、外国籍から日本国籍に「帰化」するさいには、天皇が元首であった明治憲法下では「天皇に対する忠誠」を誓っていたと考えられるが、日本国憲法下では、外国人が日本国籍を得て帰化するにあたり「私は日本国憲法と法令を守り、定められた義務を履行し善良な国民になることを誓います」と宣誓している。つまり、それは国家と国民の関係であって、国内のどこに住んでいるかは問題ではなく、国内に本籍があり、国の法を守ることが唯一の条件なのである。

江戸幕藩体制の下では、関所を設け、各藩の治安あるいは徴税を目的として移動の自由を制限・禁止していたが、明治維新とともに明治政府は関所を設けることを禁止（明治二年）した。ところが明治憲法は「日本臣民ハ法律ノ範囲内ニ於テ居住及移転ノ自由」（二二条）があると認めたにすぎず、限定付きであり、日本国憲法になってはじめて「何人も、公共の福祉に反しない限り、居住、移転」の自由（二二条）があると定められた。つまり、明治憲法下の日本は、おなじ立憲君主国とはいえ、住居移転の自由を保障した英国とも異なり、本籍と住所の分離という原則は法律では確立しておらず、それが確立されるのは、日本国憲法誕生以降の戸籍法（一九四八年施行）、国籍法（一九五〇年）、住民

読者カード

みすず書房の本をご愛読いただき，まことにありがとうございます．

お求めいただいた書籍タイトル

ご購入書店は

・新刊をご案内する「パブリッシャーズ・レビュー　みすず書房の本棚」（年 4 回 3 月・6 月・9 月・12 月刊，無料）をご希望の方にお送りいたします．

（希望する／希望しない）

★ご希望の方は下の「ご住所」欄も必ず記入してください．

・「みすず書房図書目録」最新版をご希望の方にお送りいたします．

（希望する／希望しない）

★ご希望の方は下の「ご住所」欄も必ず記入してください．

・新刊・イベントなどをご案内する「みすず書房ニュースレター」（E メール配信・月 2 回）をご希望の方にお送りいたします．

（配信を希望する／希望しない）

★ご希望の方は下の「E メール」欄も必ず記入してください．

・よろしければご関心のジャンルをお知らせください．
（哲学・思想／宗教／心理／社会科学／社会ノンフィクション／教育／歴史／文学／芸術／自然科学／医学）

（ふりがな） お名前　　　　様	〒
ご住所　　都・道・府・県　　市・区・郡	
電話　（　　）	
E メール	

ご記入いただいた個人情報は正当な目的のためにのみ使用いたします．

ありがとうございました．みすず書房ウェブサイト http://www.msz.co.jp では刊行書の詳細な書誌とともに，新刊，近刊，復刊，イベントなどさまざまなご案内を掲載しています．ご注文・問い合わせにもぜひご利用ください．

郵便はがき

料金受取人払郵便

本郷局承認

2074

差出有効期間
2019年10月
9日まで

113-8790

東京都文京区
本郷2丁目20番7号

みすず書房営業部
行

通信欄

(ご意見・ご感想などお寄せください．小社ウェブサイトでご紹介させていただく場合がございます．あらかじめご了承ください．)

登録法（一九五二年施行）を待つことになった。

ではなぜ明治憲法下では移転の自由がなかったのか。それは「国民」という概念がなかったことに関係する。それでは「国民」は法的にどう規定されていたのか。「国民」をはじめて概念規定したのは、なんと講和条約直前、沖縄が本土から分離される直前の一九五〇（昭和二五）年であり、明治三二（一八九九）年の国籍法が全面改正されたからであった。それ以前は、天皇は臣民に憲法をあたえるものであったから、天皇と臣民のあいだに権利義務関係は生じえなかったのである。現に一八九九年の国籍法をみると「子ハ出生ノ時其父カ日本人ナルトキハ」とあり、日本の国籍を有する者は「日本国民」ではなく「日本人」と表記されていた。

ただ、「国民」という用語が早くから多くのところで使われていたことは事実である。それは「メディアによって「日本国民」としての共通意識を持つにいたる過程[9]」であり、時期的には、徴兵令の施行（一八七三年）、日清戦争（一八九四－一八九五年）の前後からだといわれる。沖縄の場合は、日清戦争に日本が勝利し、沖縄から中国離れが進み、沖縄に徴兵制が布かれた（一八九八年）後で「日本国民」であるとの意識が高まったといわれる。

その後、一般に「国民」が使われるようになるが、たとえば「国民服」「国民学校」ができるのは第二次大戦下であり、その場合はじめて「国民」が勅令で定められ、それは政治的一体感を醸成することが目的であった。ただし「国民」とは何かという法的定義は、この時点でもなされていない。

「国民」が法的にも「国民」となるのは、日本国憲法とともにである。より正確には、昭和天皇が「詔書」として、つまり天皇の命令として法的形式によって、いわゆる「人間宣言」を発した時点（憲法施行以前の一九四六年一月一日）で、はじめて「国民」がもちいられた。そして、一九五〇年になって全面改正された新しい国籍法では、「子は、次の場合には、日本国民とする」として、「出生の時に父が日本国民であるとき」などと国民要件が定められた。国籍が本来有する本籍と住所を別とする制度、それはまさしく近代国家の基礎を意味する制度であるが、それができあがったのは、翌五一年六月八日の住民登録法によってである。沖縄が本土から分離され、講和条約が調印される直前のことであった。

つぎに以上の議論を前提として、沖縄の分離あるいは沖縄県民の国籍を考える。なかでも沖縄分離は、講和条約よりずっと以前の沖縄占領とともに、沖縄（琉球人）と本土（日本人）の「移動制限」という人的分離のかたちでおこなわれた。

「琉球人」という呼称

連合国軍最高司令官総司令部（GHQ）あるいは米国政府の公文書で、「沖縄」あるいは「沖縄県」という表記が用いられたのは、米国軍上陸の初期に過ぎなかった。その後はすべて「Ryukyus」または「Ryukyu Islands」（琉球（諸島）、琉球（列島））あるいは、「Ryukyuans」（琉球人）である。たとえば、連合国最高司令官の訓令（命令、SCAPINs*）の表題をみると、一九四五年一一月二九日と一九四六年一月二日に、それぞれ一回ずつ「沖縄」「沖縄人」の表記があるが、一九四六年一月五日以降はすべて「琉球（諸島）」「琉球人」である。SCAPINsが「沖縄」を使用した時期は、日本の行政機構が「沖縄」を使用していた時期であり（たとえば「沖縄諮詢会」のように）、さらには陸軍ではなく、前述した占領直後は国務省の政策が中心の時期でもあった。

一方、「琉球」という表記方法は、米国が来沖した一九世紀半ばの「手引書」によっているともいわれ、元沖縄県副知事の比嘉幹郎《ひがみきお》によると「マッカーサー元帥もこうした資料から沖縄の住民は日本人ではないと考えていたようで、「フィライカム」(PHILRYCOM, Philippines Ryukyus Command)と呼ばれる在琉球米軍と在フィリピン米軍を統合した組織を、一時考えていたとも聞きました」[10]という。戦後の沖縄社会を研究しつづけてきた宮城悦二郎は「米軍は、沖縄人が〝日本人〟としてより〝琉球人〟としてのアイデンティティを強くもつことを望んでいると信じ、すくなくとも一九六〇年代までは、実際にそのような政策をとりつづけている」としている。[11]

また、一九六〇年代はじめの米軍統治下で、「沖縄の市町村長は戸籍事務処理上では、本土の市町村長と同一の取り扱いをされる」ことになったさい、米軍側では戸籍上の「沖縄県」の表示について「相当神経質になっていた」という。そこで本土から来ていた法務官僚が米軍側に、「沖縄県」という

---

* 行政法学者の田中二郎によれば「連合国の発する(日本政府への)命令の多くは覚書(Memorandum)と呼ばれている。〔中略〕命令は、事の軽重、抽象的具体的、一般的個別的の区別なく、普通覚書と呼ばれている。〔中略〕その性格においては指令との間に別段何等の差異がないと考えてよい」ということである(田中二郎「日本管理法令と国内法」横田喜三郎編著『聯合国の日本管理——その機構と政策』大雅堂、一九四七年、九二頁)。

またSCAPINは、SCAP(Supreme Commander for the Allied Powers は「連合国最高司令官」を意味し、INは Index Number と解される(国会図書館の「対日指令集」)が、先の田中二郎はINを Instruction Note(訓令)としている。また、その後にローマ数字で番号が付加される。なかには、覚書のみでその後にSCAPINや番号すら付加されていない場合があるが、効力に変わりがあるわけではないとされている。

表記は「行政組織上の公共団体を意味するものではなく、今や土地表示のための記号に過ぎず、長年使用してきた慣例的なものである」と説明したという笑えないエピソードを残している。[12] この点は単なる言葉の問題ではなく、米国、日本、沖縄の政治の本質そのもの、あるいは明治時代の「琉球処分」以降の本土と沖縄の関係を米軍がいかに認識していたのかをあらわしているだろう。

琉球（諸島）とは、いうまでもなく沖縄県に所属する島々であるが、沖縄本島を中心に久米島、慶良間諸島などを含む沖縄諸島と宮古諸島、八重山諸島、さらには尖閣諸島を含む先島諸島からなる。また米国の公文書には「琉球諸島及び大東諸島」という表記がたびたび登場する。大東諸島は、北・南の両大東島と沖大東島からなり、琉球諸島の一部に含む場合もあるが、米国政府文書は「琉球諸島及び大東諸島」を用いている。もちろん、「沖縄（県）」などという日本の「一行政区域」を示す表記はない。

さらに沖縄の領土に関して一九四六年一月二九日、GHQは日本政府にあてて「若干の外かく地域の日本からの政治上及び行政上の分離に関する総司令部覚書」（SCAPIN-677, 1946.1.29）を送り、ポツダム宣言が「日本国ノ主権ハ本州、北海道、九州及四国並ニ吾等ノ決定スル諸小島に局限」されると規定していたことをさらに具体化した。つまりこの「諸小島」とは、「約一〇〇〇の隣接諸小島を含む」ことを意味し、その「隣接諸小島」には「対馬諸島及び北緯三〇度以北の琉球（南西）諸島（口之島を除く）が含まれ」るが、「鬱陵島《うつりょうとう》、竹島及び済州島、北緯三〇度以南の琉球（南西）諸島（口之島を含む）」はじめ、伊豆諸島や北方領土などの太平洋の島々は、除かれるとした。なお、屋久島の南西に位置する口之島は北緯三〇度上にあり、口之島を除いてその以北にある島が日本領土とされたのである。

さらに、一九五一年九月のサンフランシスコ講和条約（対日平和条約）は、沖縄分離を定めた第三条（第二章一節で詳述）によって「日本国は、北緯二十九度以南の南西諸島（琉球諸島及び大東諸島を含む）」を除くと定め、「北緯二十九度」で線を引いて二九度以北を日本領土とした。領土の問題は別途に論ずるとして、まず沖縄県民（GHQ文書の「琉球人」）はどのように分離されたのだろうか。

「琉球人」の移動の自由の制限

沖縄戦が終焉したあと、占領統治は本土の米陸軍と異なり米海軍によって始まるが、その段階、つまり海軍による軍政と、国務省が政策を実施した段階では、前述の「沖縄諮詢会」あるいは「沖縄民政府」のように「沖縄」の呼称を用いていた。しかし後で述べるように、本土のGHQ（陸軍）が実権を握るにしたがって「琉球」を使用するようになる。

さらに重要なのは、沖縄の分離などが講和条約の締結にむけて問題化される時点、あるいは米国の冷戦政策が対日政策にくりこまれる時点よりもはるかに早い段階で、冷戦政策とは無関係に、米軍とGHQが軍事上の政策として、沖縄に軍事基地を建設し、「琉球諸島」を日本本土から分離する政策を実施していたことである。この点、沖縄史研究の第一人者の比嘉春潮《ひがしゅんちょう》は、米国が沖縄の戦略的重要性に注目していた事実は、文献的に実証できるとして、「米軍は沖縄を占領したからここに基地を置いたのではなく、基地を置くために沖縄を占領したといってもいい」と断言している。(13) 米国軍の最高機関である統合参謀本部は、早くも一九四五年一〇月に「小笠原、沖縄を含む日本の旧委任統治領および中部太平洋の島嶼《とうしょ》を日本から切り離して、米国の排他的な統治の下に置くべきである」と決定していた。その後しばらく沖縄の軍政は、陸・海軍の合同司令部から海軍に移るが、「一九四六年七月一日に陸軍に軍政が移管され」る。[14]

これに先立って一九四六年二月一七日、GHQはつぎのような覚書を発した（日本政府の訳文による）。

朝鮮人、中国人、琉球人及び台湾人の登録に関する総司令部覚書（SCAPIN-746）

一、日本帝国政府は、日本に居住するすべての朝鮮人、中国人、琉球人及び台湾人を昭和二一年三月一八日までに登録することを要する。

二、登録は、次のことを含むことを要する。

い 氏名、ろ 年齢、は 性別、に 本国における住所、ほ 日本における住所、へ 職業〔以下略〕

これをみると、「琉球人」は植民地住民と同様に扱われている。しかし、よく考えてみると、琉球人は領土を分離されたが日本国籍を有する戸籍法の対象者であり、先に述べたように朝鮮人は「朝鮮戸籍令」、台湾人は「戸口規則」の対象者で、法的には別々の存在である。さらに、こうした分類によって琉球人への差別は植民地住民と歩調を合わせて続くことになる。すなわち一九四七年五月二日、日本国憲法が施行される前日に、「勅令」という明治憲法下でつくられた天皇の命令形式を用いて、以下のような外国人登録令が発せられた（勅令二〇七号）。

第二条　外国人とは、日本国籍を有しない者（以下略）
第三条　外国人は、当分の間、本邦に入ることができない。
第一一条　台湾人のうち法務総裁の定めるもの及び朝鮮人は、この勅令の適用については、当分の間、これを外国人とみなす。

これにより、朝鮮人、台湾人はこの段階では日本国籍を有する日本臣民である（第二条）にもかかわらず、第一一条によって強引に「外国人とみなす」とされてしまったのである。朝鮮人、台湾人にとって非道な措置であった。沖縄住民は「外国人とみなす」とはされなかったが、同日、さらに一般の眼にはふれにくい「外国人登録令施行規則」（昭和二二年五月二日、内務省令二八号）が発せられた。これによって、「外国人」は下記の「別表」に記載される「本邦中除外」された地域には「入ることができない」とされた。「別表」では、つぎのような地域が「除外」対象として挙げられた。

一　朝鮮、二　台湾、三　関東州、四　樺太、五　南洋群島、六　北海道庁根室支庁管内占守郡《しむしゅ》（中略）国後郡及び色丹郡並びに花咲郡歯舞村（中略）、七　東京都小笠原支庁管内、八　島根県隠地郡《おんち》五箇村の内竹島、九　鹿児島県大島支庁管内、十　沖縄県。(16)

分類のはじめの部分には、植民地名やいわゆる「北方領土」も書かれているが、この段階は講和条約以前なので、これらの地域はいまだ「本邦」である。とはいえ「外国人とみなす」とされたばかりの朝鮮人、台湾人にとっては、朝鮮や台湾は日本帝国から解放された地であり、祖国であり、故郷である。その地域に「入ることができない」という。さらに、「沖縄県」も「本邦」の外におかれている。これによって本土に住む沖縄住民が沖縄県に入ることが、法令上はできなくなった。しかし、ここからはっきりするのは、この「別表」に掲げられた地域は、一九五一年の講和条約で「本邦」でなくなる地域、領土主権のおよばない地域なのである。つまり沖縄の主権は、後述するように「潜在主権」と呼ばれることになるが、すでにこの時点で、主権のおよばなくなる地域に含まれていた。

「琉球人」と植民地住民

植民地出身者を「外国人とみなす」ことにした一〇カ月後の一九四八年二月二六日、今度はＧＨＱは、沖縄県民（琉球人）の移動の自由を制限する覚書を日本政府に発した。「琉球人（Ryukyuans）が日本商船運航統制機関の船舶を利用して、日本琉球間往復旅行を〔実際には〕繰返し行っている事実が、連合国最高司令部に伝わっている」とし、そのことを理由に「誠意ある住民として琉球に居住していたことを証明しない限り、琉球諸島への旅行を許可されない」（「琉球人の引揚に関する覚書」SCAP-IN-1864, 1948.2.26）とした。これはいわゆる「素行調査」であろうが、「誠意ある住民」か否かの判断は、当然に日本政府（実質的にはＧＨＱ）がおこなうわけである。渡航できなかった場合に「琉球人」に対して政府からその理由は直接伝えられなかったであろうが、「誠意ある住民」との判断は、多様な解釈が可能であり、差別につながりかねない。

こうして、本土在住の「琉球人」の沖縄との自由な往来は事実上不可能になった。その後、講和条約第三条により沖縄が分離されると、ＧＨＱは一九五二年四月に「琉球諸島における日本政府連絡事務所の設置に関する件（覚書・SCAPIN 番号なし、1952.4.14）」を発し、「琉球諸島え〔ママ〕の日本国民の渡航、琉球諸島在住者の日本え〔ママ〕の渡航及びその必要が生ずるときは準領事事務の遂行に関する諸問題を取扱う目的のために、琉球諸島に日本政府連絡事務所（Japanese Government Liaison Office）として知られる一又は数個の事務所を設置する」ことを命ずることになる。

これに応えて日本政府は、同年六月三〇日「南方連絡事務局設置法」（法律第二一八号）を制定し、同事務局を総理府の付属機関とし、「沖縄などのある南西諸島に、ＧＨＱから命ぜられた上記「目的」を遂行するため事務所を設置する」（沖縄では通称「南連」といわれたようである）として、実際には福岡法務局内に設置して同支局とした。ところが、その事務官の身分、給与を調べてみると、外国に勤務する外交官を対象とする一九五二年の「在外公館の名称及び位置並びに在外公館に勤務する外務公務員の給与に関する法律」（法律第九三号）にしたがって、「俸給、扶養手当、期末手当及び勤務手当並びに在勤手当の支給について準用する」とある。そうであればこの「事務所」は「在外公館」並みであって、沖縄は外国扱いであったと見ることができる。つまり、沖縄との往来の自由を禁じた政策は、沖縄県民を外国人扱いすることになり、沖縄という日本の一地域（県）を外国同様の地域とすることになった。

本土から分離された沖縄を「外国」同様に扱い、外務省の職員を派遣し、渡航事務などをおこなうことになれば、逆に本土に住む沖縄県民の本土から沖縄への渡航業務、あるいは沖縄に本籍をもつ本土在住者の戸籍業務を扱う事務所を本土に設置する必要が出てくる。しかし、すでに述べたように国籍を示す本籍は、日本という主権国家の領土内どこにでも定めることができる。ところが日本の領土である沖縄に本籍を有する人々は、日本国民であるにもかかわらず、戸籍法の定める「本籍地の市町村長」から本籍が記載されている戸籍謄本を入手できないことになる。こうして、沖縄県民（琉球人）の自由な移動の制限は、住所とは別に主権を有する領土内であればどこにでも置くことができるという本籍の自由を奪い、沖縄県民（琉球人）は日本の戸籍、さらには日本の主権、そして「領土」をも失う結果となった。

それだけでなく、こうした移動の制限は、なかでも米軍の占領政策に批判的な人物には事実上の「禁止」を意味していた。沖縄人民党（一九四七－一九七三年）の瀬長亀次郎の場合は、一九六七年に本土の「平和大会」への参加のため渡航申請し、琉球列島合衆国民政府（United States Civil Administration of the Ryukyu Islands. 以下、米民政府）に拒否されたため、違憲訴訟を起こし、その裁判への出廷にさいして、東京への渡航がはじめて認められた。それは、一七回目の申請でようやくおりた渡航許可であった。[17]

講和後の沖縄の国籍と戸籍

講和条約発効を目前にひかえた一九五二年一月一九日、政府は「沖縄関係事務整理に伴う戸籍、恩給等の特別措置に関する政令」を発した。そこで沖縄を含む南西諸島の「戸籍及び住民登録事務で、本籍地の市町村長の管掌し、又は管理すべきものは、他の法令にかかわらず、法務省令で定める法務局に勤務する法務事務官で法務大臣の指定する者が管掌し、又は管理する」ことになった。本来は市町村長がおこなう業務である。しかし沖縄の場合は、本土から沖縄の「戸籍及び住民登録」の申請をおこなうことが不可能なため、法務省法務局下にある事務所を設置して代行するというのである。本籍は住所とは異なり、日本国内どこにでも置くことができるにもかかわらず、沖縄県民は本土の住民と異なった戸籍等の事務処理をされることになる。

前述したように、政府は講和条約とともに朝鮮人・台湾人等を法律で「外国人」としたが、一九五二年四月一九日、講和条約発効直前に当時の法務府民事局長発の通達「平和条約の発効に伴う朝鮮人台湾人等に関する国籍及び戸籍事務の処理について」を発した。沖縄の県民の置かれた地位が、外国人になった朝鮮人・台湾人と実態として同様になってしまった現状の下で、日本政府はそれを意識してか、右の通達の最後の部分で、つぎのように弁解している。

（琉球）諸島の地域に本籍を有する者は、条約の発効後も日本国籍を喪失するものでないことはもとより、同地域に引き続き本籍を有することができる。

（琉球諸島などに）本籍を有する者の戸籍事務は、条約発効後も従前通り福岡法務局の支局である沖縄奄美大島関係戸籍事務所で取扱う。

沖縄県民が「国籍を喪失するものでない」のであれば、なぜ唐突に「国籍を喪失した者」である朝鮮人・台湾人を扱った文書のなかで、それをあえて強調する必要があったのだろうか。しかも、「喪失するものでない」といいながら、「沖縄県民に日本国籍がある」とはいっていない。ところが、ほぼ同時に発出された外務省アジア局による文書「琉球政府及び琉球住民」はこう述べている。

> 琉球住民（Ryukyuans）は日本国民であることには変化はない。ただ管轄権を行使する米国の管轄下におかれるという特殊の状態にあるだけである。従って、琉球住民は、南西諸島をはなれて日本本土に在住するときは、日本国民として日本の主権下におかれ、等しく日本の法令にもとづく権利義務は認められ、他の本土在住者と何ら区別されることなく、又日本本土以外即ち外国に在住する琉球住民の外交的保護は日本側がおこなうのが原則である。(18)

逆にいえば、沖縄にいる琉球人は日本の外交的保護をうけられない。「日本国籍がある」のであれば、国籍を証明する本籍をなぜ沖縄の市町村ではなく、「福岡法務局の支局」が扱うのか。沖縄住民は、なぜ本土に住んだ場合にのみ「本土在住者と何ら区別されない」のか。

その一方で、米民政府は日本政府と同時期に、布令六八号「琉球政府章典」（琉球政府の「憲法」に当たる、ただしこれは「米民政府」が発したもの）を発し、そこで「琉球の戸籍簿」を作成することを定め、その下で、本土の「戸籍法」とは別に琉球立法院で「戸籍法」を制定した。これについては節をあらためる。

こうして、本土では国民主権の日本国憲法が施行される一方で、沖縄においては戦前と変わらぬ植民地行政、否、戦前の植民地では、日本本土（内地）への移動は「帝国臣民」として自由であったので、沖縄県民にはそれ以上の圧政を強いてきたことになる。しかも、講和条約をめぐる当時の研究文献をみると、沖縄に日本の主権がおよぶか否かを議論するさいに、領土問題を中心に論じ、国籍・戸籍の分断、なかでも戦後初期から講和条約にいたるまでの移動の自由の実態は、まったく論じられなかったことがわかる。当時の沖縄は行政組織が壊滅状態であったことは確かだが、本土の言論人の無関心さに、「戦後民主主義」の限界を教えられる。

2 日本の主権と沖縄

問題の核心である講和条約第三条（二章1節で詳述）では、米国が沖縄を信託統治の対象にするまで米国は「行政、立法及び司法上の権力の全部及び一部を行使する権利を有する」と規定されている。沖縄が信託統治下におかれる場合は、米国の有する権限は、国連憲章第八七条が定めるように「施政権者（administering authority）」のそれである。これは言い換えれば「行政権者」を意味する。しかし沖縄は信託統治下におかれず、現実には米国が「行政、立法及び司法上の権力」を全面的に行使した。これは文字通りの「統治権（sovereignty）」そのものである。とすれば、一九七二年の沖縄返還についてはかねてより「施政権の返還」という表現が当たり前のように使われてきたが、これは米国の沖縄支配の本質を覆い隠すもので明らかな誤りであり、正確には「統治権の返還」と呼ぶべきだろう。さらに統治権は主権（sovereignty）の意でもあるから、それはまた「主権返還」でもある。

沖縄における日本の主権

「主権」の定義は、憲法では定められていない。しかし、憲法学者の芦部信喜によれば、国家権力そのものを意味する主権は、①は国家が包括的に有する「統治権」の意、②は国家権力の「最高独立性」（国家の独立性）の意、③は国政の「最高決定権」を意味し、その権限が国民にある場合は「国民主権」を意味するとして、この三つに分解できるとの解釈を示している。(19)

日本国憲法は第一〇条で「日本国民たる要件は、法律でこれを定める」としている。その法律とは国籍法であり、そこでは「国民」を「国籍所有者」と定めている。そして、国家主権のうちの③の国政の最高決定権者は「国民」であるが、それは個々の国民ではなく、単一の集合体としての「国民」を意味する（国民主権国家）。この「国民」の有する領土は分割できない。「国民」は①の「統治権」によって、立法、行政、司法の三権を司《つかさど》り、さらにこの国家主権は対外的には独立して「最高決定権」を有する。

ところが先に述べたように、琉球政府は、日本政府とは異なる「統治権」を有する米民政府の命により、実態的には憲法を意味する「琉球政府章典」を発し、そこで「琉球住民とは、琉球の戸籍簿にその出生及び氏名の記載をされている自然人をいう」と定める。さらに本籍が記載されている戸籍簿を「琉球住民」の要件とした。そのため沖縄の立法機関であった琉球立法院では、立法院法として戸籍法（一九五六年一二月三一日、立法第八七号）を制定している。(20) これによって「琉球住民」は「琉球籍所有者」になった。こう考えると琉球住民は日本国籍ではなく、琉球政府には日本の主権はおよばないと見るべきである。ところが、日本国籍を抹消した記載はどこにもない。一方で日本政府は、沖縄県民を「日本国民＝日本国籍所有者」であるとしている。

にもかかわらず、「琉球住民」が日本本土に渡航するさいには、米軍人である民政副長官に任命された琉球政府の行政副主席の許可を得た「日本渡航証明書」を携行し、「日本国」へ入るさいには証明書に「日本国への帰国」と記載されなければならない。「日本国への帰国」とは本来、日本国籍を有する者が出国して外国から帰国するさいに使用される証明である。そこでたとえば、「琉球住民」が日本以外の外国に「出国」したり、あるいは沖縄の漁民が難破して難民等になったさいに、外国の官憲が入国を認めるのか。あるいは日本の外交官、それとも米国の外交官が、その琉球住民を庇護するのか、という問題が起きることになる。次項の「ハワイ地方裁判所の判決」がその具体例である。

このように沖縄での「日本国」のありようをみると、沖縄は日本の一行政区域（県）であるにもかかわらず、それを示す記載は琉球政府章典には見当たらず、逆に米国政府、米国軍の文書をみると、前述したように「琉球（諸島）」とあり、「沖縄」あるいは「沖縄県」という表記はない。「沖縄県民」あるいは「琉球人」は、いずれの国に所属するのか。しかも三条をあらためて読み返してみても、日本の主権を有する沖縄県を分離「した」とも「しない」とも、主権国家日本による沖縄県の放棄で「ある」とも「ない」とも、いずれとも書かれていない。

ハワイ地方裁判所の判決

一九一三年以来ハワイに在住する白山ウシ（音読み）は、沖縄出身者である。講和条約発効直後に、みずからの現住所をハワイの検事総長に通告したが、沖縄が本土から分離されたので、みずからは米国民と考え、外国人に要求される報告等をしなかった。その結果、検事総長から外国人として報告等をおこなうことを「怠った」嫌疑で起訴された。判決は、ハワイ地裁で一九五四年八月一二日になされ、被告人は合衆国の国籍を有していないと判断された。[21]

被告人は、自分は米国民、つまり米国籍と考えたが、それは認められず、日本国籍のままになったのだが、仮にハワイから日本に出国しようとした場合に、どのような出国手続きをしたであろうか。被告人の場合は、戦前（昭和一三年）に日本から出国しているので、日本政府のパスポートを所持していると考えられる。しかし、講和条約発効後は、そのパスポートでハワイから出国できても、沖縄へは入国できず、一度日本で入国手続きをして日本政府のパスポートを琉球政府の「白いパスポート」に書き換え、沖縄に「入国」したにちがいない。その間、数日あるいは数週間かかったことになる。またその逆に、沖縄在住でハワイに渡航することを望んだ親族・友人も同様であったことになる。しかも、米国籍を取得していたとしても、東京から沖縄への「入国」はやはり「白いパスポート」であったにちがいない。

日本の主権の特殊性――「潜在主権*」をめぐる国会論議

一九五一年九月の講和会議で米国代表のダレスは、日本は沖縄に「潜在主権」を有すると述べたが、同年の「講和国会」では「主権」の問題にかかわって、この「潜在主権」（第二章1節で詳述）をどう理解すべきか、かなり本格的に論議された。これはひとつの収穫であっただろう。議論の主役は、外務省条約局長の西村熊雄である。西村は、衆議院平和条約特別委員会でこう話しはじめている。「潜在主権という言葉は、最近私どもが耳にするようになった言葉のように存じますが、私は大正九年に東大に入学いたしましたが、その当時の憲法の講義におきまして、すでに美濃部達吉先生から、潜在的主権ということを教えられてございます」。こう述べて、「美濃部先生は中国における租借地関東州を例にとって説明されました。関東州は依然として租借地でありますが、中国の領土、主権のもとに立ち、あそこに住んでおりまする中国人は日本人でございませんで、中国人でございました[22]」。

　このように「潜在主権」という概念を日本の歴史的文脈に載せて論じる機会をつくったのは、参議院議員の曾禰《そね》益《えき》であった。曾禰は、戦前は外交官として上海などに勤務し、占領下では外務省に代わって日本政府とＧＨＱの連絡を司る終戦連絡中央事務局政治部長の地位にあり、その後、一九五〇年に社会党の参議院議員に転じる。曾禰の経歴は、沖縄問題を論じるのにまさに適役であった。

　曾禰は「〔講和条約の〕第三条に日本の領土権の放棄ということが書いてないというだけの理由を以て日本に主権が残るということが果たして言えるかどうか」と、三条の規定から主権が残っていると解せるかどうか疑問を提するとともに、租借地との関連でつぎのように問題を提起した。「いわゆる租借地、リースド・テリトリーというような場合におきましては一体主権はどうなっておるか、少なくともそのリースの期間中は旧領土権国に対して主権が存在しておらないというふうに考えられて

＊　当時よく使われ、日本政府内でも沖縄でも、沖縄の統治に関して大きな影響をもった「潜在主権」という訳語について、お断りしておきたい。人口にもっとも膾炙しているのは「潜在主権」だが、「残存主権」という訳もある。原文が residual sovereignty であることを考えると「残存」のほうが原文に近い感じがあるが、メディアなどでは「潜在」が当時から一般的に使われてきたことを考え、ここでは「潜在」を用いる。日本語の文献で「残存」が使われている場合はそのまま引用する。

おるのではなかろうか、さような場合と対比いたしまして、果たして主権が日本に、仮に潜在的という言葉を使っても、或いは凍結された主権というような言葉を使っても、主権が残っておるということを果たして言い得るのであるかどうか[23]」と疑問を呈し、政府に回答を求めた。

これに対して西村は、米国代表のダレスが講和会議で潜在主権を認めていると回答したが、曾禰はその回答に満足せず、「主権」の内容について再度こう質問を試みた。

> その主権たるものが本当のただ単なる名目的なものであって、殊に通常の国際法の観念と慣例から言って、まったく名のみのものであるのかどうか、こういうことをはっきりさせたい。〔中略〕然らばその主権たるものは従来の国際法の観念になかったものである、新しいものであるという御見解ならば、それも又その御見解を承っておくことも必要である。〔中略〕例えば租借権とはどういうふうに〔従来と〕違った主権であるのか。

これに対して西村は、①租借地に住んでいる住民は、租貸《〔ママ〕》の国籍を失うことはない、②所定の期限がくれば、領土は租貸されていると答え、最後に「この第三条におきまして、私どもは領土に対する主権が日本に残ると同時に、したがってこの島々に住んでおる諸君の願望でありました日本人として残りたいという気持ちが十分遂げられることになりましたことにつきまして非常に有難いと、思っておる次第であります」と結んだ。

国会での西村の答弁は、戦前の日本の租借権との関係以上には進んでいない。これに対して国際法学者の田畑茂二郎は、「恒久的支配を認めた例として問題になるのは、一九〇三年のヘイ・ヴァリア条約」であるとし、「米国がパナマ運河地帯に対する「永久使用、占有および管理」の権利を認められた例があるが、この場合においても、米国の権利は、沖縄のように、広範なものではなく、「運河の建造、維持、経営、衛生および保護のため」という限界が付されている」とした。しかし沖縄の場合は「一見暫定期間と思わすような表現形態をとりながら、実際には、米国の一存によって、現在の状態をいつまでも続けることができるといった極めて巧妙な仕組みになっていることを知らなければならない」。したがって「日本に残存主権があるといっても、一方において、永久統治を合法化するような仕組がとられている」と、領土所有の期間から見た永久性を指摘した。

しかし、田畑は同時に領土の「処分権」に注目し、残存主権は二つの内容を含むと、つぎのように論じた。「一つは、日本の領域権がなお認められている関係上、米国が領域権の派生的権能たる統治権を放棄する事態がくればそれが自動的に回復されるということ。いま一つは、条約で制限せられない範囲内において、日本がこれらの地域そのものの処分権を原則として保有しており、米国の単独処分は許されていないこと」である。(24)

この点、横田喜三郎も租借における領土処分権に注目した。横田は雑誌の座談会で、日本が一九〇五年のポーツマス条約によって中国の遼東半島の最先端部を租借したときを例に挙げて、こう説明している。日本が遼東半島を租借したときは、排他的施政権（exclusive administration）をもっていた。それは立法、司法、行政を含むものである。「しかし、その領土はやはり中国の領土で、日本のものではないと解釈されて、九九年たてば、返さなければならないものでした。ですから、あのときにも、日本が全統治権を持っていたが、領土そのものは依然として中国のものだという観念が残っていたわけです。中国のものだということは、最後には返さなければならんという意味です」と説明した。

一方、沖縄の主権に関して横田は、「日本の最終的な処分権が残っていると解釈される」と指摘し、より具体的に、「主権の中の最も重要な内容である立法・行政・司法は、全面的にアメリカの手に移っている。ただ最終処分権が、一定の制限のもとに、なお日本に残っている。そこで、日本の領土ということは、いえないこともないが、まったくかすかにそういえるにすぎないものだというのが正直なところですね」と述べた[25]。

つまり、沖縄の領土は、事実上米国の占有状態、しかも無期限の占有状態ではあるが、米国に領土処分権がないという意味で、「潜在的に」きわめて限定的な「主権」が日本の一部の沖縄にも残されたという結論になっている。

沖縄は植民地の扱いをうけてきたが、植民地そのものであった台湾・朝鮮と比較してみれば、後者の植民地住民は日本臣民とされつつ、その内実は総督府による命令の一環である戸籍法により分断されていた。したがっておなじ「帝国臣民」でも日本とは異なる「臣民」であった。これに対して沖縄の場合は、日本政府から日本国民といわれつつ、その内実は琉球政府立法院による戸籍法で支配されており、それは米軍による命令の一環であった。したがって、日本の国籍の対象外で実質的には日本国民ではなく、かといって米国民でもなかった。

植民地には日本の主権は当然およんでいたが、沖縄には上記のごとく統治権＝国家主権はおよんでいなかった。したがって日本の主権はおよんでいなかったと見るべきであろう。ただし領土主権は、実態として米国が占有していたことは明白であるが、米国政府は日本の「潜在主権」を主張してきた。米国に沖縄の領土を「処分」する意図がなく、いずれ返還する意図があったという意味で、領土主権は「潜在」していたのであり、この点が植民地との違いであると、従来識者は主張してきた。しかし、植民地でないとすると沖縄は何であったのだろうか。おなじく植民地ではなく、返還を前提とした租借地の香港も、中米のパナマなどの国々も、英米が期限をつけて租借していたのに対し、沖縄の場合は無期限であった。植民地でも租借地でもなかった沖縄は、何であったのか。

3 代表権・選挙権を奪われた沖縄

沖縄戦が促した天皇の決断

日本の「戦後」は、あの「日本のいちばん長い日」として知られる「昭和二〇（一九四五）年八月一五日」の直前に昭和天皇がおこなった「聖断」から生まれたといわれている。鈴木貫太郎内閣の閣僚の意見が「戦争続行と終結」とに分かれていたなかで、八月九日から一〇日にかけての最高戦争指導会議での昭和天皇の決断によって、「戦争終結」の「聖断」が下ったということである。

ところで従来は、昭和天皇が「平和国家の建設」を決断したのは、日本国憲法の草案がＧＨＱから出された一九四六年二月以降と考えられていたので、それなりの辻褄が合ったのだが、天皇の「平和国家の建設」の勅語が出されたのが一九四五年九月四日であることがはっきりしてくると、八月一〇日の「聖断」からわずか半月で、戦争の「終結」から「平和国家の建設」へと急旋回したことになる。つまり、昭和天皇は「いちばん長い日」よりもだいぶ前に戦争の終結を決断していたと考えないと歴史の平仄《ひょうそく》が合わなくなる。

ところで日本政府は、沖縄戦のさなかの一九四五年五月には、学校を戦闘組織に再編するための「戦時教育令」を発し、「学徒隊」が編制される。沖縄では「鉄血勤皇隊」などが組織された。さらに二〇一四年に公開された『昭和天皇実録』をみると、六月八日、午前一〇時から正午までと、午後一時五〇分からの二回にわたり、最高戦争指導会議が開催され、「戦争指導基本大綱」が決定されている。大綱は当然のことのように「七生尽忠の信念を源泉とし、〔中略〕征戦目的の達成を期す」と徹底抗戦、「玉砕」戦法を決定していた。

しかし、こうした決定があったにもかかわらず、その直後から戦争終結への動きが急速に強まり、その半月後の六月二〇日の『実録』では、その日の最高戦争指導会議での模様がつぎのように記されている。

午後、御文庫に内大臣木戸幸一をお召しになり、時局収拾策のその後の経過につき御聴取になる。内大臣は、首相より聴取した一昨十八日の最高戦争指導会議構成員会議の模様として、〔阿南〕陸相及び〔梅津美治郎参謀総長・豊田副武軍令総長の〕両総長が本土決戦に挙げ得る戦果の上に平和交渉を行うべきことを論じたものの、平和への機会獲得に努力することに異存はなく、一同意見が一致した旨を言上する。

午後三時、御文庫において外務大臣東郷茂徳に謁を賜い、一昨十八日の最高戦争指導会議構成員会議において申し合わせの、戦争の終結に関して我が方に有利の仲介をなさしめる目的をもって日ソ両国間に協議を開始する件につき奏上を受けられる。これに対し、天皇、戦争早期終結を希望する旨の御沙汰を下される。

夕刻、御文庫で梅津〔参謀総長〕拝謁。その際〔沖縄防衛にあたる〕第三二軍司令官牛島満《みつる》よりの最終電報〔後出の「訣別電報」〕に関し奮闘を称える。牛島が最後攻勢を実施した旨発表。

翌二十一日　午前　木戸をお召し、最高戦争指導会議構成員の鈴木〔貫太郎首相〕、東郷、阿南、米内〔光政海相〕、梅津、豊田と懇談会。天皇より戦争の終結につき速やかに具体的研究を遂げ、その実現に努力するよう下問。

さらに、

二十二日　午後三時五分、表拝謁の間に最高戦争指導会議構成員〔中略〕をお召しになり、〔中略〕天皇より〔中略〕戦争の終結についても速やかに具体的研究を遂げ、その実現に努力することを望む旨を仰せに〔中略〕なる。〔中略〕天皇は重ねて参謀総長に対し、慎重を要するあまり時期を失することなきやとお尋ねになり、速やかな交渉の実施を要する旨の奉答を受けられる。

夕刻　鈴木、沖縄の将兵への詔勅を申し出る。

二十三日　午前　天皇、鈴木の申し出につき、木戸の意見を聞く。

正午　鈴木、木戸に昨日の戦争終結の有り難き思召しを拝承し、自らの考えの足らざりしことを深く反省して、詔勅の奏請を思い止めた。

こう見てくると、なんと天皇主導の終戦工作は二カ月も前に始まっていた。では、なにが原因で一挙に戦争の「継続」から「終結」へと急変したのであろうか。たしかにそのころになると米軍による本土爆撃が始まるが、それ以上に天皇にとって大きかったことは、四月一日から始まった米軍の沖縄上陸に対して、「我が方」が予測に反して敗退に敗退を重ねたことであったにちがいない。あらためて沖縄戦の戦況を検証してみると、六月二〇日の最高戦争指導会議開催の二日前の一八日、沖縄戦を指揮してきた牛島満司令官は、参謀次長に対して、つぎのごとく悲痛この上ない「訣別電報」を送っている。

牛島満第三二軍司令官発
親展電報　昭和二〇年六月一八日一八時二〇分発信、通電先　参謀次長　台〔ウテナ〕
大命を奉《ほう》シ挙軍醜敵《しゅうてき》撃滅ノ一念ニ徹シ勇戦敢闘茲《ここ》ニ三箇月全軍将兵鬼神《きしん》ノ奮励《ふんれい》努力ニモ拘《かかわ》ラズ陸海空ヲ圧スル敵ノ物量制シ難ク戦局正《まさ》に最後ノ関頭《かんとう》ニ直面セリ、〔中略〕皇土《こうど》沖縄防衛ノ完璧ヲ期センモ「〔牛島〕満《みつる》」不敏《ふびん》不徳ノ致ストコロ事志《ことこころざし》ト違ヒ今ヤ沖縄本島ヲ敵手ニ委《ゆだ》ネントシ負荷《ふか》ノ重任ヲ継続スル能《あた》ハス。〔以下略〕
　矢弾《やたま》尽キ天地染メテ散ルトテモ魂《たましい》還《かえ》リ還リツツ御国《みくに》護ラン
秋待タテ枯レ行ク島ノ青草ハ皇国ノ春ニ甦《よみがえ》ラナム[26]

六月一八日、「ひめゆり学徒隊」に解散命令が出、その二日後の二〇日に先の最高戦争指導会議で天皇から「終結」の「御沙汰」があり、さらにその翌日の二一日には、阿南陸軍大臣と梅津参謀総長から牛島司令官にあてて訣別電報の返電が送られている。こうしてすべてを見届けた牛島司令官は二三日、よく知られるように地下の司令官壕で自害した。

しかも梅津は、八月一〇日の御前会議で戦争の「終結」が決まったさいに、その場にいた河辺虎四郎参謀次長に「天皇のお気持ちは、昨日から今日にかけての会議論争の帰結として出たものではなくて、既に相当前から、軍の作戦成果に対して、御期待がなくなっており、軍に対する御信頼が全く失われたのだ」と述べたという。[27] 二〇万人ともいわれる沖縄戦の犠牲こそが日本帝国の敗北に決定的な意味をもったはずにもかかわらず、その事実が「日本のいちばん長い日」によってかき消されてしまったことがわかる。

昭和天皇にとっての「平和国家」

昭和天皇は軍部への信頼がもてなくなった。先の「聖断」の最後で、陸海軍の行動には「予定と結果が違う」場合が多いと述べ、陸軍は本土決戦といっているが「防備はほとんどできておらず」「兵士に銃剣すら渡っていない」、これでは「日本民族はみんな死んでしまわなければならなくなる」とまで述べて、「私の任務は、祖先から受け継いだこの日本という国を子孫に伝えることである」と決意を表明したことはよく知られている。[28] 天皇に見捨てられた軍部にとっては、軍創立以来の一大衝撃であったが、昭和天皇にとっても、本土決戦よりも国体護持のほうが重大であり、その中核を占める皇統をいかに護持するかを考え、すでに六月末の段階で、つまり沖縄での敗北をうけて、日本の敗戦を見透していたと考えられる。

ポツダム宣言が出されたのは、沖縄戦の終結から約一ヵ月後の七月二六日、そして八・一五からわずか半月後に連合国の占領軍が到着して占領が始まり、九月二日には、米国の艦船ミズーリ号上で降伏文書に調印することになる。降伏文書は、日本帝国軍隊の無条件降伏を定めるとともに、「天皇及日本国政府の国家統治の権限は本降伏条項を実施する為適当と認むる措置を執る聯合国最高司令官の制限の下に置かるるものとす」と連合国による間接統治を定めていた（外務省を中心に日本政府は「制限の下」という訳語を用いているが、それは天皇の地位を慮《おもんぱか》った表現であり、英語の原文を考えれば「従属の下に」と訳されるべきだといわれる）。

天皇の統治権は否定された。天皇は勅語を発し、降伏文書に調印して「終戦に伴う幾多の艱苦を克服し国体の精華を発揮して信義を世界に布き平和国家を確立して人類の文化に寄与せんことを冀《こいねが》」うと述べた。これは、皇統を護らんがために昭和天皇が平和国家への道を選択した瞬間であり、それは「国体の精華を発揮して」と修飾語が付加されていることからも明らかである。この勅語はその後、政治家はもとより、マスメディア、歴史家からも無視されてきたが、あらためて検証してみると、敗戦とともに生まれた「平和国家」は、本来の政治理念・思想としての「平和国家」とは隔絶した、皇統を護らんがための手段であったことがわかる。

この「勅語」はその後に大きな政治的意味をもつことになる。たとえば軍関係者からも、明治憲法

（大日本帝国憲法）の「天皇ハ陸海軍ヲ統帥ス」という象徴的な「軍関係条項」は、皇統と「平和国家」を同時に護るために急ぎ削除する必要がある、という主張が出てきたのである。この動きは、明治憲法の改正が具体的な問題となった一九四六年初頭から、陸軍軍務局長・吉積正雄が、幣原政権下の書記官長（現在の官房長官）楢橋渡に「軍関係条項」の削除を要請することで表面化した。沖縄戦の惨状で危機感を増し、「皇室の大事」とみて戦後を構想した昭和天皇に比して、沖縄戦の重大さを私たちが正視してこなかったことは、その後の日本国憲法の中核理念となる「平和国家」をも見誤ることになった。[29]

マッカーサーの戦略――戦争放棄と沖縄

日本国憲法の「戦争放棄」条項の誕生過程は、沖縄を除いては考えることができない。日本国憲法はなにかと「平和憲法」といわれるが、その「平和」は、前述したように、天皇制を残置する手段としての「平和」とは異なると考えるべきだろう。

憲法の戦争放棄条項の発案者は幣原喜重郎だ、とよくいわれる。たしかに幣原は、一九二〇年代に穏健な協調外交を展開してきたこともあり、その後、一九四六年一月二四日に首相としてマッカーサーと会見したさいに、「幣原の理想である戦争の放棄を世界に声明し」てはどうかと話し合ったといわれる。ところがGHQの憲法案が最初に閣議に提出されたさい（二月一九日）に、幣原はGHQ案に反対していた。戦争放棄条項はGHQ案の目玉であり、閣議でもGHQ案を受け入れるべきか否かが議論になっていたのであるから、少なくとも幣原自身が閣議で「その戦争放棄は私がマッカーサーに進言した」といえば、閣僚たちに強い印象をあたえ、記録に残っているはずであるが、そのような記録はどこにも残っていない。

周知のように、マッカーサーにとって明治憲法改正の最大の眼目は、連合国、なかでも極東委員会（FEC）が天皇制を残すことに疑問や反対を唱えるなかで、その残置を認めることであった。そのためには天皇制を残す一方で、ポツダム宣言に定める「平和、安全及び正義の新秩序」を履行しつつ、「日本国民の自由に表明する意思」にもとづいて戦争放棄を求める憲法を構築する必要があった。そして天皇自身がすでに九月の段階の勅語で「平和国家を確立して人類の文化に寄与せん」と述べており、マッカーサーが天皇は「戦争放棄」のGHQ憲法案に反対しないであろうと推量していたと考えても不思議ではない。

マッカーサーにとって、戦争放棄を日本国憲法で定めることは、連合国に天皇制を認めさせることであり、そこから生ずる軍事力の空白を沖縄の軍事基地化によって埋め合わせるという、高度な軍事的・政治的戦略であったろう。日本国憲法施行直後の一九四八年、米国は早くも軍部を中心に日本の「限定的再軍備」計画を始めるが、その五月には再軍備計画につきマッカーサーの見解を聴取するため、国務・国防両省から高官を東京に派遣することになる。当然マッカーサーは、みずからが構想した憲法による「戦争の放棄」を主張し、米国政府の日本再軍備構想に強く反対していた。

そこでマッカーサーは、派遣されたドレーパー米陸軍次官に対して、「外部侵略から日本の領土を防衛しようというならば、われわれは陸・海軍よりまず空軍に依拠しなければならない」との軍事判断を示し、沖縄はその位置において米国の防衛線の要《かなめ》にあり、「強力にして有効な空軍作戦を準備するのに十分な面積があること」を沖縄要塞化の理由として挙げて、沖縄を要塞化すれば「日本の本土に軍隊を維持することなく、外部の侵略に対し日本の安全を確保することができる」[30]と、軍備不保持（九条二項）を定めたことの正当性を主張した。[31]

こうした考え方は、かならずしも冷戦政策とは関係なく、それ以前に戦後日本の基本政策として、象徴天皇制・戦争放棄・沖縄の要塞化という三本柱が基礎に据えられていた。だからこそ、冷戦政策が進むなかでは、たとえばアメリカ大統領も承認した「アジアにおける合衆国の目的、政策、行動方針」と題する国家安全保障会議（NSC）の文書においても、「沿岸防衛線の、具体的には日本、琉球諸島、フィリピン、オーストラリアそしてニュージーランドという安全保障の維持に関し」（NSC48/5, May, 1951）と述べられているように、沖縄（琉球諸島）にも国家と同等の重要な地位をあたえていた。

上記のドレーパーの記録は、マッカーサーの口述を米国政府の公文書として記録したものであることを重視する必要があろう。ここでも、われわれが「日本の戦後」を認識するにあたり、沖縄を無視してきたことの大きさを思い知らされる。

戦後民主主義と選挙権

一九四五年一二月、「衆議院議員選挙法改正法」が公布された。

改正法はその第五条で「帝国臣民にして年齢二十年以上の者は選挙権を有す」と定め、「帝国臣民たる男子にして年齢二十五年以上」としていた「男子」を削除し、「二十五年」を「二十年」に修正し、婦人（女性）が選挙権を有することになった。ところが、そのおなじ衆議院議員選挙法改正法は

「別表」で、「沖縄県」の場合は選挙区を全県一区とし、定数を二人と定めたにもかかわらず、「附則」で、「沖縄県、北海道庁根室支庁管内国後郡、沙那郡《しゃなぐん》〔択捉島内〕〔中略〕は、勅令を以て定むる迄は選挙はこれを行わず」と、選挙の停止を定めたのである。

これについて、沖縄県出身の元海軍少将であり、この時点で衆議院議員であった漢那《かんな》憲和《けんわ》は、つぎのように憤懣を述べた。

帝国議会に於ける県民の代表を失ぅことは、其の福利擁護の上からも、又帝国臣民としての誇りと感情の上からも、恂《まこと》に言語に絶する痛恨事であります。此の度の戦争に於いて六十万の県民は出でて軍隊に召された者も、止まって郷土に耕す者も、各々其の職域に応じて奉公の誠を尽くしました。〔中略〕沖縄県民の払いました犠牲は、其の質に於いて恐らく全国第一ではありますまいか。此の県民の忠誠に対して、政府は県民の代表が帝国議会に於て失われんとするにいたりまして、凡ゆる手段を尽くし、之を防ぎ止めねばならぬと存じます。(32)

これに対して、堀切善次郎内務大臣は「連合軍総司令部の方の同意が得られません」と答弁したのみであった。しかも議員のなかからこの漢那の叫びに同情し、あるいは政府に抗議する議員は誰一人いなかった。それはかりか法律家のなかで、沖縄の現状に同情し、連帯し、漢那の意見に耳を傾ける者もいなかった。

沖縄の場合は、「衆議院議員選挙法改正法」の時点で本土の戸籍法が有効であったと解釈される。

一方、この時点（一九四五年一二月）でいまだ日本の植民地であり、かつ日本臣民として国籍を有していた台湾・朝鮮の在日の住民については、選挙権を停止するために、同改正法の「附則」に、つぎのように規定した。「戸籍法の適用を受けざる者の選挙権及被選挙権は当分の内之を停止す」。たしかに、台湾・朝鮮の戸籍法は日本の戸籍法とは別であり、「適用を受けざる者」であったが、その意味を理解できた者が何人いたであろう。沖縄や植民地住民の選挙権を簒奪するという「民主主義」が、戦後を象徴する民主主義の一部として広く理解され、教育されてきたことになる。まさに本土国民中心の民主主義であった。

「全国民」から除外された沖縄

「帝国憲法改正案」は、この衆議院議員選挙法で選挙された議員によって審議され、日本国憲法となった。ところが、憲法にはつぎのような条文がある。

第四三条　両議院は、全国民を代表する選挙された議員でこれを組織する。

国会議員は有権者の代表ではなく、もちろん選挙区民の代表でもなく、「全国民」の代表である。その意味するところを憲法学者の宮沢俊義は、こう解説している。

国民代表者が何人《なんぴと》からも独立であることの結果として、ここで代表されるのは個々の国民ではなくて、全体としての国民だと考えられる。つまり、全体としての国民と国民代表者との関係がここに国民代表と呼ばれるものなのである。(33)

この「国民代表制」の礎を築いたフランス憲法典を、フランス憲法を専門とする杉原泰雄はこう説明する。

「国民《ナシオン》主権」・国民代表制の構造は、〔中略〕フランスの一七九一年憲法の諸規定——とくに、「主権は、単一、不可分、不可譲で、時効にかかることがない。主権は、国民《ナシオン》に属する。人民のいかなる部分も、またいかなる個人も主権の行使を簒奪することができない」(第三篇前文第一条)。「県において任命される代表は、各県の代表ではなく、全国民《ナシオン》(nation entière)の代表である。県は、代表にいかなる委任をも与えることはできない」(第三篇第一章第三節第七条)——によって、明らかにされていた。(34)

この数年、国民が関心をもたざるをえなくなった「定数是正」の訴訟においても、最高裁判決が、その時々の選挙定数の一定の数を超えた場合には、「軽かった選挙区」の選挙区民のみを対象として選挙をやりなおすことはできないと述べている。「国会議員は、全国民を代表するものであって特定選挙区の住民の利益代表ではないのである」(最高裁昭和五一年大法廷判決)。「沖縄県民は当然日本国民である」。政府はこう言いつづけてきた。また多くの国民もそれを認めつつ、二十数年間も沖縄県民のいない「全国民の代表」を選出してきた。

第二章　講和条約第三条と安保条約——「犠牲の要石《かなめいし》」としての沖縄

1　講和条約第三条の成立過程

米国内部の対立

一九五一年九月八日、サンフランシスコ講和会議において対日講和条約が調印されたが、その第三条で沖縄の「処理」はつぎのように定められた。(1)

日本国は、北緯二十九度以南の南西諸島（琉球諸島及び大東諸島を含む）、孀婦岩《そうふいわ》の南の南方諸島（小笠原群島、西之島及び火山列島を含む）並びに沖の鳥島及び南鳥島を合衆国を唯一の施政権者とする信託統治制度の下におくこととする国際連合に対する合衆国のいかなる提案にも同意する。このような提案が行われ且つ可決されるまで、合衆国は、領水を含むこれらの諸島の領域及び住民に対して、行政、立法及び司法上の権力の全部及び一部を行使する権利を有するものとする。

この難解な三条の成立過程については、すでに実証的な研究が積み重ねられてきた。(2) これらの研究成果を踏まえつつ、右の条文が生み出された経緯を図式的に整理しておこう。まず前提として重要なことは、沖縄に対処する基本方針について、米国内部で深刻な対立があったことである。つまり、軍部やマッカーサーは沖縄を日本から分離して米国の支配下におくべきと主張したのに対し、国務省は日本への返還を求めた。

たとえば、統合参謀本部は一九四五年一〇月二三日にまとめた、戦後世界における軍事基地の獲得に関する基本文書において、沖縄については「日本から分離して、米国の排他的戦略的支配の下に置かれる」ものと位置づけた。またマッカーサーは四七年九月一日付のマーシャル国務長官あての書簡で、沖縄は「民俗学的に日本に固有ではなく、日本の経済福祉に貢献せず、日本人もその保有が認められるとは期待していない」と述べて、「米国に属さなければならない」と主張した。[3]

他方、国務省は、四六年六月二四日付の日本の領土問題の「処置」に関する文書で、「日本国ノ主権ハ本州、北海道、九州及四国並ニ吾等ノ決定スル諸小島ニ局限セラルヘシ」とのポツダム宣言の規定に照らして、沖縄は「諸小島」にあたるとみなし、「非軍事化して日本に返還すべき」との方針を打ち出した。ここには、一九四一年八月にルーズヴェルト米大統領とチャーチル英首相がまとめあげた大西洋憲章の第一項目で謳われた領土不拡大原則が反映されていた。[4]

このように、米国の沖縄に対する政策は、併合ないしは排他的支配下におくか、あるいは日本に返還するかという、深刻な対立をかかえこんで揺れ動くことになった。こうした閉塞状況を打開したのが、四七年五月に創設された国務省政策企画室の長に任命されたジョージ・ケナンであった。彼は「冷戦思考の導入」によって米国の対日政策の根本的な再検討に乗り出した。[5]

翌一九四八年三月に日本を訪問し、沖縄も視察したケナンは、長文の報告書をまとめあげた。そこでケナンは、「米国が沖縄に恒久的に施設を有する意思があるということについて決断するべきである。そしてそれにしたがって、琉球の基地の開発を進めるべきである。国務省は、諸島に対するわれわれの恒久的な戦略的支配を可能にするような国際的認可を確保するという問題について、直ちに研究を実施しなければならない」と強調した。

このケナン報告にもとづいて国家安全保障会議（NSC）がまとめあげた、沖縄を「長期的に保持する」「沖縄および沖縄周辺での軍事基地を拡充」するとの文書を、トルーマン大統領が翌四九年五月六日に承認した。こうして、米国による沖縄「長期」保有の方針が「国策」となった。[6]

これをうけて、一九四七年以降中断していた対日講和条約草案の起草作業が四九年秋から再開されるなかで、あらためて条約における沖縄の具体的な位置づけが焦点となった。同年一〇月に中国で共産党が権力を掌握したが、同じ一〇月にまとめられた草案では、日本が「北緯二十九度以南の琉球諸島」（以下、沖縄）に対する「全ての権利及び権原を放棄する」こと、さらに連合諸国は沖縄で米国が「施政権者になることを規定する信託統治協定の申請を支持するものとする」と規定された。[7]

翌五〇年四月、ジョン・フォスター・ダレスが国務長官顧問に任命され、対日講和を担当することとなった。このダレスの下でまとめられた五〇年八月一八日の草案では、米国が沖縄について「米国を施政権者とする信託統治制度の下におくことを国際連合に対して提案する。こうした提案が可決されるまで、日本は米国がこれらの諸島の領域に対して行政、立法及び司法の全権を保持することに同意する」と規定された。[8]

前年の一〇月草案と比較した場合、この八月草案には重要な修正が盛りこまれている。まず、日本による沖縄の「放棄」という規定が削られたことである。これによって領土不拡大原則に反しない形がとられたわけであるが、これは同時に、後に述べる「潜在主権」という概念がはじめて示されたことを意味する。さらに重要な修正は、「こうした提案が可決されるまで（pending affirmative action on such proposal）」という、いわば〝ペンディング規定〟が挿入されたことである。

なぜ、こうした規定が設けられたのであろうか。それは、後にふれることになる経緯を背景に、安保理での承認が必要な戦略的信託統治の提案が、ソ連の拒否権にあうことが確実であったからである。したがって、この〝拒否〟を前提にしつつ、米国は「こうした提案が可決されるまで」のあいだ、沖縄において「全権」（full powers）を行使できる、というレトリックを駆使することを企図したわけである。法律家で国際弁護士であったダレスによる、巧妙な規定の挿入ということができよう(9)。

同五〇年一一月二四日には、対日講和条約に関する米国の七原則が打ち出されたが、沖縄についてはその第三項目で、日本が米国を施政権者とする「信託統治に同意」する、と記されていた。翌五一年一月末にダレスが来日し、本格的な日米交渉が開始されたが、吉田首相は一月三〇日に「わが方見解」をダレス側に手交する。

ここで、右の七原則の第三項をめぐり、「日本は、米国の軍事上の要求についてはいかようにでも応じ、バミューダ方式〔九九年間の基地租借〕による租借をも辞さない用意があるが、われわれは、日米両国間の永遠の友好関係のため、この提案を再考されんことを切に望みたい」と、信託統治方針の再検討を求めた。さらに、「信託統治がどうしても必要である」という場合に考慮されるべき点として、「信託統治の必要が解消した暁には、これらの諸島を日本に返還されるよう希望する」「住民は、日本の国籍を保有することを許される」「日本は合衆国と並んで共同施政国とされる」などを要望した。

しかし、翌三一日の吉田との会談でダレスは、「降伏条項で決定済みであって、これを持ちだされることはアンフォーチュネートである。セットルしたこととして考えて貰いたい」と述べて、右の要望を一蹴した。[10]

この第一次日米交渉を経て同年三月一九日、米上院外交委員会の極東小委員会において、ダレスの証言にもとづいて講和条約草案をめぐり議論が展開されたが、そこでは、「条約草案は、仮に信託統治が国際連合によって認められなければ、米国が無期限に琉球を支配できるようになっているが、その場合米国は帝国主義的との非難を受けることはないか」との質問や、あるいは「米国がなしうる最小限のことは、本土におけると同様の軍事的権利を琉球においても取得した上で、琉球を日本に返すことである」との主張がなされた。

こうした議論の影響をうけたのであろうか、四日後の三月二三日付の講和条約草案では、沖縄を信託統治下におくとの提案が承認されるまで米国は沖縄の領土と住民に対する「行政、立法、司法の全部および一部（all and any）の権利を行使する権利を有する」との新たな変更が加えられた。つまり、それまでの草案では、米国は「全権」（full powers）を行使するとされていたのが、「一部」の行使の場合もありうるという規定に変えられたわけである。[11]

この変更について国務省は、翌五二年一月二五日付の覚書で、「条約は米国の権利の行使が全体的なものである必要はなく、限定的な権利だけを行使して残りの権利は日本政府が行使することも想定していたことは明らかである。もし米国が一定の権利だけを行使できるとすれば、それは論理的に、権利を何も行使しないことを選択できるということになる」との「解釈」を示した。つまり国務省は、米国の軍事的要請がみたされる場合には施政権の返還の可能性も排除しない、という意味づけをこめたのである。[12]

しかし、軍部の側は強硬な路線を崩さなかった。右の五一年三月二三日付の草案に対し、統合参謀本部は四月一七日付の覚書で、講和条約は沖縄について「米国による排他的な戦略的支配を確保する」ものでなければならない、と強調した。そして六月二六日に同本部は、沖縄での米国の戦略的管理に対していかなる国の干渉も認めないことを明確にさせるために、草案にある「米国を施政権者とする」との文言を「米国を唯一の施政権者とする」と、「唯一」を加えるように変更することを求めた。結局、国務省もこの変更を受け容れ、かくして沖縄に関する講和条約の規定が固められ、英国の了解を経て、七月九日に英米共同案として関係諸国に送付された。[13]

「潜在主権」の背景

以上の経緯をあらためて整理しておくならば、一九四九年五月に大統領の承認を経て沖縄の長期保有が米国の「国策」となった。これをうけて同年一〇月の草案では、日本による沖縄の「放棄」と米国が施政権者となる信託統治を国連に申請すると規定された。しかし、翌五〇年八月にダレスの下でまとめられた草案では、日本による沖縄の「放棄」が削除されるとともに、信託統治についても「提案が可決されるまで」というペンディング条項が挿入され、この〝過渡期〟には米国が沖縄に「全権」を行使できる、との重要な変更が加えられた。さらに、翌五一年三月には国務省の意向をうけて、「全権」の規定が「全部および一部」に変更された。しかし、六月には軍部の要求で右にみたように、米国が「唯一の施政権者」となると明記されるにいたった。

それから三カ月を経て五一年九月にサンフランシスコで対日講和会議が開催されたが、同五日の演説でダレスは沖縄に関し、つぎのように述べた。つまり、連合国のなかには日本が沖縄の主権を放棄すべきと主張する国々や、あるいは逆に日本に復帰させるべきと考える国々があって意見が割れているので、「最良の公式（formula）は、日本に潜在主権（residual sovereignty）を残しつつ、米国を施政権者とする国連信託統治下におくことであると考える」と。[14]

たしかに連合国のなかでは、たとえば英国は同年四月の条約草案で、カナダやオーストラリアなど英連邦諸国の強い主張もあって、日本による沖縄の「放棄」を規定したが、結局のところ、「これは米国の問題」との理由で取り下げた。したがって講和会議で英国代表のヤンガーは、講和条約は沖縄を「日本の主権から切り離してはいない」と述べたのである。他方、講和会議に招かれなかったが中国の共産党政権は、「沖縄は日本の一部である」「これらの島々はいかなる国際合意によっても日本から分離されたことがない」として、沖縄の日本への返還を支持した。[15] しかし、ダレスが潜在主権の概念を打ち出した背景には、連合諸国間の意見の相違だけではない戦略的な思惑があった。

先にみたように、五一年六月二六日に統合参謀本部は沖縄での戦略的管理に対していかなる国の干渉も許さないことを明確にさせる目的で、条約草案に「米国を唯一の施政権者とする」との修正を求めたが、翌二七日、ダレスはマーシャル国防長官との会談に備えて「琉球諸島に関する覚書」をまとめた。[16] そこでダレスはまず、一九四二年一月一日の連合国宣言であらためて確認された領土不拡大原則に照らして、米国には沖縄の「主権を獲得する意思はない」ことを断言する。

次いで、逆に日本が沖縄に対する主権を放棄した場合に、いかなる事態が生じるかを検討する。この場合、仮に国連が米国による信託統治の提案を承認しないならば、「国際情勢は大混乱をきたすであろう」とダレスは警告を発する。そして、米国はつぎのような事態を招いたことで批判にさらされるであろうと、いくつかの可能性を挙げた。

まず第一に、沖縄の主権を住民が担い、彼らは「米国を追い出す権利」を主張する。第二に、戦勝国としてソ連が、根拠があいまいであっても沖縄への主権を求める。第三に、国連が沖縄とその住民の問題を扱う。第四に、米国が「ごまかし」によって沖縄の主権を事実上獲得したと非難される。

つまりダレスが言いたいのは、日本の沖縄への主権を失わせることは、米国をして多くの難題に直面させる結果をもたらすだけだ、ということである。逆にダレスは、統合参謀本部が求める沖縄の排他的戦略的支配と「潜在主権は完全に両立する」と指摘して、後述するミクロネシアやパナマ運河の例をあげ、沖縄に関する条約草案が同本部の要請に「十二分に適合する」と強調した。

たしかに当時国務省にあっては、「琉球を喪失することへの日本人の強い感情を考えると、日本に名目的な主権を残すことには利点がある」という、日本の世論への配慮があったことはまちがいないが、右にみたように、潜在主権というかたちで名目的であれ日本に沖縄への主権を残すことには、なによりも戦略的な思惑があったのである。(17)

信託統治制度の成立経緯

この潜在主権の問題に関連して、その著『沖縄問題の起源』で講和条約三条の成立過程についてもっとも実証的な研究をおこなったエルドリッヂは、結論としてつぎのように指摘した。「ダレスや国務省が、第三条の解釈で琉球諸島に対する日本の主権を確保することができなかったならば、沖縄は信託統治協定によって、あるいは併合によって、永久に日本から分離されるのは確実であった。それは米軍部の五年来の要求であった。不完全であっても、「潜在主権」というような方式が実現しなかったならば、沖縄はより長く、あるいは現在〔本著の刊行は二〇〇三年〕にいたるまで占領状態に置かれた可能性が高い。この方式によって、沖縄が日本から完全かつ恒久的に分離されるという最悪のシナリオは避けることができたのである」と。(18)

こう述べてエルドリッヂは、潜在主権というかたちで日本に主権が残された背景として、ダレスや国務省の努力とともに、日本政府、なかでも「吉田首相の役割」を強調し、さらには、後述する昭和天皇による「沖縄メッセージ」の重要性をも指摘した。

それでは果たして、三条の成立過程において、右に描き出されたような構図は成り立つのであろうか。結論的にいえば、現実はまったく逆に、沖縄に関して信託統治協定をまとめることもできないし併合することもできない、という状況のなかで、はじめて三条が生み出されてきたのである。問題のありかは、第二次世界大戦を経るなかで、そもそもなぜ国際連合に信託統治制度が設けられるにいたったのか、という根本的な問いに存在する。この問いを解き明かすことなしには、「沖縄問題」の本質に迫ることはできない。

信託統治制度の成立経緯を研究した池上大祐の著作『アメリカの太平洋戦略と国際信託統治』によれば、問題の起源は、一九四一年八月にルーズヴェルトとチャーチルが発した大西洋憲章にさかのぼる。その三項では、「主権と自治を強制的に奪われたすべての人民が自らの統治形態を選択する権利を尊重する」という、いわゆる「民族自決」の原則が謳われた。ところがチャーチルは、「主権」という語句が挿入されていることを根拠に、インドなどはもともと主権がないので右の三項は適用外になる、と主張した。

これに対してルーズヴェルトは右の三項の普遍的な適用を主張し、こうして「民族自決」の普遍的原則を示すために打ち出された概念が「国際信託統治」（International trusteeship）であった。たとえば、フランス領であったインドシナは日本の占領から解放された段階でふたたびフランスに返されるべきではないとして、インドシナを国際信託統治の下におくことの必要性をルーズヴェルトは提起したのである。(19)

こうしたルーズヴェルトの構想を背景として、一九四二年二月には国務省内に、植民地問題に関する政策立案を担うべく戦後外交政策諮問委員会の下部組織として政治小委員会が設けられた。同委員会では、「ヨーロッパ帝国主義を弱める」ことを念頭に、「まだ自治の準備がなされていない従属地域は国際信託統治に置かれる」ことなどを定めた「国際信託統治に関する立案文書」（一九四二年文書）がまとめられた。かくして四二年から翌四三年にかけて、信託統治下におかれる従属地域の自治から独立への移行が議論の焦点となる。(20)

しかし、やがて四三年の夏以降、「従属地域の不安定さがアメリカの安全保障に脅威となる場合」といった、安全保障の問題が大きな比重を占めるようになった。つまり、戦後世界における「平和の維持」を構想するなかに従属地域の問題が位置づけられるようになったのであり、たとえば四三年末の植民地問題の委員会では、従属地域が世界の安全保障にいかに「貢献」できるかが議論され、より具体的に、「世界の安全保障上の基地は、従属地域に創設されるか、あるいは安全保障組織の軍隊がその領域を通過するかもしれない」という主張もなされた。

こうして、翌四四年一月一三日に国務省政策研究部で作成された「信託統治の有益性」と題する文書では、「国際信託統治」が米国にもたらす利点の一つとして、領土不拡大原則を維持しながら、たとえば太平洋の「委任統治諸島〔国際連盟管理下のミクロネシア〕における航空施設の獲得を確実にすることを手助けする」ことが挙げられた。つまり、米国による国際信託統治構想が「脱植民地化」を装うことで「基地の獲得」を可能とするための手段」と位置づけられることになった。[21]

さらに、二月二四日付の「信託統治制度の本質」と題された文書では、「信託統治の目的のひとつとして国際安全保障を掲げることは、創設されうる一般的安全保障制度と多くの信託統治地域をリンクさせることを可能とする」と、来たるべき国連の創立にさいして、安全保障に貢献することをも目的とした信託統治制度を組みこむことが提案された。

ところが、国務省内で右のような議論が展開されていた四四年三月に、ミクロネシア東部に位置するマーシャル諸島を米海軍が制圧し、ニミッツ提督が同諸島を事実上併合する意図を明らかにした。これに対し国務省の植民地問題委員会はただちに、「マーシャル諸島は、国際的な取り決めによって新しい配置となるまで、法的には国際連盟の管理下にあること」「単独での奪取は、将来の国際信託統治計画を傷つける」との見解を公表して警告を発した。[22]

翌四五年二月に入り、国務省と統合参謀本部とのあいだで国際信託統治の立案に関する「省間委員会」が設置され、激しい議論が交わされることになった。ここで焦点となったのがミクロネシアであって、軍部の側は併合の正当化をはかろうとしたが、国務省の側は「日本委任統治領の問題は、世界中の領域に関するほかの多くの問題を引きおこす」と反論した。(23)

こうした対立図式のなかで提起されることになったのが、信託統治領を「戦略地域」と「非戦略地域」に区別するという考え方であった。この眼目は、後者については国際機関による調査権限に制限が加えられないが、前者については制限を設けることができる、というところにあった。この「戦略地域」については、「軍部のニーズに応える」ために「軍事安全保障上の理由から「閉鎖地区」」を設けることができるとの提案もなされ、後にみるミクロネシアに関する信託統治協定に組みこまれることになる。

なお、以上の議論を踏まえて二月一五日付で起草された「国際信託統治計画」草案では、信託統治の適用地域として、「委任統治領」「敵国からの分離地域」「本国によって自発的にその制度のもとに置かれる地域」の三地域に区分されることになった。ちなみに、右の「本国によって自発的にその制度のもとに置かれる地域」とは、ルーズヴェルトによる当初の構想を反映して、植民地を保有する連合国や中立国が「自発的に」みずからの植民地を信託統治制度のもとにおく場合を想定したものである。(24)

つまり、英仏両国はもちろん、オランダやポルトガル、スペインなどが対象とされていた。この点を確認しておくことは、後に詳述するように、日本の国会で政府側が沖縄を、「自発的にその制度のもとに置かれる地域」に位置づける答弁をくり返すことになることからして、きわめて重要である。

さて、以上の経緯を経て、四五年四月二六日に「国際信託統治に関する計画」草案が、サンフランシスコの国連創設会議に提出された。この創設会議でまとめあげられた国連憲章の第一二章に「国際信託統治制度」が設けられた。そして第八二条で「戦略地区」を設けることができると定められ、第八三条で「戦略地区」に関するすべての任務を「安全保障理事会が行う」と規定された。他方、「戦略地区として指定されないすべての地区」に関する任務は「総会が行う」とされ（第八五条）、具体的には信託統治理事会が担うと規定された（第八六条）。この理事会の任務は、施政権者の提出する報告の「審議」、「請願の受理」とその「審査」、「信託統治地域の定期視察」などであった（第八七条）。つまり、新たに国連のもとに設けられることになった信託統治制度は、米国の提案にもとづき、安保理が管轄する戦略的信託統治と信託統治理事会が管轄する一般の非戦略的信託統治の二つに区分されることになった。[25]

ミクロネシアの信託統治協定案

以上のように、信託統治に関する国際的な枠組みは固められたが、問題の戦略的信託統治が具体化されるまでには、紆余曲折を経ることになる。まず、日本の降伏以降の国際情勢をも踏まえつつ、米国の軍部があらためて強硬論を主張しはじめた。統合参謀本部は四六年一月二一日付の内部文書でミクロネシアを「主権獲得すべき（the assumption of full sovereignty）」地域と記していたが、六月二八日に国務・陸軍・海軍三省調整委員会に提出した「太平洋における戦略地域と信託統治」と題する文書では、ミクロネシアに対しては「無制限かつ排他的主権の獲得」をおこない、沖縄に対しては「戦略的信託統治を実施する」との方針を打ち出した。

こうした軍部の方針に対し、六月二四日に三省調整委員会に提出した文書で国務省は、ミクロネシアを国連憲章八二条にもとづいて戦略的信託統治のもとにおくべきと主張し、軍部が戦略的信託統治の実施を求めている沖縄については領土不拡大原則に照らして「日本に返還されるべき」との立場を明らかにした。ただ注目されることは、国務省が同時に、戦略区域内に「閉鎖地区」を設けて国連による査察を拒否するとの提案をおこなっていたことである。つまり国務省は、軍部による軍事的要請をみたしつつ、米国が創設について大きな役割を果たした国際信託統治制度の「建前」を維持することにこだわったのである。(26)

ミクロネシアの「処理」をめぐる右のような軍部と国務省との対立が深まり、米政権として明確な態度決定をおこなうことができない事態が長く続いたが、ようやく四六年一一月六日にいたり、トルーマン大統領はその声明で、ミクロネシアを戦略的信託統治のもとにおくという意思をはじめて正式に表明した。この背景には何があったのであろうか。それは、他ならぬダレスが直面した深刻なジレンマであった。

実は同年初頭にロンドンで第一回の国連総会が開かれたが、信託統治理事会の前身である委任統治委員会の米代表であったダレスが対応を迫られた問題は、南アフリカが委任統治領の南西アフリカ(後のナミビア)の併合を主張していたことであった。当時、「全世界の従属人民」へのアピールを発していたダレスは、当然ながら南アフリカの併合方針に反対の意思を表明していたが、一〇月を迎えニューヨークに本部を構えてはじめての国連総会が開催される段階になって、きわめて困難な立場に立たされることになった。
それはいうまでもなく、米軍部がミクロネシアの併合を強く求めていたことである。仮に米国が併合に踏み出すならば、ダレスの立場は救いがたいジレンマに陥らざるをえない。そこでダレスは一〇月九日にバーンズ国務長官に〝最終決断〟を迫る書簡を送り、「日本の委任統治諸島について示されている不決断は、もし長引くならば、世界における我々の立場を弱めるであろう」と警告を発し、「併合よりも戦略的信託統治を支持すべきである」と強調した。このダレスによる〝直訴〟が一一月六日の大統領声明に繋がるのだが、注目すべきことはダレスが右の書簡で、戦略的信託統治によっても「海軍が不可欠と考える軍事的権利を獲得することは完全に可能」なのだ、と指摘していたことである。[27]
以上の経緯を経て、翌四七年二月一七日に米国は全一六条からなる「日本委任統治諸島の信託統治協定案」を国連事務総長に提出した。ミクロネシアを戦略的信託統治のもとにおくためのこの協定案の眼目は、第一三条にあった。そこでは、国連による定期視察や住民の請願権などを定めた憲章八七、八八条の規定について、施政権者が「いかなる区域」をも随意に「安全保障上の理由のために閉鎖」することによってその「適用の範囲」を決定できる、と謳われていた。[28]つまり、先にふれたように、およそ二年前に検討されていた「閉鎖地区」の構想がここに具体化されたわけである。
つぎの問題は、右の協定案が戦略的信託統治の承認を求める以上、安保理での採決に付される、ということであった。米国がすでに前年七月にミクロネシアのビキニ環礁で原爆実験を実施していたことからして、「閉鎖地区」を拠点にミクロネシアを核実験場にするという狙いが明らかであったため、ソ連による拒否権の行使が予想された。現に、四六年一一月のトルーマン声明でミクロネシアの戦略的信託統治の方針が明らかにされて以降、ソ連の共産党機関紙『プラウダ』は、「将来の戦争を準備する計画と関連しているのではないか」といった米国内での論評をも持ち出して批判し、ソ連政府も、日本との講和問題を決着させるさいに連合諸国によって検討されねばならないと、問題の〝先送り〟を主張した。

ところが、米国の協定案が議論された四七年二月二六日の安保理の場でソ連の国連安保理代表であるグロムイコは、「ソ連政府は、米国が対日戦争において他の連合諸国とは比較しえない多大の犠牲を払ったこと」を考慮に入れていると発言して、米国案への積極的な支持を表明したのである。かくして、オーストラリアなどが対日講和会議までの〝先送り〟を求めていたにもかかわらず、米国案は安保理で承認されるにいたった[29]。

それでは、このソ連の「完全な立場の転換」はなぜ起こったのであろうか。問題のありかは、千島問題であった。実は、ソ連の対日参戦の見返りに千島を「引き渡す（hand over）」という、ルーズヴェルトがスターリンに約した四五年二月の「ヤルタ密約」を知らされていなかった米議会からは、「ロシアが千島列島の完全な支配権を獲得している時に、米国によって征服された諸島を国連の信託統治のもとに置くように論じることは〝馬鹿げた〟話だ」と非難して、千島にも信託統治を適用すべきである、という主張が高まっていた。

こうした「世論」を背景にバーンズ国務長官やダレスは、四六年秋から四七年のはじめにかけて、モロトフ外相やグロムイコ代表に対し、「我々が求めていることは、ソ連が千島列島のような島々でおそらくは行使しているであろうと同じ権利を太平洋の島々〔ミクロネシア〕で行使することである」と、千島問題とミクロネシアの問題をリンクさせ、千島問題の「最終的処理」はミクロネシアに関する米国の提案に「ソ連がいかなる対応をするか」にかかっていると、くり返し〝脅し〟をかけた。バーンズによれば、モロトフは「この発言の意味するところを直ちに理解した」という。[30]

グロムイコが安保理で米国の協定案の積極的な支持に転換した背景とは、以上のようなものであった。つまり、いわゆる「北方領土」を含む千島列島とミクロネシアが〝取引〟されたのである。「核の時代」といわれる戦後史の歩みを振り返るとき、この安保理決定は重大なターニング・ポイントを画したと言っても過言ではないであろう。なぜなら、仮にソ連が拒否権を行使して米国案を葬り去っていたならば、ミクロネシアを舞台にした米国の核開発は深刻な障害に直面し、その後の米ソ間の核開発競争にも大きな影響をおよぼしていたであろうからである。

信託統治と「基地帝国」

さて、以上にみたような信託統治制度の創設の経緯を踏まえるならば、「第三条の解釈で琉球諸島に対する日本の主権を確保することができなかったならば、沖縄は信託統治協定によって、あるいは併合によって、永久に日本から分離されるのは確実であった」というエルドリッヂが描き出す構図が、およそ成り立ちえないことは明らかであろう。

というのも、そもそも米国はミクロネシアを併合することができなかったがゆえに、戦略的信託統治という制度を国連憲章に設けたのである。いうまでもなく、ミクロネシアは日本の委任統治領であったのであり、日本の正式の領土ではなかった。そのミクロネシアでさえ併合できなかったということは、少なくとも明治の廃藩置県以来、日本の県の一つであった沖縄を併合することなど、ありえない話であった。仮に米国が沖縄を併合していたならば、ダレスが危惧したように、米国の立場は南西アフリカを事実上併合した南アフリカのそれに堕していたであろう。

それでは、信託統治の場合はどうであろうか。沖縄を戦略的信託統治のもとにおくためには安保理での承認が必要であるが、四七年以降、米ソ冷戦が本格化し、千島のような〝取引材料〟もない状況を踏まえるならば、ソ連はまちがいなく拒否権を行使したであろう。一般の信託統治の場合であれば、制度的に五大国は拒否権を行使できないのでソ連の拒否権問題は生じないし、さらに基地を設置することもできるが、しかし信託統治理事会への「報告」の提出、請願にかかわる「審査」、さらには「定期視察」をうけるといった義務を果たさねばならない以上、軍部が求める沖縄の「排他的で戦略的な支配」は論外の問題であった。

要するに米国は、沖縄を「信託統治にもできないし併合もできない」という事態に直面していたのであり、この状況での〝苦肉の策〟として、他ならぬ講和条約の三条が生み出されてきたのである。問題を、より広い視点から見るならば、「反植民地主義」に発する信託統治制度の創設と「基地帝国」の建設という、戦後世界における米国の基本戦略に孕まれる根本的な矛盾が沖縄に集約的に表現された、と捉えるべきであろう(31)。

こうして三条は、沖縄の法的地位を確定したものではなかったし、米国が長期保有するとしても具体的にどのようなかたちで保有するかについて明確に定めたものではなかった。つまり、後の章でくわしく論じるように、国際法上の根拠や正当性において、きわめて脆弱なものであった。だからこそダレスは講和条約が発効した五二年の米上院での公聴会で、「第三条によってアメリカに与えられた権利と特権をいか様に行使するかについては米政府の意見が煮つまっておらず、将来、戦略的必要性、沖縄の感情的・歴史的要素を考慮して決定されるであろう」と証言していたのである。(32)

昭和天皇の「沖縄メッセージ」

ところで、戦後の「沖縄問題」を考えるさいに避けては通れない問題が、昭和天皇の「沖縄メッセージ」である。一九四七年九月一九日、昭和天皇の御用掛である寺崎英成がGHQ外交局長のシーボルトを訪ね、沖縄に関する昭和天皇の考えを伝えた。その核心は、昭和天皇が「米国が沖縄の軍事占領を継続することを希望している」こと、その理由は「米国の利益になり、また、日本を保護(protect)することにもなる」から、というところにあった。(33)

ここでいわれる、「日本を保護する」とは何を意味しているのであろうか。昭和天皇は、日本の国民の多くが外からの「ロシアの脅威」ばかりではなく、米軍による日本本土の占領が終わった後で、左右の勢力が増大してなんらかの「事件」が起こり、それを「ロシアが日本の内政に干渉する拠点として利用する」ことを恐れている、との情勢判断にたっていた。より具体的には、米軍が本土から去った後に、共産党がソ連の〝指示〟をうけて日本で革命や暴動を起こすという、いわゆる「間接侵略」の恐れがあるから、その場合に沖縄に駐留する米軍によって鎮圧されることを期待しており、だからこそ、米軍の沖縄占領が継続されねばならなかった。

それでは、沖縄に対する米国の軍事占領は、いかなる「方式（method）」でおこなわれるのであろうか。昭和天皇は、「主権を日本に残したまま、長期の租借（lease）という擬制――二五年から五〇年、あるいはそれ以上――に基づいてなされるべき」と主張する。こうした「擬制（fiction）」をとる理由は、日本の国民が沖縄に対して「米国が恒久的な野心を持っていない」と確信できるからであるとともに、「とりわけソ連や中国などの他の諸国が同様の権利を要求することを封じられる」からである。さらに、米国による沖縄での「軍事基地権の獲得」については、「押しつけられた講和」という色合いが強くなるので「対日講和条約の一部」としてではなく、「日本と米国との二国間条約」によってなされるべきである、というのが昭和天皇の考えであった。

ちなみに、右の「沖縄メッセージ」については、二〇一四年九月に公表された『昭和天皇実録』の一九四七年九月一九日付の記述で、「シーボルトは、この時寺崎から聞いた内容を連合国最高司令官（二〇日付覚書）及び米国務長官（二二日付書簡）に報告する」として、その報告内容の概要が記されたことによって、事実上その存在が確認された[34]。

問題は、昭和天皇が新憲法において「象徴天皇」となってから四カ月ばかりで発せられたこの「沖縄メッセージ」が、マッカーサーばかりではなくマーシャル国務長官にも伝達されたことで、米国の対沖縄政策にいかなる影響をおよぼしたのか、ということである。この問題を詳細に検討したエルドリッヂによれば、このメッセージは「それまでの外務省と連合国の接触よりもはるかに大きな影響を米国の沖縄政策決定過程に与えた」のであり、より具体的には「国務省極東局は、基地協定を結びつつも琉球諸島の主権は日本に残す、という政策を主張するにあたってこの天皇の見解を利用することになる」ということであった。

こうして昭和天皇のメッセージは、「戦略的信託統治の代案」と位置づけられ、極東局日本課のフィアリーが「天皇が個人的に基地租借協定によって琉球に米国が駐留することを提案している」と述べたように、沖縄に対する基地租借方式を検討する契機をなした。ただ、この租借方式は、ソ連など極東地域の他の国家に対して「よくない先例を示す恐れがある」、あるいは「国連の枠組に合致する安全保障協定を準備することになっていた国連憲章を弱体化する傾向がある」などの理由により、結果的には採用されることはなかった。

とはいえ、明田川融が『沖縄基地問題の歴史』で指摘するように、「沖縄メッセージ」は、米国の領土不拡大方針をみずから反故にしているとの非難を防ぎ、沖縄を永久に切り離すのではないかという日本国民からの批判を防ぎ、ソ連や中国が領土権を主張することを防ぐという「〝一石三鳥〟の機能」を果たす狙いをもったものであり、その意味で「潜在主権」論に繫がる内実を有していたといえる。(35)

昭和天皇にとっての沖縄

ところで、ここにおいて根本的な問いが発せられねばならない。それは、なぜ昭和天皇はそのメッセージにおいて、ここまで「沖縄の主権を日本に残す」ことに執着したのであろうか、ということである。たとえば『実録』によれば、ヨーロッパ戦線で同盟国ドイツが劣勢になりつつあった一九四四年九月二六日に昭和天皇は内大臣の木戸幸一に対し、「ドイツ屈服等の機会に名誉を維持し、武装解除又は戦争責任者問題を除外して和平を実現できざるや、領土は如何でもよい旨を述べられる」との見解を伝え、和平の道を探りはじめたのであったが、問題は、「領土は如何でもよい」との発言における「領土」とはどこか、ということである。

当時の昭和天皇の諸々の発言を踏まえるならば、この「領土」とは、「神州」と呼ばれる日本の本土以外を指しているのであり、そこには当然沖縄も入っていた。つまり昭和天皇は、連合国側と和平交渉に入るさいには、「沖縄は如何でもよい」との基本方針で臨もうとしていたわけである。ところが翌四五年に入ると、和平に移る前に「もう一度戦果を挙げてから」という情勢認識が示されることになり、結局のところ沖縄は「戦果」が問われる決戦場となった。

同年四月一日に米軍が沖縄本島への上陸作戦に乗りだし悲惨きわまりない沖縄戦が始まったが、『実録』によれば翌二日、昭和天皇は梅津美治郎参謀総長に対し、「現地軍が攻勢に出ない理由を尋ねられ、兵力不足ならば逆上陸を敢行しては如何」と述べ、米軍に抗して果敢に戦うことを求めた。さらに同月末には「未だ見込があるのだ」との思いをこめて、五月の「総攻撃」を前に高木惣吉海軍少将に対し、「一度叩いてから〔戦争を〕終結するといふことに御期待」を示したのである[36]。

しかし「総攻撃」は完全な失敗に終わり、六月二三日には沖縄守備隊が壊滅するが、事態がここまでにいたると、昭和天皇は前日の二二日にみずからが主導して最高戦争指導会議構成員の会議を開き、同月八日の「徹底抗戦」という御前会議決定を覆して、ソ連を仲介に連合国側と和平交渉に入る道に踏みだした。こうして元首相の近衛文麿を昭和天皇の「特使」としてソ連に派遣し、「大御心」を体した「具体的意図」を提示する準備が整えられた。

問題は、七月一五日にとりまとめられた「和平交渉の要項」の「条件」の項において、「国土に就いては、なるべく固有本土を以て満足す」とされ、「解説」の部分で「固有本土の解釈については、最下限沖縄、小笠原島、樺太を捨て」と説明されていたことである。ここには、四四年九月に昭和天皇が木戸に、和平にあたっては「領土は如何でもよい」と語った内実がみごとに示されていた、といえる。まさに、沖縄は「捨て」られる対象であり、文字通り「如何でもよい」のであった[37]。

以上の経緯をみるならば、昭和天皇にとって沖縄は、本土を守るために「戦果」を挙げる必要がある場合には〝徹底抗戦〟を求められ、和平の場合には連合国側に〝差し出される〟存在となるという、いずれにおいても、文字通りの〝捨て石〟であった。

とすれば、なぜ昭和天皇が「沖縄メッセージ」で、先にみたように「沖縄の主権を日本に残す」ことに執着したのか、答えは明らかであろう。国会で右のメッセージが天皇による「政治的行為」の問題として取り上げられた一九七九年に、侍従長の入江相政によれば昭和天皇は、「アメリカが占領して守ってくれなければ、沖縄のみならず日本全土もどうなつたかもしれぬとの仰せ」、あるいは「アメリカに占領してもらふのが沖縄の安全を保つ上から一番よからうと仰有つたと思う」と、メッセージを発したことを認めたうえで、右のような〝釈明〟をおこなった[38]。しかし、先にメッセージの内容を詳しくみたように、そこには「沖縄の安全」など一言もふれられず、強調されていたのは、あくまでも日本本土の「保護」なのである。

つまり昭和天皇にあっては、本土の「安全」を確保するためには、沖縄が日本から切り離されてはならなかった。潜在的であれなんであれ、「主権」によって繋がっていることによって、沖縄の米軍は日本防衛と関わりをもつことになる。したがって、この〝関係〟が維持されるかぎり、現実に沖縄がいかなる状況下におかれるかは、昭和天皇にとって問題の外であった。沖縄とは、あくまで本土のために常に犠牲になることが運命づけられた〝捨て石〟そのものだからである。

ところで、『昭和天皇』を著わした古川隆久は、「沖縄メッセージ」とそこで示された「政策論」について、「当時の国際情勢のなかで日本の共産化を防ごうとするならば当然発想されるべきもの」と評した。[39] しかし、そもそも「日本の共産化」を防ぐことと、沖縄での米軍による「軍事占領（military occupation）」が「二五年から五〇年、あるいはそれ以上」にわたって継続されるべきことが、なぜ「当然」に結びあわされねばならないのであろうか。

むしろ問われるべきは、「象徴天皇」が天皇の名において外国政府にみずからの「政策論」を送付し、それが当該国の政策決定過程に「大きな影響」をおよぼす結果となったという経緯に示される、驚くべき〝無責任さ〟ではなかろうか。いうまでもなく昭和天皇は、みずからの「メッセージ」によってどのような事態が生じようとも、いかなる政治責任を問われることもないし、そもそも責任を負える立場にはない。

あらためて考えてみれば、「沖縄メッセージ」が米国側に送られた当時、沖縄は文字通り米軍の軍政下にあった。しかも軍政府の高官が、「軍政府は猫で沖縄は鼠である。猫の許す範囲内しか鼠は遊べない」と公言するような状況にあった。[40] 実は、「沖縄メッセージ」を「戦略的信託統治の代案」と位置づけて深く検討した国務省のフィアリーは、「メッセージ」にある、米軍による「沖縄の軍事占領」の「継続」は「日本国民の広範な支持（widespread approval）を得るであろう」との天皇の言葉をめぐり、つぎのような懸念を示す。

というのも、昭和天皇が提案する租借方式は、本土の日本人には「これを受け入れる準備がある」かもしれないが、「〔沖縄の〕住民には不人気」なことが想定されたからである。より具体的には、租借によって「基地を建設する土地の大半から住民を追い出し、適正な保障はするものの、彼らに継続した生活保護の責任は負わない」からである。(41) この指摘をみれば、昭和天皇よりも米国人のフィアリーのほうが、沖縄住民の〝行く末〟を真剣に案じていたといえよう。

仮に「沖縄メッセージ」が、当時であれば「当然発想されるべきもの」であったという〝論理〟が通用するとすれば、米軍の本土侵攻を遅らせるために沖縄を壮絶な地上戦の舞台に設定することも、「神州」を守るうえから「当然発想されるべきもの」となるであろうし、一度沖縄守備隊が壊滅すると、一転して連合国側との和平交渉の材料として沖縄を〝差し出す〟という判断も、有利な和平によって「神州」を守り抜くために「当然発想されるべきもの」となるであろう。要するに、右のような〝論理〟が成り立つ前提には、本土の安全が確保されるためには、沖縄は本土の「犠牲」になりつづけるという運命を耐え忍ぶべきだ、という認識がなければならない。

しかし考えてみれば、こうした認識は、後の章で詳しく論じるように、戦後の歴代政権や外務省、政界、メディア、そしてかなりの世論のなかにも存在しつづけてきた。この意味からするならば、右の〝論理〟は、本土の沖縄認識をある意味で「象徴」するものであろう。

2　アメリカの太平洋安保構想

日本は敗戦以降、長期間にわたって、まるで望遠鏡でワシントンのみを凝視するがごとく、しかも沖縄に対してはいうまでもなく、周辺の太平洋の国々には、ほとんどレンズを向けることもなかったが、とくに占領期から旧安全保障条約の改訂にあたった一九六〇年にかけてがそうであった。冷戦終結後に湾岸戦争が始まる頃になると、日本は「一国平和主義」だとの批判が現れるが、たしかに日本の戦後にはそう考えざるをえない点があった。安全保障に限らず、戦争責任にせよ、日本が自国民中心に考えてきたことは否定できない。それは当初は護憲批判として始まったが、たとえば直近の例ではシリアなどの「難民」問題への無関心ぶりにも明らかなように、日本国民には護憲派も改憲派もなく、一国中心主義、自民族中心主義でありつづけているといえよう。

しかし同時に、「一国」でしかありえなかった事情があった。われわれがよく知る日米安全保障条約は、そもそもは米国との二カ国による条約として誕生したわけではなかった。米国政府は、北大西洋条約機構（NATO）を念頭に、アジア太平洋諸国を一抱えにした安全保障条約「太平洋協定」（Pacific Pact）を構想したが、この構想にこれら諸国が強く反対したため、協定は三分割され、その一つが日米安全保障条約であった。

また日本政府の側も、日本国憲法の平和主義の下では集団的安全保障は不可能と考え、日本本土にみずからを閉じこめて「専守防衛」による「一国平和主義」に徹してきた。ある意味では、日米二国間の条約で個別的自衛権の下での安全保障が精一杯であったともいえよう。

本節では、この体制が、二〇一四年の集団的自衛権の容認へと変貌する歴史の陰で、視野の外におかれてきた「幻の太平洋協定」と、その後に生まれたANZUS条約*、米比相互防衛条約（以下、米比条約）、そして米国占領下の沖縄のおかれた意味を解明したい。そこからは沖縄が、日本本土からの視点を超えて、さらに広いアジア太平洋にむけたアメリカの戦略のなかに位置づけられることがわかるだろう。

米国政府内部の構想

中華人民共和国が成立し、冷戦政策が本格化した一九四九年末に、米国国家安全保障会議（NSC）は、今後の日本の安全保障措置について「単一もしくは複数の地域的集団の誕生から生ずるアジアの安全保障への貢献を考慮に入れるべきである」（NSC 48/2）として、集団安全保障取り決めの必要性を打ち出した。

しかし、翌五〇年九月、米国政府の決定である「講和条約七原則」の「安全保障」項目はつぎのように定められた。「条約は、国際連合が実効的責任を負担するというような満足すべき別途の安全保障取り決めが成立するまで、日本区域における国際の平和と安全の維持のために、日本国の施設と合衆国の及びおそらくはその他の軍隊とのあいだに継続的協力的責任が存在することを考慮する」。日本には「施設」（つまり軍事基地）をおき、米国軍もしくは「その他の軍隊」と「協力的責任」関係をつくる、つまり、流動化しつつあるアジアの安全保障環境を考慮して、集団的攻守同盟を前面には出さず、「満足すべき」状況にいたるまでは、「継続的協力的責任が存在する」という、きわめてあいまいな表現であった。

しかしその一方では、国務・国防両省を中心に、アジア太平洋領域における包括的な太平洋協定構想が浮かび上がる。たとえば、一九五一年一月三日の草案では「日本が、単なる国民軍（*national* force）というよりＮＡＴＯ型の国際安全保障（*international* security）組織の一部としての軍隊を創設するという国際的枠組」が構想されはじめる。

それはまた、米国政府の対日再軍備にあたっての基本構想ともいえるものであった。米国にとって日本の再軍備とは、日本のためだけではなく、つまり「日本軍」というより、米国の国際的戦略に見合った「国際安全保障組織の一部」となる軍隊の構築であった。

しかも「こうした構想は、日本国民や指導者の強い希望と思われ、かつ日本が現行の日本国憲法に正面から反することなしに再軍備をすることを可能にすることになろう」[42]とされた。なぜならば、憲法第九条二項は「戦力」の保持を禁じているが、その禁じている「戦力」を「日本のための戦力」と解すれば、「国際安全保障組織のための戦力」は憲法に違反しない、との解釈が可能になるからである。

＊　ＡＮＺＵＳ条約（Australia, New Zealand and the United States Security Treaty）。米国、オーストラリア、ニュージーランドのあいだで一九五一年九月に結ばれた軍事同盟・集団安全保障に関する条約。三国のイニシャルをとった略称。

こうしたなかでダレスは、一九五一年一月後半から二月にかけて、対日平和条約交渉を中心に太平洋の安全保障取り決めにむけて、オーストラリア、ニュージーランド、日本、フィリピン、インドネシアを歴訪する。それに先立ち一九五一年一月一一、一二日の両日に上下両院の外交委員会で、交渉にむけての所信を以下のように述べたと記録されている。

ダレス氏は、現在、北大西洋条約のような範囲の機構を創設することが望ましいとは思わないが、いくらか柔軟性のある機構を創ることが望ましい点を指摘した。取り決めは、つぎの主要な二つの特徴を有することを指摘した。

1　日本人が憲法を完全に変えることなしに、創設するいかなる軍隊であれ、純粋に日本の目的のためではなく、国連憲章五十一条の下で、日本人が自らの防衛責任の一部を引き受けることがより可能になる〔安全保障条約が必要〕であろう。

2　フィリピン、オーストラリア、ニュージーランドという国々が取り決めに参加するという事態は、いかに日本の防衛軍が進歩したかという印象を与えることになり、このような軍隊は、彼らが過去に経験したような脅威を将来において経験することはないと確信することになろう。[43]

ダレスは明らかに、太平洋協定草案を念頭におきつつ、それには直接ふれず、集団的攻守同盟こそアジア諸国が受け入れやすい条約とみなしていた。その後、トルーマン大統領は、安全保障取り決めを「講和七原則」の中心には据えなかったが、対日平和条約交渉で日本におもむく予定のダレスに対して、その方針を明確にした覚書を発していた。

貴官〔ダレス〕は、〔日本と〕討議を進めるにあたり、つぎの点に留意されたい。合衆国が日本を含む列島の防衛に実質的な武装軍を介入させること、日本がみずからの防衛能力を次第に身につけることが望ましいこと、さらにこの政策を一層内容のあるものにするために、合衆国政府は太平洋島嶼国家（オーストラリア、ニュージーランド、フィリピン、日本、合衆国、さらにたぶんインドネシアも）の相互援助取り決めを結ぶことを歓迎すること。これが、合衆国政府の政策である。この取り決めは、締約国外からの攻撃と締約国内の一国からの攻撃、たとえば日本が再び侵略的となった場合は日本からの攻撃に対抗するために締約国の共同行動を確保するという二重の目的をもっている。(44)

ここからみえてくることは、対日講和条約の締結にさいして、米国＝ダレスの目標が、冷戦政策を確実にすすめ、そのためには太平洋協定とともに日本再軍備を可能にすることであったが、同時にこの二目標のなかで、優先順位は日本再軍備にあったといえよう。しかもそれは日本からの攻撃を警戒しつつ日本再軍備を進める戦略であった。

オーストラリア・ニュージーランドとの交渉における「琉球」

交渉は一九五一年一月一七日と一八日の二日間にわたりキャンベラでおこなわれた。オーストラリア・ニュージーランド（以下、場合により豪・NZと略記）の両国外務大臣は一致して、ダレスはじめ米国政府の思惑と異なり、日本も含めた統一した太平洋の条約の結成にかなりの不満を表明する。

三者の討議記録は、米国側のそれよりも豪・NZのそれのほうが詳細であることは否めず、内容的にはニュージーランド政府の記録が重要な事実を記している。それによると、ダレスは討議のなかで概略つぎのような構想を明らかにした。

まず、日本との安全保障取り決めは、暫定的で明確な期限を定めるものでないこと、現段階では日本がいかなる貢献をするかは明確ではないことなど、具体性に欠ける内容であるが、再軍備に関しては、日本は「具体的に合衆国が用意する「なんらかの独自な海・空軍を維持する必要がある」、あるいは日米間の防衛取り決めは「日本の参加事項を定めることになろう」」とする。

こうしたダレスの構想に対して、豪・NZからは、ポツダム宣言でふれられた日本の恒久的な非軍事化政策が、日本国憲法の「戦争の放棄」条項に定められたこと、再軍備は日本の経済状況から不可能であり、総力戦を経験した日本の世論も圧倒的に平和を望んでいること、などが指摘され、日本の再軍備への強い疑問が示された[45]。つまり、米国政府の第一の目的は「冷戦」への対応であり、太平洋諸国の戦争体験、そこから生ずる日本認識などは二の次であった。その点は日本の政府＝吉田政権も似たような認識であった。しかし、オーストラリアもニュージーランドも第二次大戦の戦闘から日本に対して強い「脅威」を感じており、日本はいわば歴史始まって以来の脅威であった。

ニュージーランド外務大臣のドイジは、「ニュージーランド国民は、わが政府が日本のごとき国を支援するという考えには、嫌悪を覚えるのではないかと恐れている」と発言し、オーストラリア外務大臣パーシー・スペンダーは、「オーストラリアは依然として日本を恐れている。〔中略〕オーストラリアは、この協定で日本が再軍備をするさいに、その限界を提起する権利があることを留保する」などと厳しい意見を述べ、太平洋協定案に対しても反対の意思表示に終始した。

さらにスペンダーは、「仮にこの協定が合衆国にとって受け入れられ得るとしても、オーストラリアは、この協定の締結後に日本が軍事的政策を復活せず、危険な軍事力を累積しないとの合意の下に、オーストラリアあるいはおそらくその他の国との片務的あるいは双務的な協定に入ることを提案する」と述べる。ニュージーランドのドイジはさらに厳しく、「日本における米軍の存在は、極めて短期間と信ぜられるが、ニュージーランドは日本と今後長きにわたって共に生きてゆかなければならない。ダレス大使の説明は、長期間にわたる可能性を考えていないように思われる」と批判した。

これに対してダレスは、「〔協定の〕長期間に関する件は、協定には書かれていないが、いまから状況的に二〇年、三〇年あるいは五〇年に影響を及ぼす。〔中略〕協定が日本による主権の全面的行使に制限を加えることがない点は、今後とも変わらないであろう。スペンダー氏の提案に関してだが、日本政府の現行憲法に口をさしはさむことは適当ではないものの、〔日本が〕現行憲法で軍隊保持を禁じていることでもあり、協定締結によって〔日本が〕巨大な軍隊を持つということを意味しているのではない」と述べている[46]。

こうして、ダレスは両国の反論をかわしたが、この会談を契機に米国側は太平洋協定構想を諦めることになり、ANZUS、米比、日米の三条約に分割されることになった。しかしそれぞれの国は、アジア太平洋全域における軍隊動員の必要性を忘れていたわけではなかった。

一九五一年四月に開かれた米国務省と統合参謀本部との合同検討会は、統合参謀本部議長のブラッドレーはじめ軍首脳部と、マシューズ国務次官はじめ外務の首脳部を交えた長時間にわたるきわめて重要な会議であった。ここでダレスは、今後の太平洋の安全保障、なかでも外部からの攻撃にさいしての防衛体制について、「太平洋における相互支援体制は、領土のみならず、軍隊、公船、航空機に及び、かつこれらの地域への攻撃に対して、フィリピン、琉球諸島、日本における軍隊がどれくらいの期間にわたって戦闘に耐え得るかが、これら地域のそれぞれの国を含めて重要な意味を持つであろう」と述べ、「複合的取り決めを持った計画である」と強調しつつ、「そこには一またはそれ以上の締約国が連携する太平洋の他のグループの政策が含まれる」(47)と主張した。こうした他国の脅威に対する防衛にあたって、集団による防衛の必要性は、米国では、太平洋協定の可否にかかわらず重要な論点となっており、そのさい「琉球」が日本とは別に、他の独立した国家と同列におかれていた。

それは米国ばかりではなく、英国、なかでも英連邦の場合も同様であった。米国の国務省と統合参謀本部との合同会議から三カ月後の七月、英国でも「日本の再軍備に関する英国参謀本部の見解」がまとめられ、英国政府はただちにそれを承認している。それによると、連合国の戦略として「戦時においては、北太平洋は米国の責任範囲である。戦時における連合国の戦略は、日本と琉球諸島を確保することである。つまり、戦略的な空からの攻撃に対する基地としての沖縄を使用して、航空輸送路を維持して、敵に対して東西のシナ海〔の航行〕を分断することである」(48)。

ここでも、日本とは別に「琉球諸島」が挙げられ、「基地としての沖縄」、つまり、琉球諸島の最大の島である沖縄本島が、日本あるいは琉球諸島の防衛のためではなく、「米国の責任範囲」として「北太平洋」に位置づけられている。「琉球諸島」はまさに「北太平洋」に対する「要石＝キーストーン」であった。沖縄を走る米軍車両のナンバー・プレートには、KEYSTONE OF THE PACIFICとある。米国から見て沖縄の基地は、ソ連・中国による「北太平洋」からの侵略に対するためばかりでなく、日本が再軍備したさいにフィリピン、オーストラリア、ニュージーランドの「南太平洋」の国々にとっての安全保障をも意味した。つまり、アジア太平洋全域をカバーする安全保障の「要石」であることを意味するのである。

それはまたフィリピン・豪・NZからみれば、沖縄が日本本土から分離されて米国の占領下にあることは、彼らにとっての「安全保障」を意味していた。仮に米国のもとで日本が講和後に再軍備した場合でも、在沖米軍が日本の「ビンの蓋」(lid of bottle)となると考えていたにちがいない。

ちなみに米国軍部の影響によるのかどうか不明であるが、一九四七年六月の英連邦会議での「対日講和」に関する報告で早くも、「琉球諸島、小笠原諸島、硫黄列島、スプラトリー(南沙)諸島、南鳥島における主権的あるいは支配的な影響力を合衆国が獲得することが最も望ましい」とされ、日本の戦時下の脅威を経験したオーストラリアなどを中心に、英連邦は太平洋の旧日本の領土がアメリカの支配下に入ることを希望していた。

米比軍事基地協定

米国の対日政策が講和・安保条約へと向かうなかで、アジアに対する安全保障の枠組みを考えると、対象域内には数々の矛盾があることがわかる。なかでもフィリピンは豪・NZとは異なり、米国によって長く植民地とされ、一方、戦時下で日本に侵略され、占領された。したがって宗主国の米国に対する反米というナショナリズムとともに、かつての侵略国日本から自国を守るための軍事力を必要としていた。アメリカからみれば、フィリピンは沖縄とともにアジア太平洋における地政学上の要衝であった。したがって、米国は「フィライカム」（本書一一ページ参照）という沖縄・フィリピン合同軍を考えており、外交全般にかかわる安全保障条約とは別に、軍事基地を必要とし、米比基地協定の締結を望んでいた。統合参謀本部は、いまだ冷戦開始以前の一九四六年三月の段階で、フィリピンに対し「三八の軍事基地を含む七一の基地施設用地の使用権[49]」を要求していた。

アジアの米軍基地の配置を米国からみれば、戦後初期の段階で沖縄ではすでに基地建設を進めており、日本本土は占領軍のための基地の下にあった。そのような視点からフィリピンをみれば、グアムとともに戦略的にも強固な基地の建設が求められていた。一九四七年に成立した米比軍事基地協定（以下MBA）は第一条において、「フィリピン共和国政府は、アメリカ合衆国政府に対し、付表Aに示されたフィリピンにおける基地の使用を有する権利を許可する」と述べている。これは、付表Aに定める個々の基地をフィリピン政府が許可していることを意味し、米国の基地使用は、日本の場合は全土基地化だが、フィリピンの場合は領土全体ではなく、特定化された用地であることがわかる。

つぎにMBA第三条の基地の権限について、米比両国は、「合衆国が、基地内の設定、使用、運営そして防衛にとって必要である権利、権限そして権力を有する」ことに合意し、その下で「基地を建設し（港の浚渫、埋立を含む）、運営し、維持し、占有し、駐留し、管理する」という、基地内の権限を米国に対して全面的に認める。あるいは、米兵の刑事手続きを定めた一四条は、「〔米兵は〕基地司令官の許可なくして、民事あるいは刑事手続において、いかなる基地においても逮捕されることはない」と、治外法権規定を定めた。さらに、最終条項となる二九条では「この協定は、両国政府によって合意された期間に従い九九年間にわたり効力を有する」とある。

フィリピンとの交渉

一九四九年、フィリピンのキリノ大統領は韓国から台湾、さらにインドにいたるアジア太平洋諸国を包括する安全保障機構を構想したが、米国政府の考えは、すでに太平洋協定案で見たように、フィリピンの構想とは異なっていた。(50) 一九五一年に出された米国の基本政策(NSC 48/5)は、共産圏からの防衛ラインを、台湾を除く「日本、琉球諸島、フィリピン、オーストラリア、ニュージーランド」のラインにおいていた。台湾に関しては、トルーマン大統領が一九五〇年一月に、米国の防衛対象から除外すると言明していたが、フィリピンは、台湾とちがって防衛ラインに入っていたにもかかわらず、はたして米国が防衛してくれるのか、疑問をいだいていた。

それだけに、沖縄(琉球諸島)が防衛ラインに入っていることへのフィリピンの期待は大きくなった。沖縄はフィリピンの真北にあり、ソ連の最前線に位置し、フィリピン防衛にとって地政学上好条件であったからである。しかも日本本土から分離されていた。一方、日本に対するフィリピンの不信はきわめて強かった。それは日本占領下での日本軍の蛮行であり、それによる人的・経済的損失であった。しかし、ダレスは講和条約案で、フィリピンなどに対する日本の戦争責任を明確にせず、加えて戦争責任に対する賠償は支払われるべきであるとしつつも支払義務を免除し、最終的には講和条約で「日本国がすべての損害及び苦痛に対して完全な賠償を行い且つ同時に他の債務を履行するためには〔国力が〕現在充分ではない」（第一四条）としたのである。

これに対して条約締結権をもつフィリピン上院は、対日講和条約の締結を拒否した。こうしたなかでダレスは、キリノ大統領にこう述べた。「われわれが日本の復興をもたらそうとする努力は、日本人を好んでいるからではなく、安定的で健全なこの地域におけるすべての利益になるとのわれわれの信念によっているのである。〔中略〕日本は共産主義者が欲する中心的な地域の一つであり、もし仮に日本の工業潜在力や人的資源がソビエトと中共（Red China）にわたったならば、フィリピンは深刻な危機にさらされることになろう」と。[51] これこそ米国の冷戦の論理であろう。アジア諸国の戦争の賠償責任を免除し、日本に再軍備を求めることは、対ソ、対中戦略以外のなにものでもなかった。一方日本も、政府、財界、さらには政界、しかも社会党や労働組合も、フィリピンへの賠償問題については無賠償を強く主張していた。[52] こうして、第二次大戦で多大な被害に遭ったフィリピンは、米国の冷戦政策に翻弄されることになる。

3　ＡＮＺＵＳ・米比・日米、そして「琉球」の米軍

ANZUS条約と米比条約の構造

本来、米国の太平洋協定構想は、できたばかりのＮＡＴＯを念頭においた反共冷戦政策の一環であったため、ＡＮＺＵＳ条約と米比条約に分割されたことには、統合参謀本部から異論が出されていた。

統合参謀本部は、ANZUS条約と米比条約は相互に両者の関係を前文で表明しているが、その軍事的一体であるべき関係が明確でないと考え、「軍事的配慮こそが優先されるべきものである」としていた。[53] 米国を中心に豪・NZ・フィリピンは一体であるべきと考えていたのである。しかしこの三国は、地政学的にも、歴史的にも異なっていた。

ANZUS条約の前文と関連条項を取り出してみよう。まず前文では、フィリピン、沖縄、日本の軍事的なプレゼンスが明示されている。一見すると太平洋協定案に近い。前文の一部はこうである。

> 本条約の締結国は、〔中略〕アメリカ合衆国がその軍隊をフィリピンに駐留させる取り決めをすでに締結しており、琉球諸島において軍隊を維持し、かつ行政上の責任を有し、また日本との平和条約が発効したときには、日本地域における平和と安全の維持に資するため日本国内およびその周辺にも軍隊を駐留させることがあることに留意し、〔中略〕太平洋地域の地域的安全保障のための一層包括的な制度が進展するまでの間、平和と安全を維持するため集団防衛についての締約国の努力を調整することを希望し、つぎのとおり宣言し、かつ同意する。

ここでは、米・豪・NZ、米比、米琉、米日の条約上の暫定性が明記され、それらのあいだで米国による「調整」(coordination)がおこなわれることが「宣言」され、豪・NZは「同意」したとされる。前文のこの部分について、オーストラリアの研究者はこう指摘している。それは「ANZUS条約が、太平洋の諸島(islands chain)における防衛のための安全保障取り決めの構成部分の一つであることを示した」。[54] つまりANZUS条約は、米比、米琉、米日と一体の軍事同盟関係を示すものではなく、相互を米国が「調整」するところの「諸島の構成部分の一つ」と解している。こうしてANZUS条約は、一連の安全保障取り決めのひとつとして、集団的自衛権にもとづく相互の安全保障上の規定を以下のように示した。

第四条　各締約国は太平洋地域におけるどの締約国に対する武力攻撃も自国の平和と安全を危うくするものであることを認め、自国の憲法上の手続きに従って共通の危険に対処するための行動をとることを宣言する。

第五条　第四条の規定の適用上、いずれかの締約国に対する武力攻撃は、どの締約国の本国領域、または太平洋上にある同国の管轄下の諸島、または太平洋における同国の軍隊、公船または航空機に対する武力攻撃をも含むものとみなされる。

そもそもANZUS条約は、三カ国の攻守同盟を形成することが目的であるから、第四条は当然としても、第五条後半の「軍隊、公船または航空機」までをも定めた規定は異様に映る。ミクロネシアといわれるように、太平洋諸国には無数の小さな島々が存在するが、「軍隊、公船または航空機」を有する島はかなり限定され、こうした島も、米・豪・NZがソ連等の外部勢力に攻撃された場合、「共通の危険に対処」することになる。そのさいに米国などの念頭にあった島が「軍隊を維持」する「琉球諸島」であったことはまちがいない。現にダレスは、一九五二年一月七日にトルーマンが発したANZUS条約に関する声明を引用して、つぎの点を明確に指摘している。「対日平和条約の下で合衆国の管轄下にある琉球諸島や小笠原諸島に武力攻撃がなされた場合は、条約四条の目的の範囲内にある合衆国への武力攻撃と見なすことになるであろう(55)」と。

日米講和条約会談――沖縄とともに全土基地方式へ

対日講和と日米安保条約をめぐる日米会談は、ダレス使節団と吉田政権とのあいだで、一九五一年一月末から約半月にわたって東京でおこなわれた。そのなかで、沖縄の地位は当然問題になった。会談準備作業では吉田首相と外務省は、作業案のひとつである「安全保障（特に軍事基地）に関する基本的立場」（一九五〇年五月三一日）という外務省文書を作成している。

> 軍事基地を保有されることは、ポツダム宣言を忠実に履行してきた日本の国民感情からして決して気持ちのいいことではない。しかし、連合国においてこれを絶対必要として規定される場合があるとすれば、国民感情のいかんに拘らず、やむを得ないと観念せざるを得ない。

つづいて、「基地の数は明確に定められたい」と条件を示しつつ、「基地は本土を避け周辺諸島におかれることが望ましい」「基地の保有については期限を明定されたい」とした(56)。つまり吉田は米軍基地について、「本土を避け周辺諸島に」ということで、沖縄に押しつけようとしたのである。しかしダレスは吉田の要請を一蹴し、占領が終わって以降も、米軍が本土に全面的に駐留する体制を日本に押しつけた。

なぜ日米交渉は、こういう結果を招いたのであろうか。それは、つぎに指摘されるように、吉田の側がパワー・ポリティクスの立場に徹することができなかったからである。

いわゆる交渉技術からいうならば、「軍隊の駐留を許可する」か否かの意思表示をギリギリまで遅らせることが、敗戦国であり被占領国という弱い立場にたつ日本が駆使できる決定的なカードであったはずである。しかし、交渉が開始されたばかりの段階で吉田が早々とカードを切ってしまったことが、このようなバーゲニングを展開する余地を奪い去ったのである。(57)

こうして本土の日米安保条約は、米軍の駐留を認め、その条件を日米行政協定で定めたが、米軍基地は、沖縄同様なんら特定化されず、前述のように米軍は本土のどこにおいても基地提供を要求できる全土基地方式となった。米比軍事基地協定が、「特定化された用地」においてのみ米軍の基地使用を認めていたことに照らすならば、日本は「フィリピン以下」になったといえよう。

日米講和会議――「統一指揮権」の影

米国側が、日本再軍備に当然に期待していたのは、本章の冒頭で述べたように、日本の軍隊が日本の防衛のための「国民軍」ではなく、「国際安全保障軍」となり、日米が集団的自衛権にもとづく双務的安全保障条約を締結することであった。アジア太平洋を見渡してみると、ＡＮＺＵＳ条約も米比条約も締約国が相互防衛にもとづいて「共通の危険に対処する」こととし、集団的自衛権の行使を前提にしていた。さらに、「琉球諸島」に対する武力攻撃を自国への攻撃とみなしていたのであるから、日本本土に対しても同様な「防衛措置」を求めたのは当然の帰結であった。

そこで、一九五一年初頭に来日したダレス使節団は「相互安全保障のための日米協力協定」[58]と題する安保条約草案を示している。その「第八章」は「集団的防衛措置」として、

2　日本区域において敵対行為又は敵対行為の急迫した脅威が生じたと合衆国が判断した場合には、警察予備隊ならびに他のすべての日本軍は、日本政府と協議のあと合衆国政府によって任命された最高司令官の統一司令部の下に置かれる。

つまり、安保条約下で設置される「日本軍」は、有事のさいに米軍の指揮下の「統一司令部」の下におかれる。日本政府にとっては、米軍基地の態様については早い段階で「カードを切った」にもかかわらず、さすがにこの米軍への従属を明記することは耐えがたかった。多くの日本人にとって、「日本再軍備」とは、「日本自身を守ること」以外に考えられず、「他民族の安全、あるいは国際安全保障」などという選択肢はなかった。日本人にとって軍隊とはあくまで「ナショナル」なものであった。ダレス使節団による日米安保条約やその付属文書である行政協定への要求に対しては、ただただ言われるままに、西村熊雄（外務省条約局長）の言によれば「ギブ・アンド・ギブ」の交渉をしてきた日本も、「統一司令部」ばかりは「日本人のプライド」が許さず、ダレス側草案を受け取ると「第八

章」の部分を全面削除することとし、外務省文書では右上から左下にかけて強く斜線が引かれている。

吉田首相は早速ダレスに文書を送り、そのなかで「再軍備のためのみに憲法を改正することは現時点においてきわめてデリケートであって困難と判断している。〔中略〕日本人の気持ちが再軍備に対し成熟するまでは、警察力の一般概念の中にはいるフィジカル・フォースを保持することによって実際上再軍備の目的を達するのが、最善の方途であろうと信ずる」と主張した[59]。

ダレス側も譲らなかった。米国の主張は一九五二年発効の旧安保条約の米国案からは削除されたが、その下にあった旧安保条約の付属協定である「日米行政協定」に盛りこまれることになる。行政協定第二四条は、先の第八条にあった「合衆国政府によって任命された最高司令官の統一司令部の下に置かれる」の部分を削除して、「日本区域の防衛のため必要な共同措置を執り」ときわめてあいまいな表現になったが、有事のさいに日米が「共同措置」を執ることは残された。

それは事実上は、再軍備した日本軍が「米国の従属軍」であることを意味した。また、すでに述べたように豪・NZ・比からみると、再軍備された日本軍が有事のさいには米国のコントロール下にあることによって脅威とならず、また、沖縄が米軍の「施政権下」にあることによって、再軍備された日本軍がふたたび太平洋諸国の脅威となった場合にも沖縄の米軍基地が「防波堤」となりうるのであった。

その後「統一司令部」問題は、行政協定で「共同措置を執」るとするあいまいな規定では済まなくなった。講和条約が発効した後、本格的な軍隊である「保安隊」(National Safety Forces) が発足（一九五二年一〇月）する目前の七月二三日、クラーク米極東陸軍司令官、マーフィー駐日米大使が吉田首相と岡崎勝男外務大臣をクラーク司令官の自宅に招き、吉田首相からつぎのような合意を取りつけた。「有事の際に単一の司令部は不可欠であり、現状の下では、その司令官は合衆国によって任命されるべきである、ということに同意した。吉田氏は続けて、この合意は日本国民に与える政治的衝撃を考えると、当分のあいだ、秘密にされるべきである」[60]。

また自衛隊の発足を目前にした一九五四年二月八日にも、ハル米極東軍司令官とアリソン駐日大使が吉田首相と、自衛隊は有事のさいに米軍の司令官の指揮権の下に入るとの合意を交わしている。こうした「密約」はこれ以降制度化されたとみることができよう。

そののち、この行政協定二四条は、旧日米安保条約が現行安保条約に改訂された時点でその五条に挿入され、平成に入って有事立法が群生するなかで「後方支援」（米軍の後方地域でおこなわれる自衛隊の支援活動）というかたちで指揮を「調整」しつつ、徐々に「米軍の統一指揮の下」で戦略が組まれるようになっている。

第三章　「三条失効」論

1 先例としての「奄美返還」

奄美と沖縄の分離

講和条約の発効から四ヵ月も経たない一九五二年八月一五日、米統合参謀本部は「ポスト講和期」における米国の対沖縄政策に関して覚書をまとめ、国防長官に提出した。(1) そこでは、「基地権」を維持するためにありうべき次の五つの選択肢が挙げられた。1現状維持、2信託統治、3基地協定を締結したうえでの返還、4日本との共同主権、5米国への併合、である。

ちなみに、こうした選択肢が検討されるということは、先にみたように、「第三条によってアメリカに与えられた権利と特権をいか様に行使するかについては米政府の意見が煮つまっておらず」とダレスが指摘した、三条が孕む本質的な問題を示すものであった。

覚書では、右の五点についてそれぞれのメリットとデメリットが検討されているが、なにより興味ぶかいことは信託統治について、それが「宣言された米国の政策」であるとしつつも、多くのデメリットが指摘されていることである。なかでも、日本が国連に加入する場合には、国連の加盟国となった地域には信託統治は適用されないと規定する憲章七八条にもとづいて、日本が信託統治に「挑戦し、無効化」をはかってくる可能性があると指摘している。

この七八条の問題については後にくわしく検討することになるが、講和条約の発効から間もない時点で早くも、日本の国連加盟がもたらすであろう深刻な影響を米国の当事者みずからが危惧していたことは重要である。

次いで、日本とのあいだで沖縄に関する基地協定を締結したうえでの返還、あるいは日本との共同主権という選択肢については、戦争となった場合に日本が米国に敵対するか中立の立場をとるならば基地は「無用」となる恐れがある、と指摘する。

さらに、米国への併合については、「自決に関する米国の根本的で繰り返し表明されてきた政策に照らして政治的に受け入れられない。とりわけ、ソ連の侵略を阻止するために自由主義諸国が戦っている現情勢においてはそうである」として、この選択を否定する。ここで確認しておくべきは、「自決」の擁護こそが米国の根本政策であるということ、したがって併合という選択肢はありえないということ、さらには「自決」を否定することは「自由主義」を標榜する国々の価値観とは相いれない、という〝原則〟を米軍部も認識するにいたった、ということである。

以上の検討を踏まえたうえで、統合参謀本部は結論として「現状維持」を選択する。その理由はなによりも、「完全な軍事支配」を獲得できるからである。つまり、講和条約三条が規定する、北緯二九度以南の琉球諸島や奄美群島をふくむ南西諸島、小笠原群島をふくむ南方諸島、沖の鳥島などは米国の安全保障にとって「死活的」であり、したがって、極東において安定した情勢が確立されるまでは、これら諸島に対する米国の政策に「いかなる変化も考慮されることはない」ということであった。こうして、三条地域全般に対する軍事支配を継続することが米軍部の基本方針として固められた。しかし、右の統合参謀本部の覚書にも付記されているように、沖縄現地からは別の選択肢が提起されていた。

米民政府の主席民政官であるルイス准将は、鹿児島県に属していた奄美群島の人々が琉球諸島と比べ、「経済的にも歴史的にもより密接に日本に関わっていると感じている」ことを指摘する。これを踏まえてルイスは、「奄美群島の日本への返還は、米国による琉球諸島の統治（administration）における政治的で社会的な困難な諸問題を取り除くであろう。政治や統治や社会的観点からしても、それが望ましい」と述べ、他の三条地域から切り離して奄美群島を日本に返還すべきと主張した。他方、国務省北東アジア課の内部においても同年秋ごろから、奄美返還のもつメリットについて具体的な検討が進められていった(2)。

この背景にあったのは、講和条約三条に対する反対運動の盛り上がりであった。奄美では、同条約が発効した一九五二年四月二八日を「奄美大島の痛恨の日」と宣言し、六月二八日の群民大会において、条約第三条の撤廃と日本への完全復帰、軍事占領法規の破棄と日本諸法規の全面実施を決議した。さらに一一月にかけての署名運動で、住民の九九・九パーセントが日本復帰を求める署名をおこなった。こうした運動を背景に、沖縄県祖国復帰協議会（以後、復帰協）の代表団は年末にかけて上京し、各政党党首やマーフィー駐日大使、吉田首相との会見も実現させ、日本復帰を強く求めた(3)。

他方、沖縄では戦後数年間は、「琉球の独立」や「米国帰属」を求める立場からの信託統治の要求、あるいは「琉球民族解放」などの主張もなされ、日本復帰は重要な政治的課題として明確には示されていなかったが、講和条約が締結される前後から復帰運動が急速に高まっていった(4)。同条約が発効した翌四月二九日には、沖縄の立法院本会議が「琉球の日本復帰に関する請願」を採択した。さらに一一月八日にはおなじく立法院が「琉球の即時母国復帰請願」を議決したが、米民政府は日米両政府・講和条約調印諸国への議決文送付を拒否した。次いで同月一五日に立法院は「行政主席選挙法」を可決して主席公選を求めたが、米民政府はこれを受けつけなかった。

以上の経緯を背景に、一九五三年に入りアイゼンハワー政権が発足するにともない、沖縄問題への対応をめぐり奄美返還があらためて焦点として浮上することとなった。同年三月一八日、国務省のアリソン国務次官補は極東アジア課における議論を踏まえて、ダレス国務長官あてに重要な覚書を送った(5)。

アリソンは、極東の最重要の軍事基地であり長距離戦略爆撃の拠点である沖縄は信託統治を適用することなく、極東の緊張が続く限り「現在の地位」のまま米国が保持すべきであり、この点で国防省と見解は一致していると指摘する。しかし奄美群島については、戦略的な価値は少なく、日本政府も沖縄と奄美とを区分けする意向があることを強調し、そのうえで、三条地域の「すべての返還という圧力を緩和するため」にも奄美を早期に返還すべし、とのマーフィー大使の見解を取り上げる。こうしてアリソンは、「軍事目的に必要な諸権利に関して日本と協定を締結した後に、可能な限り最大の利益を獲得できるであろうタイミングを正確に見計らって、早期に奄美群島を日本に返還するべき」と結論し、これを国家安全保障会議に提案するようにダレスに求めた。

「奄美返還」の決定

右のアリソンの提案から三ヵ月を経た五三年六月一五日にいたり、国家安全保障会議の企画委員会で問題がようやく本格的に議論され、結論として同委員会は、軍部・国防省が主張する三条地域全体の「現状維持」か、国務省の求める奄美返還か、このいずれかを選択するように国家安全保障会議に勧告した。

これをうけて同月二五日に、アイゼンハワー大統領、ニクソン副大統領、ダレス国務長官、ウィルソン国防長官など、政権の中枢メンバーによって構成される国家安全保障会議が開かれた(6)。ここでダレスは、沖縄の戦略的重要性からして、それを「全体として」米国が統治しつづけることになるであろうことを認めつつも、そこでの統治が「厳しい戦時の性格を帯びており、その結果沖縄の人たちの九〇パーセントが米国を憎んでいる」と指摘し、「時代遅れの戦時指令を取り除いて文民統治に移行させる」ことによって事態を改善させるべきと主張した。

次いでダレスは奄美について論じ、「レーダー施設やラジオ局を維持するために、なぜ奄美群島に全面的な統治権を保持し続けることが必要なのか全く理解できない」ときびしく指摘した。これに対しウィルソンは、返還には難色を示しつつも、「ラジオやレーダー施設を維持するために米国が奄美群島のすべての人々を支配下におく必要はないのではないか、とのダレス国務長官の立場に同意する」との考えを表明した。

両者の発言をうけてアイゼンハワーは、そもそも人口をはじめ奄美の実態を国防省がどこまで把握しているかを問い詰めた。さらに大統領は、米国の重要目標は日本との友好関係を確実なものにすることであり、この目標に照らして、軍部が「レーダーを確保するためだけに奄美群島の返還に反対するなら、それは余りにも偏狭な態度である」と批判した。

これをうけてウィルソンはついに「奄美の返還に同意し調整する」と述べ、かくしてアイゼンハワー政権として、ようやく奄美返還で合意に達することになった。とはいえダレスは、「今は奄美を返還する時ではない。返還は最大限の利益を引き出せる時期になすべきである」と、慎重にことを運ぶ意向を表明した。

ところが八月四日にいたり、アリソン駐日大使から「急いで行動を起さねばならない」との至急電がワシントンに届いた。アリソンは、「仮に奄美群島の返還という米国の意思が漏れるようなことがあれば、心理的な利益の多くが失われるであろう」と情報漏洩の危険性に警告を発するとともに、なによりも「ロシアが日本との関係改善に向けて大きなジェスチャーをとる可能性がある」と、ソ連の動向に注意を促した。(7)

この背景には、五カ月前の一九五三年三月五日に独裁者スターリンが死去して以降、ソ連外交に〝軟化〟のきざしが強まっていたことがある。対日外交でいえば、具体的には北方領土問題であるが、それでは、なぜこの問題を警戒しなければならなかったのであろうか。それはアリソンによれば、「米国には、奄美群島を除いた沖縄や他の島々に対する支配を放棄する用意がないから」ということであった。つまり、仮に北方領土問題でソ連が日本側に大きな譲歩を示すようなことがあれば、沖縄を長期に支配するつもりの米国にとっては困難な事態に直面するであろう、という判断である。

こうしてアリソンは、「奄美返還の意思表明」について、日本側と具体的な交渉に入る時期まで

「遅らせるべきではない」と、早期の返還表明を勧告した。かくしてダレスは八月八日、ソウル訪問を終えて東京で吉田首相と会談した直後に声明を発表した。そこでダレスは、「日本政府との間で必要な協定に合意すれば直ちに」、奄美に対して有する諸権利を「放棄する」との意思を明確にした。同時にダレスは、講和条約三条に規定される他の諸島については、「極東における現状の国際的緊張が続いている間は、米国が現在行使している程度の統制と権限を維持することが必要である」と強調した。(8)

この声明をめぐって興味ぶかいことは、八月一三日にワシントンでおこなわれたダレスと駐米大使新木栄吉との会談で、新木がダレス声明への日本政府としての感謝を述べるとともに、二日前の一一日に岡崎外相が昭和天皇に上奏したさいに天皇が、「米国によるこの行為〔奄美の返還〕への感謝と、大統領と国務長官に対する至上の敬意(very best respect)を表明した」と伝えていたことである。(9)

他方沖縄では、瀬長亀次郎などによって発議された以下の決議案が九月三〇日の立法院で可決された。そこでは、ダレスが奄美を返還するにもかかわらず沖縄への支配を継続させる意思を明確にしたことに対し、「琉球統治の実態が講和条約発効後においても依然として戦時国際法規にもとづく軍権による占領軍としての支配であり、被占領地住民に対し与えられた布告、布令がそのまま引き続き有効とされ、何等組織の上にも法規の上にも変更のないことは、住民の満足しないところであり、そこに基本的人権の軽視も行われがちである」と断じ、国連安全保障理事会や米国上下両院が調査団を派遣することを求めていた。(10)

「秘密議事録」という密約

さて、八月八日のダレス声明によって奄美返還の方針が公式に発せられ、その実施にむけて日米間の交渉が急ぎ進められるはずであった。当初は、一〇月はじめにも交渉が開始され一一月一日にも返還がおこなわれる予定であった。しかし、日程は大幅に遅れることになる。なぜなら、返還にともない奄美にも本土と同じく安保条約と行政協定が適用されるという根幹に関わる問題をめぐり、軍部と国務省との立場の相違が鮮明となったからである。

統合参謀本部や極東軍は、「奄美は沖縄に隣接しているため、軍部の特別の配慮を要する特殊な状況下にある」という認識を前提に、「奄美群島でいつでも即座に行動できることが必要」であり、行政協定によって設置された日米合同委員会などの「手続きに邪魔されてはならない」と主張した。より具体的には、奄美において「将来に必要となるいかなる土地も獲得できる白紙委任状」が与えられねばならず、したがって「奄美において行政協定を越える諸権利を米国に付与する特別協定」を日本と取り交わすことを求めた。

これに対し在日米大使館や国務省は、こうした主張は「日本の一部に治外法権を要求するのに等しい」ものであり、日本側にとって受け入れがたく、奄美返還という「すぐれた心理的効果を損なう」ことになり、日米関係にとって「有害」であると反論した(11)。

こうして軍部と国務省とのあいだで激しい論争が展開されたが、ようやく一〇月末にいたり、以下のような妥協に達した。それは、奄美に関して特別協定を結ぶことは避け、代わりに日米間の交換公文のなかで、「奄美群島と沖縄との間に存在する特別の戦略的関係を日本が認める」との一文を記し、それに併せて「非公開の議事録」において、空域と領水へのアクセス、土地の調査をおこなう権利、レーダーシステムを妨害する装置の除去、レーダーシステムの保護、将来必要となる新たな施設の確保などを明記する、というものであった。[12]

残された課題は、日本側との交渉であった。在日米大使館はこの間に、日本の対応を打診していた。一〇月二〇日に岡崎外相と会談したアリソン大使は、奄美が返還されてからも軍事施設の維持が必要となることに加え、「奄美群島が沖縄の安全と密接に結びついている」こと、したがって「将来沖縄の安全が脅かされないような何らかの枠組みを作っておく」ことの重要性を指摘した。これに対して岡崎は「十分に理解しているよう」であった。さらに岡崎は、「将来必要な権利や施設」についても「いつでも喜んで交渉する」と述べたという。アリソンはただちにワシントンに、「日本政府は複雑な戦略的問題を承知しており、米国の正当な要求に応えるために、耐え難い政治的問題が生じない限り、いかなる労もいとわないであろう」と伝えた。[13]

日米間の事務レベルの正式交渉は、ようやく一一月下旬になって開始された。当初日本側は、米国が「きわめて広範な権利」を要求している問題について、安保条約と行政協定の適用で対応できると指摘した。これに対し米国側は、奄美は返還されるとしても沖縄は「無期限に米国の施政下におかれる」のであり、だからこそ奄美と沖縄の「特殊な関係」に言及されることが重要であると指摘した。

かくして日本側は、岡崎外相がアリソンに伝えたように、「土地収用権を行使する場合」もふくめて、「奄美に影響するあらゆる問題について米国側に最大限の協力を惜しまないつもり」との意向を表明した。その後、細部にわたる複雑な交渉を経て、一二月二四日にいたり、ようやくにして奄美返

還協定が調印されるにいたった。(14)

協定の第一条では奄美群島に関し、米国が講和条約三条にもとづく「すべての権利及び利益を、一九五三年一二月二五日から日本国のために放棄する」と規定する。交換公文では、奄美群島が日本本土と沖縄における米国の軍事施設との「双方に近接しているため、極東の防衛及び安全と特異の関係を有する」ことを日本政府が認め、「〔米国が〕必要とする要求を考慮に入れるものと了解される」と記されている。(15)

次いで、返還協定にともなう日米合同委員会の「秘密議事録」（英文のみ公開）では、米国代表が、安保条約の目的遂行に必要な「施設及び区域の使用」に関する行政協定の二条一項は、奄美群島において緊急の場合に「追加の施設と区域」が米国にあたえられる必要があることを認めているものと解されると述べたのに対し、日本代表が安全保障にかかわる奄美の重要性についての「然るべき認識」にたって、要請がなされたならば「できる限り急いで好意的な配慮を行う」と応えた旨が記されている。さらに、奄美群島における米軍による領空の自由の拡大や、追加施設を選定するための米軍当局者による事前の実地調査や、米軍や施設に対する敵対的な装置などを除去し破壊するために日本当局がただちに十分な措置をとること、などで日米双方が了解に達したことが明記されている。(16)

以上要するに、沖縄に隣接する奄美群島の戦略的で「特異な関係」というレトリックを駆使することによって、奄美が本土に返還された後も、行政協定に沿う体裁をとりながら、事実上「行政協定を越える諸権利」を米国に許容する枠組みが形成されたのである。ここで重要なことは、こうした枠組みが「秘密議事録」によって担保されたということであり、これは将来の沖縄返還にさいしての日米間の「密約」を〝先取り〟したものといえよう。

「ブルースカイ・ポリシー」

ところで、右の奄美返還協定の調印をうけて、ワシントンと東京でダレス国務長官による声明が同時に発表された。東京では二五日午前一一時であったが、問題はその内容であった。協定が調印される前日の二三日にワシントンで国家安全保障会議が開かれ、いかなる声明を発するべきか議論が交わされた。[17] そこでダレスはまず、既定の方針に沿って奄美群島を除く琉球諸島全域を無期限に支配下におきつづける意思を表明した場合、「日本ばかりではなく国際連合からもきわめて不愉快な反発がおきるであろう」と会議のメンバーに警告を発した。ちなみに、ここでダレスが国際連合の動向にとくに注意を促していることは興味ぶかい。

このダレス発言に対してアイゼンハワー大統領は、日本には琉球諸島からの米軍の撤退を求める「きわめて強い感情」があり、したがって、ダレス声明のなかで同諸島を保持する米国の意思を「強調しない」ほうがよいのかどうか迷っている、と率直に述べた。そこでダレスは、沖縄訪問から戻ったばかりのニクソン副大統領の見解を問うた。

ニクソンは、日本本土からの米軍撤退が日程に上るであろうことからして沖縄を確保しつづけることは「死活的」である、との在沖縄米軍の判断を紹介した。しかしニクソン自身は、沖縄の支配をつづけるという米国の決定は、日本ばかりではなく「アジアの多くの国や地域」とのあいだで困難を引き起こすであろうと指摘した。

それはなによりも、共産主義者が「米国は植民地主義を支援している」とアジア全域に告発する格好の宣伝材料になり、こうした煽動は共産主義者にとどまらずインドの指導者のネルーや他のアジアの民族主義者たちも展開するであろう、という問題であった。そこでニクソンは、仮に米国が琉球諸島に留まりつづけるというのであれば、「二重国籍や租借（lease）」といった「何らか面子が立つような法的枠組み」を急ぎ整えねばならない、と主張した。

この問題についてアイゼンハワーは、ロシア人がソ連に属さない千島列島などに居住していることを見落とすべきでないと指摘し、「我々はこの事実を利用することを怠るべきではない。これは重要な論点だ」と述べたのであるが、この指摘はきわめて興味ぶかい。なぜなら大統領みずからが、ソ連による〝違法な〟千島占拠と米軍による沖縄支配を、いわば〝同列〟に位置づけて議論をたてようとしているからである。

以上の議論を経て、ダレスが読み上げた声明案について大統領は、米国が琉球諸島に留まることを強調するのであれば、なぜそうした決定をおこなったのか「より説得的」にならないものかどうか、さらに、「米国や自由世界の目標が達成されるや否や米国は立ち去るであろう」という点を付加すればどうか、と指摘した。

かくして、二五日に発せられた声明においてダレスは、奄美群島に対する権利を放棄し日本に返還すると冒頭で述べたのにつづいて、講和条約三条に明記された琉球諸島や他の島々については、「極東に脅威と緊張の状態（conditions of threat and tension）が存する限り」、米国が「現在の権限および権利を引き続き行使することが、アジアおよび世界の自由諸国の平和と安全保障への協力が成功するために肝要であると信じる」と強調した。なお、ニクソンの助言をうけてダレスは声明の最後で、琉球諸島の「住民の福祉の向上に全力を尽くす」と付言した。[18]

これが、いわゆる「ブルースカイ・ポリシー」と呼ばれる宣言であって、要するに「空が青くなる、つまり、空に雲一つなく、アジアの平和と安全にいかなる脅威もなくなるまで、沖縄は返還されない」との立場を、内外に鮮明にしたものであった。もっとも、アイゼンハワーの指示に従いダレスが「世界の自由諸国の平和と安全保障」と述べたように、「青空」が期待される対象領域は極東に限られず「世界」レベルにまで拡散され、事実上無期限に沖縄を支配しつづける意図が明確にされた。[19] このダレス声明を背景に、翌一九五四年一月、アイゼンハワー大統領は年頭教書において、「米国は沖縄における基地を無期限に（indefinitely）維持する」と宣言した。

「三条失効」への歩み

それでは、一九五三年末の奄美返還はなにを意味しているのであろうか、あらためて整理しておこう。まず挙げられることは、戦略的に重要性をもたない奄美であっても米軍部は、日本に返還されて安保条約や行政協定の適用をうけることを「邪魔」ときめつけ、「行政協定を越える諸権利」があたえられることを求めた、ということである。つまり米軍は状況次第では、治外法権を体現していると見なされる行政協定にさえ縛られない「行動の自由」を獲得しようとしたわけである。

つぎに指摘できることは、奄美の返還によって逆に、米国による沖縄の無期限支配という枠組みが決せられた、ということである。このことは、「排他的戦略的支配」を求めてきた米軍部からするならば、きわめて大きなメリットであろう。とはいえ、米国による沖縄の無期限支配の宣言は、信託統治という選択肢を最終的に放棄したことを意味しており、これによって皮肉なことに、沖縄支配の国際法上の根拠が問いなおされることとなった。

なぜなら、先にみたように講和条約三条は、米国が沖縄を信託統治のもとにおくという提案を国連になすという前段と、それが可決されるまで米国が沖縄に対する施政権（原文は権力 powers）を行使できるという後段の、二段階の構成になっているからである。後段は、前段の行為がなされることを前提にしているのであり、したがって権力行使の権限はその本質において、三条の英文にも pending と記されているように、暫定的な性格を有しているのである。

ところが、信託統治の提案をおこなわない意思決定を下す一方で、米国が無期限の沖縄支配を宣言するということは、あたかも前段が存在しないかのように振る舞うことを意味しており、後にくわしく論じるように、三条の失効という大きな批判を巻き起こすこととなった。

たとえば、一橋大学で国際法を講じた皆川洸《たけし》はこの問題について、「〔米国による信託統治の〕提案が将来行われるとの予期の下で、それまでのあいだ、日本は暫定的に合衆国に対し統治の権利を譲与したのである。これが、条約の現実的文言構造によって確かめられる当事者の意思にほかならぬ。このテクストについて、合衆国が信託統治の下におくか、または二者択一的に、それをやめていつまでもすきなだけ後段の統治を行うか、全く自由に選ぶことができるとするのは、条約の自然な読み方と両立せず、その文脈の破壊をともなわずしては不可能」と断ずる。

さらに皆川は、先のダレス声明にかかわって、「条約になにも言及されていない「極東において脅威と緊張の状態が存在するかぎり」というがごとき条件を、ほしいままに条約テクストに〝read into〟する〔読み込む〕ことが許されぬことは、あらためていうまでもない」と、「ブルースカイ・ポリシー」の問題性を鋭く指摘した。(20)

「文脈の破壊」とか、あるいは「条約になにも言及されていない」ところの条件を「読み込む」という問題は、米国による沖縄支配の国際法上の根拠が失われることを意味しているのであり、だからこそニクソンは共産主義者による「植民地主義」との非難が大きな影響力をもつであろうと危惧し、ダレスは国連からの「不愉快な反発」への恐れを表明したのである。

それでは米国は、国際法上の脆弱性を認識し内外からの批判の高まりを予想しながら、なぜ沖縄を返還せず無期限の支配に固執したのであろうか。一二月二五日にダレス声明が発せられた翌二六日に、『読売新聞』の「編集手帳」に、以下のように興味ぶかい一文が掲載された。

そこで記者は、奄美の返還を「クリスマス・プレゼント」として喜ぶ一方で、「どうやらアメリカは、沖縄、小笠原諸島はまだ日本にかえさず、引きつづきこれを管理し、統治することによって全太平洋地域の戦略的防衛体制を保とうとしているようだ。しかしその戦略体制のためにはこれらの島々が日本領土となることがどうして不都合なのだろう？　本国そのものさえもアメリカの軍事基地に提供しているような日本ではないか。その島々に日本の行政権が及び、日米安保条約、行政協定による取りきめをしても、太平洋上の防衛上にいささかも不便はないと考える。むしろそれらをあっさりと返してくれて、そのうえで話し合いをしたら、アメリカの好意はいっそうはらわたにしみわたり、日米の結合を強めることに役立つにちがいない」と。(21)

この一文は、問題の本質に迫ったものであろう。つまり、沖縄からの米軍撤退を主張しているのではまったくなく、全土基地化を規定した安保条約と行政協定をなぜ沖縄に適用できないのか、と問うているのである。これに対する米軍部の答えは、行政協定さえ「邪魔」というものであろう。しかし奄美返還にあたっては、日本側が米軍の要請に最大限の「好意的な配慮」をもって対応することを、事実上取り決めたのではなかったか。

にもかかわらず沖縄の返還を断固拒否するということは、一切の制約なき「軍事行動の自由」を沖縄において確保する、ということであろう。しかしそもそも、こうした無制限の軍事行動の自由が許される地域とは、どういう地域であろうか。それは、米国はもちろん日本の憲法も適用されない地域に他ならない。これこそ、ニクソンが言及した「植民地」であろう。そして、ここから問われるのは、何十万という膨大な数の住民を〝無憲法状態〟におくことが「自由世界」の安全保障を確実なものにする大前提だ、という論理そのものである。

もちろん、米軍部が沖縄の返還を拒絶しつづける背景には、日本本土の政権の不安定さが「軍事行動の自由」を制約するのではないかという深刻な危惧があった。とはいえ、本土において「反米的な機運」が高まるとすれば、その主たる原因は、右の『読売新聞』の一文が示唆しているように、米国側の姿勢そのものにあったといえるであろう。

ところで、ダレス声明が出される前日の一二月二四日、アリソン大使は岡崎外相と会見し、「予見し得る将来」にわたって沖縄を保持する、との米国の決定を伝えた。これに対して岡崎は、「どうしようもないのであろう」と失望した様子をみせたが、結局のところ「情勢の現実を認識した」という。

もっとも会見の後に岡崎が、沖縄が「外国人支配者」のもとにおかれることをアリソンに嘆いた旨を知らされたダレスは、「日本はアジアにおける安全保障を高めるために必要な義務を何ら果たそうとしていない」と厳しく批判し、共産主義と戦っているドイツと対比させて、日本への「失望」を表明した(22)。

このダレスの論理は、米国による沖縄支配の国際法上の根拠という根本問題に照らして、明らかに論点をずらしたものである。とはいえ、沖縄の返還問題と、再軍備・防衛力の増強による日本の「自由世界」への軍事貢献の問題とをリンクさせる論理が、この後の日米関係を呪縛していくこととなる。それでは、沖縄が米国による無期限で無制限の支配下におかれつつあるなかで、そもそも講和条約三条をめぐって国会ではいかなる議論が展開されていたのであろうか。次節では、その議論の内実を検討していこう。

2 三条をめぐる国会論戦

国連憲章上の根拠をめぐって

一九五一年八月一六日、翌月の九月四日から開催されるサンフランシスコ講和会議を控えた吉田首相は衆議院本会議において、前日の夕刻に受領したばかりの講和条約の最終案について、その概要を説明した。そこで吉田は、樺太、千島、台湾などの領域について日本の請求権の放棄を規定した第二条との対比で、「南西諸島その他の南方諸島の処理を規定する第三条は、特にこのように規定してないのであります」「信託統治制度のもとに置くための国際連合に対する合衆国のいかなる提案にも同意する云々とあるだけであります」と指摘し、第三条のもつ「融通性」への期待を表明した。(23)

翌一七日、おなじ本会議において保守系野党である国民民主党の北村徳太郎が信託統治に付せられる地域について、一定の期限が到来するならば「当然日本の手に返る」ことの確認を求めつつ、「一体これらの地域の領土権の確保がいかなる根拠によって可能であるのであるか」を問うたのに対し吉田は、日本が一九四五年九月二日の降伏文書で履行を約したポツダム宣言に立ち戻って、つぎのように述べた。(24)

「すなわち、日本の領土なるものは、四つの大きな島と、これに付属する小さい島とに限られておるのであります。すなわち、その以外の領土については放棄いたしたのであります。これは厳として存する事実であります。ゆえに、琉球等の西南諸島及び小笠原等についての信託統治の問題は、これはすでに日本の領土権を離れておる」と述べ、したがって具体的なあり方は米国が「国際連合に提出いたす措置」によって決せられる、との判断を示した。

そのうえで問題の焦点は、「米国政府が、将来米国の好意によって日本にもどすか」というところにあると言明した。要するに沖縄をふくむ三条地域については、すでに日本の領土権を離れているのであって、それらが返還されるか否かは「米国の好意」に依る、との立場を明らかにしたのであった。

なお、信託統治について吉田が、「その土地の住民の利益を考え、その土地の国民、その土地の住民の安全なり幸福なりを考え」るということ、そもそも「信託統治の性質がそうなっておる」と強調したことは、後の信託統治をめぐる論戦をみるとき、きわめて興味ぶかい。

さて翌九月にサンフランシスコで講和会議が開かれ、そこでダレスや英国代表のヤンガーが「残存主権」の概念に言及したことは、すでに述べた。この講和会議を経て国会では、調印された講和条約と安保条約について集中的に審議するための特別委員会（「平和条約及び日米安全保障条約特別委員会」）が設置された。

一〇月一八日の衆議院特別委員会において元首相の芦田均は、日本から分離されて信託統治下におかれるであろう南西諸島のあり方について、「この場合における日本の主権なるものがどんなものであるかは想像ができます。中の握り飯だけをひっこ抜いて、あとに残った竹の皮の包みと申したいが、あるいはもっと価値のないものだろう」と指摘した。これに対し吉田は、芦田がウィルソン大統領以来の「無併合・無賠償」という米国の原則に言及したことを念頭に、米国には「領土を求めるという考えはない」「領土的野心から出たのではない」ことを確認するとともに、主権問題については、「ダレス、ヤンガー両氏が、主権は日本に残す考えであるということを言われた。いわば政治的の説明を与えたのであります」と、講和会議で提起された潜在主権の概念を強調した。(25)

さらに吉田は軍事的な観点から沖縄について、「あの軍事上必要な島々が、不幸にして他国の占領するところとなつて、それが日本の安全を脅かすというような事態が生じても相ならぬし、また日本がこれを防衛するとしても、その力はとうていない、すなわち真空状態をある一部に置くということは、東洋の平和からいつてみてもよくないという考えから、米国がこれを一時持つ、しかしながら主権は日本に置く」と、問題の背景を説明した。つまり、憲法九条によって日本には防衛力がない、したがって沖縄の安全、日本の安全、東洋の平和のために米軍が沖縄を支配する、との論理を展開したわけである。

これに対して芦田は、「アメリカはすでにフィリピン及び日本の四つの島に有力な軍事拠点を持っておる。沖縄及び小笠原列島はこれに補助的な基地として価値がありましょう。しかしながらもし日本及びフィリピンにおける基地と同様の意味における軍事基地を持つというのなら、わざわざ小笠原、琉球諸島を信託統治制度のもとに置く必要はない」と指摘した。ここで芦田は信託統治に言及しているが、要するに「本土と同様の意味における」米軍基地を沖縄におくというのであれば、日本から分離する必要はないのではないか、という問いかけであり、この問題は今後の国会における論戦の重要な焦点になっていく。

さて、一〇月二九日の参議院特別委員会において、元外交官で社会党議員の曾禰益は講和条約三条を二つの段階に分け、「信託統治になる前の状態」では、「一切の領土権、主権の全部及びあらゆるものをアメリカ当局が行使する」のであり、この限りでは「主権が残るということはこれは到底考えられないのであります」と指摘した。次いで、信託統治に付せられた場合であるが、曾禰は「分離されたという以上は主権がなくなる、領土権も外すというのが、これが常識的な考えではないか」と述べ、吉田に対して「主権があるというようなことは、これはおよしになったほうがいいのではないか」と追及した。(26)

これに対し答弁にたった吉田は、「領土の関係は、又この問題は、将来アメリカと国連との間の話し合いになるものでありますから」とまで述べた段階で、急に「速記をとめて頂きたい」と指示を出し、「速記中止」にいたったのである。したがって、ここで吉田がいかなる発言をおこなったのかは確認できない。

いずれにせよ、この「速記中止」の事態以降、講和条約三条に関する政府側の答弁は、主として外務省の西村熊雄条約局長が担うことになった。さて、その西村は翌三〇日の参議院特別委員会において、講和会議でのダレス・ヤンガーによる残存主権発言を根拠に、三条地域が「日本国の領土である性格を失うものでもございません」と述べて、領土権の存在を強調した。(27)

さらに一一月五日の同委員会では、改進党の堀木鎌三が、ポツダム宣言が日本の領土について「日本国ノ主権ハ本州、北海道、九州及四国並ニ吾等ノ決定スル諸小島」と規定している問題を取り上げ、「この小諸島の中に南西諸島は入っておるんですか、どうですか」と問うたのに対し西村は、「御質問の通り私どもも考えております。入ると考えております」と述べた。(28) つまり、講和会議を前にした本会議で沖縄などの諸島について「日本の領土権を離れておる」と述べた先の吉田答弁とは、まったく違う解釈を打ち出したのである。しかしつぎにみるように、西村のこの解釈は後に矛盾を引きおこすことになる。

西村はおなじ委員会で、講和条約三条が米国による信託統治を前提にしている問題について、その国連憲章上の根拠を問われたのに対し、「南西諸島に対する信託統治は、第七十七条の旧敵国から分離される地域の分に入ると考えております」「私は（ろ）号に該当するものと解釈いたしております」と答えた。

国連憲章七七条は、「信託統治制度は、次の種類の地域で信託統治協定によってこの制度の下におかれるものに適用する」と述べて、信託統治下におかれる対象地域として以下の三つの「種類」(category)を挙げている。

a 現に委任統治の下にある地域

b 第二次世界大戦の結果として敵国から分離される地域

c 施政について責任を負う国によって自発的にこの制度の下におかれる地域

ここで、西村が指摘した「(ろ)号」とは、右のbに他ならない。つまり、沖縄など南西諸島が信託統治におかれる場合の憲章上の根拠は、「第二次大戦の結果として敵国から分離される地域」ということである。しかし、とするならば、ポツダム宣言が日本の領土として認める「諸小島」に南西諸島が「入る」という、右の西村の答弁と矛盾をきたしてくることになる。

それでは、なぜ西村は七七条のbに「該当する」と答弁したのであろうか。それは、サンフランシスコ講和会議でダレスが演説のなかで右の条項を「想起」するように求め、沖縄を信託統治下におく場合の根拠として挙げたからである。逆にいえば、七七条に規定される三つの種類のなかで、bを挙げるしか選択の余地がなかった、ということであろう。

しかし、国連憲章に関する代表的な『コマンテール』(注解)は七七条bについて、「第二の種類の信託統治地域は、枢軸国の属領にかかわるものである」と指摘し、典型例としてイタリアの植民地であったソマリアの例を挙げる。つまりソマリアは、一九五〇年にイタリアを施政権者とする信託統治下に入り、一〇年を経た一九六〇年に独立を果たした。要するに七七条bは、旧枢軸国(敵国)の植民地が対象として措定されているのである。[29]

したがって、日本の場合であれば朝鮮半島や台湾がそれに当たるのであって、当時無所属の永井純一郎が「固有の領土であったところをこの（ろ）号によって分離することは、解釈論として私はできないのじゃないか」「国連憲章の精神を汲んだ正しい解釈でなければならん」と指摘したように、そもそも沖縄には該当しないのである。

「軍事根拠地」をめぐって

さらに同日の委員会では、おなじくそもそも論として、沖縄は植民地でも非自治地域でもないのになぜ信託統治のもとにおけるのか、ましてや「軍事根拠地を設けてはいけない」のではないか、という問題が焦点となった。これに対する西村の答弁は、「信託統治制度の第一の目的には、国際の平和と安全に寄与することが掲げられています」というものであった。

たしかに、信託統治制度の「基本目的」を規定した憲章七六条は、その第一項に「国際の平和及び安全を増進すること」を掲げている。これは実は、国連の目的を定めた憲章の第一章第一条の冒頭の言葉と基本的におなじものである。第一条は続いて、「そのために、平和に対する脅威の防止及び除去と侵略行為その他の平和の破壊の鎮圧とのため有効な集団的措置をとること」を挙げている。

国連の基本目的に関する右の規定には、連合国側が枢軸陣営を武力によって打倒し、その結果として新たな国際平和組織である国連が組織されるにいたった、という歴史的な経緯が反映されている。この点で、軍拡競争が第一次世界大戦を招いたという深い反省のうえにたって、その規約で「軍備縮小」（第八条）を掲げた国際連盟とは、その性格を大いに異にしているのである。

この意味において、西村が連盟の時代の委任統治と比較させつつ、信託統治においては「軍事教育もできるし、基地も設けられることになっております。委任統治制度とこの点は根本的に違っている点でございます」と指摘することは、その限りでまちがってはいない。

しかし、西村の議論からは、それではなんのために信託統治制度が設けられることになったのか、その本質的な意味がまったくみえてこない。信託統治の真の目的は、七六条の第二項に規定されている。つまり、「信託統治地域の住民の政治的、経済的、社会的及び教育的進歩を促進すること」を通して「自治または独立に向っての住民の漸進的発達を促進すること」である。さらに第三項では、「人種、性、言語または宗教による差別なくすべての者のために人権及び基本的自由を尊重するように奨励し、且つ、世界の人民の相互依存の認識を助長すること」が定められている。

だからこそ国際法の基本的テキストも、「第七六条の定める義務の中で重要なのは、第一に、住民の政治的、経済的、社会的および教育的向上をはかり、その自治または独立への漸進的発達を助長することである」と指摘するのである。(30)

ところが西村は、「合衆国といたしましては南西諸島を信託統治制度に置く理由といたしましては、平和と安全の維持のためにこれらの島々を当分の間合衆国が管理する必要があるからというのでありまして、これらの島々に住んでおる同胞諸君の政治的、経済的乃至文化的水準を向上して自治乃至独立に持って行く必要があるということは一度も聞いておりません」と言い切った。沖縄が信託統治下におかれても「軍事根拠地」にすることができるという点を強調する文脈において述べられたものであるとしても、右の発言は、信託統治制度の根幹を否定することになる。

先にみたように吉田首相は、「その土地の住民の利益を考え、その土地の国民、その土地の住民の安全なり幸福なりを考え」るところに「信託統治の性質」をみたわけであるし、米統合参謀本部でさえ、講和後の沖縄問題を検討した覚書において、「自治または独立」にむけて発展させていくことが「国連憲章七六条の精神」と認識していたのである。(31)

それでは、西村の右の発言は何に依拠したものであろうか。それはやはり、講和会議におけるダレスの発言を踏まえたものであったろう。ダレスは先に触れたように、沖縄を信託統治におく場合の根拠として憲章七七条のbを挙げたが、それに続いて、沖縄との「将来の信託統治協定」では、「信託統治地域が国際の平和及び安全の維持についてその役割を果たすようにすることは、施政権者の義務である」ことを規定した憲章八四条を履行する権限が施政権者に付与されねばならない、と指摘していたのである。

しかし、そもそも八四条は「安全保障理事会に対して負う義務」について述べているように、先にみた戦略的信託統治に関わる規定であって、一般の信託統治とは異なる。あらためて指摘しておけば、戦略的信託統治は安全保障理事会の管轄下にあり、「閉鎖地域」を設けて国連の視察を拒否できる制度で、現実には、日本の委任統治領であったミクロネシアにのみ適用された。他方、一般の信託統治は信託統治理事会の管轄下におかれ、軍事基地を設けることができるが、憲章八七条に規定されているように、理事会の定期視察をうけ、年次報告を提出し、現地からの請願にもとづく審査に応じなければならないなど、およそ米軍部が求める排他的な「軍事行動の自由」を享受できる制度ではない。

以上にみてきたように、講和条約三条をめぐる政府側の答弁は、文字通り矛盾にみちたものであった。とはいえ、もちろんそこには、そうならざるをえない状況があった。一九五二年四月二八日に講和条約が発効してから一〇日ばかりを経た五月七日の衆議院外務委員会において労働者農民党の黒田寿男《ひさお》は、沖縄が植民地でも非自治領でもない以上、「琉球を信託統治にするというアメリカのやり方は、信託統治制度設定の精神に反している」とあらためて追及した。(32)

これに対して西村は、再び講和会議でのダレスの発言に立ち戻って、「国際の平和と安全の見地から、南方諸島を日本から離して、合衆国の領有としろという主張をした国ないしは自国の領域にすべきものであるという主張をした国もある、そういう国と、また日本国の立場との間を調和するには、信託統治の制度をとるほかになかったのだという、連合諸国間の南方諸島処理に関する意見の対立の最後の妥協策としてこの方式を考えたのである、こういう説明をいたしております」と、信託統治方式が選択された背景を説明した。

要するに、西村が主張したかったことは、「政治的の妥協的解決である」ということであった。たしかに、こうした政治的背景があったことはまちがいないであろう。しかし、「妥協的解決」を強調するということは、何十万という「沖縄の同胞」が事実上の〝無憲法・無国籍〟の状態におかれつづけることの国際法上の根拠が、いかに脆弱なものであるかを示していたのである。

ところで、西村熊雄は条約局長として安保条約、講和条約をめぐる日米交渉の最前線にたち、国会での議論においても政府側答弁をほぼ一手に引き受けてきた。しかし、その彼もフランス大使に転じ、代わって下田武三がその職を引き継いだ。また、吉田茂首相が兼任してきた外務大臣の職も、五二年四月からは岡崎勝男が専任として務めることになった。こうした人事異動にともない、講和条約三条をめぐる政府側の議論は、さらに混迷を深めることになる。

一九五三年二月二一日、衆議院外務委員会において改進党の並木芳雄議員は、「もともと信託統治の方針も、軍事的な必要から起こって来ておると了解しております。従ってアメリカとしては、沖縄などについては軍事的の基地、拠点さえ確保していれば、目的が足りるものと思うのです。この見地からいたしますと、日本に主権を回復された領土として、日米安全保障条約にあれ〔沖縄〕を包含させれば、十分その目的が達すると思うのでありますけれども、この点についての所見をお伺いしたいと思います」と、問題の本質に迫る質問をおこなった[33]。

これに対して下田武三条約局長は、「まことにごもっともな御主張だと存じます。アメリカ側としては、まさに御指摘の通り、軍事上の見地から、あそこに基地を持てば十分ではないかというりくつは十分立つのであります」と、実にあっさりと並木の見解に「共感」を示す。しかし、講和条約の発効から一年にもならないという時期の問題とともに下田が指摘したのが、「いまだ日本に対して不信の念を抱いている国が一方においてあるわけでございまして、ただちに沖縄等を日本の領土に返還するということは、それらの日本に不信の念を持っている国々との関係におきまして、時期なお早いのではないかという懸念も、連合国側にはあるのではないかと存ずるのであります」という問題であった。

下田は右の「不信」の背景として、「かつて日本帝国が南進の基地としてあの方面の島々を利用した、従って再び日本の南進の足場となることを防ごうという観点もあったことは、これは争えない歴史的の事実であると思うのであります」と説明した。要するに、日本の戦争の前進基地としての役割を背負わされ、ついには島民の四分の一を失うという悲惨な地上戦を強いられた沖縄が、戦後においては周辺諸国の日本に対する「不信」の代償を支払わされるという、実に救い難いほどの〝悲惨な構図〟なのである。

「琉球諸島住民の実情」

さて、沖縄の返還問題を日本への「不信」の問題とリンクさせる論理が国会で展開されていた当時、沖縄では米国による支配の前提を揺るがすような事態が生じていた。それが、米軍用地の強制収用問題である。米国政府は、中国の国共内戦で共産党勢力の勝利が時間の問題となってきた一九四九年七月に、翌年度予算で沖縄の軍事施設費を計上することを決定し、沖縄での本格的な基地建設に乗り出した。問題は、基地建設のための土地収用であった。

そもそも沖縄では、米軍が沖縄本島に上陸した直後の一九四五年四月五日に公布された米海軍軍政府布告第一号（ニミッツ布告）が統治の根本原則とされ、占領軍としての戦時行政が継続していた。したがって土地収用も、戦時国際法であるハーグ陸戦法規に依るとされたが、現実には同法五二条に定める地料支払いや損害賠償もなされず、「私有財産ハ之ヲ没収スルコトヲ得ズ」と規定する四六条に背反するかたちで進められた。

その後、土地台帳の作成などの手続き面が整備されて、五〇年一二月の「琉球列島米国民政府に関する指令」では土地所有権に関する裁判機構の設定や、土地収用にあたって「出来るだけ談合による購入によって獲得する」などの方針が打ち出されたが、土地所有者が話し合いに応じない場合には、強制収用手続きが執られた。講和条約の発効後は、五二年一一月に布令九一号が発せられ、土地賃貸契約によって軍用地の確保をはかろうとしたが、余りにも土地使用料が低廉なため契約に応ずる地主は少数であった。そこで五三年四月に「土地収用令」（布令一〇九号）が公布され、「収容の告知」や訴願権の保障などが盛り込まれたが、その内実は「米軍が白羽の矢を立てた土地は、地主の意思にかかわらずいつでも権利を獲得できる」というものであった。

これに対し、同年五月五日には立法院が土地収用令の撤廃要請を決議するなど抵抗運動が盛り上がったが、米軍側は各地に武装米兵や戦車さえも出動させて強制的に土地収用を進め、沖縄本島でいえば五六年三月末までに総面積の約一二パーセントが、伊江島では六七パーセント以上が軍用地として米軍に接収された(34)。要するに、「何人も、正当な補償なく、私有する財産を公共の用のために徴収されない」とする米国憲法修正第五号の規定は、植民地同然の沖縄には、およそ適用されなかったのである。

こうした事態をうけて一九五四年二月一七日、衆議院外務委員会では、「国政調査の一つとして、琉球諸島住民の実情」について調査をするため、参考人からの意見聴取がおこなわれた(35)。最初の参考人は、沖縄出身でオクスフォード大学に留学した元大蔵官僚の神山政良《せいりょう》であった。彼は当時、沖縄協会（「中央との連携」をはかる機関として戦前に設立された）と祖国復帰促進協議会の会長を兼ねていたが、冒頭から「現在において沖縄における五十万同胞の最も重大と見ておる問題は、沖縄の復帰の問題でございます」と述べ、沖縄の「実情」を生々しく訴えた。

彼は、ニミッツ布告以来の米軍による沖縄統治の経緯を述べたうえで、五二年二月二九日の「沖縄の憲法」ともいわれる「琉球政府設立に関する布告」について、その本質を以下のように抉り出した。つまり「布告」は、琉球政府は琉球における政治の全権をおこなうことができるとか、立法権は琉球住民の選挙した立法院に属するとか、行政権は行政主席に属するとか、あるいは基本的自由は公共の福祉に反しないかぎりこれを保障するとか、「自由民主国の便利」が認められているようにみえるが、実は米民政府の副長官は「琉球政府その他の行政団体またはその代行機関により制定された法令規則の施行を拒否し、禁止し、または停止し、みずから適当と認むる法令規則の公布を命じ、及び琉球における全権限の一部または全部をみずから行使する権利を留保する」ことができるのである。

こうして神山は、「ほんとうの立憲政治は行われておりません。相かわらず軍政府のもとの独裁政治というものになつておるのであります」と断じる。具体的な例として彼は、「昨年の四月一日に立法院の選挙がございましたそのときに、米軍当局の反対した候補者〔天願《てんがん》朝行《ちょうこう》〕が当選しましたら、その選挙は無効と宣告されたのであります。行政主席は〔中略〕いまだに公選が行われないでまだ任命制になっております」といった実態を明らかにした。

さらに軍用地の収用問題について神山は、「実際の適正価格の約一割か二割くらいにしかならない」ような地価で収用がおこなわれていること、しかも「収用の方法が非常に乱暴である」ことを告発する。「最近の事例」として彼は、三二万坪の耕地があったある村で飛行場拡張のためそれが六万坪に減らされ、さらに「ラジオ・ビーコンをつくる」というために一万六〇〇〇坪をとられ、残った荒廃地を除けば「実際耕地に適するのは四千坪しかない」という死活問題に直面した事例を取り上げた。ここで、「ブルドーザーで土地をならす」ということがわかったので「村の人が千人もそこへすわりこんだ」ところ「アメリカ側から三百人も武装した兵隊を連れて来て、催涙ガスなんか用意して、その武装のもとにそれを阻止し、この土地の売り渡しをした」という。

神山は、「そういったようなことが方々でありますので、非常に不安を感じたわけです。そういうことからも、どうしても一日も早く日本に帰りたい、こういうのが実情でございます」と訴えた。さらに彼は経済や教育の「実情」をくわしく述べたあとで最後に、「沖縄がこういうふうな悲惨な状態になったのは、沖縄がかってにやったわけではない、つまり日本防衛のために、進んでそれに殉じたわけであります。そういう状態にあるものを、今日本にとってプラスにならぬから、〔中略〕いましばらくがまんしておれということは、道義的にもどうかと思いますので、日本としてもそういうことは考えられぬと思います」と指摘し、あらためて「ぜひ一日も早く沖縄が復帰するようにお願したいと思います」と結んだ。

実は、沖縄の「悲惨な状態」が全国的に知られ世論に大きな反響をおよぼすことになったのは、後述するように、五五年一月に『朝日新聞』が「米軍の「沖縄民政」を衝く」という特集記事を掲載して以降のことであるが、国会ではすでに一年近くも前に、米軍による「独裁政治」や「非常に乱暴」な方法で強制的に軍用地が収用されている「実情」が生々しく明らかにされていたのである。

さて、右のような「実情」が訴えられたことを受けておこなわれた外務委員会の審議において改進党の並木芳雄は、「どうしても今のような形でもって沖縄、小笠原を管理して行かなければ困るのだ、安保条約を適用して、その条約に基づいて米軍が駐留する、これでは困るのだ」という理由について、そもそも米国がどのように考えているのか、岡崎勝男外相に問うた。これに対して岡崎は、「ことに最近のように反米的な運動が表面だけであってもなかなか国内でも熾烈であり、軍事基地反対運動なんというのが盛んに行われているような状況では、なかなかこれは向こうも躊躇する場合もあろうかと考えております」と答えた。

この岡崎の答弁には、事の本質が鮮明に示されているといえよう。要するに米軍からすれば、日本本土では新日本国憲法が施行されており、表現の自由、報道の自由、デモや集会の自由など基本的人権が保障されているため、反米運動、基地反対運動も「自由」に展開され、米軍の行動に重大な制約が課せられるが、沖縄では〝無憲法状態〟でいっさいの制約を排除できるため、どうしても沖縄を死守せねばならない、ということなのである。

たしかに岡崎が指摘するように、すでに石川県の内灘では米軍の試射場建設に反対する闘争が開始されていたが、本委員会の翌三月に米国は日本側に、大型戦略爆撃機の離発着をおこなえるように立川・横田・木更津・新潟・伊丹（後に小牧に変更）の五飛行場の拡張を要求したため、新たな土地取り上げへの反対運動が展開されることになった。さらに、米国の軍事戦略にとって決定的であったのは、核搭載ロケット弾オネスト・ジョンの本土配備を企図したが、同じ三月のビキニ環礁での核実験で被爆した第五福竜丸の事件が広範な反核・反米運動をまきおこし、ついに断念に追いこまれたことであった。後述するように、こうして海兵隊は本土から憲法なき沖縄に移駐し、沖縄が「核の島」として要塞化されることになる。つまり問題の本質は、地政学にあるのではなく、憲法の有無そのものにあった。(36)

「軍権力が民主主義を超越」

まさにこういう時期に沖縄では、基本権にかかわる重要な動きがあった。それは、一九五四年四月三〇日に沖縄の立法院で、「軍用地処理に関する請願決議」が採択されたことである。この決議は、すでに軍用地の強制収用が深刻な問題になっているにもかかわらず、米国議会が「更に沖縄の土地の買上と永久使用・地料の一括払〔永代借地権の取得〕の問題を採り上げ」たことに「大きな衝撃」をうけて決議されたものであった。この決議は結論として、一括払い反対、土地の完全補償、米軍によるいっさいの損害の適正賠償、新たな土地の接収反対を掲げた。これが「土地を守る四原則」である。(37) 後の国会での議論でこの四原則は、「最低限度の人権と生活を擁護する人間として生きるための要望」と指摘されたように、(38) 文字通り人権の大前提を求めるものであったが、米軍はこれさえ無視をつづけた。

さて一九五四年末には、長期にわたった吉田政権が崩壊し鳩山一郎政権が成立したが、翌五五年一月一三日付の『朝日新聞』に掲載された「米軍の「沖縄民政」を衝く」と題する特集記事が、沖縄問題への大きな関心を呼び起こすことになった。この記事が掲載されるにいたった契機は、前年一月に那覇在住の米宣教師オーティス・ベルが米雑誌に「沖縄住民に対してフェア・プレイを」という米軍政批判の論文を投稿し、それを、国際人権連盟議長でアメリカ自由人権協会の設立にもかかわったロジャー・ボールドウィンが目にしたことであった。実はボールドウィンは占領期にマッカーサーの顧問として来日し、日本の自由人権協会の立ち上げに寄与した功績で、四八年には政府から旭日章を授与された人物である。そこで彼はただちに同協会に対し、「沖縄で合衆国当局が、一方的に決めた非常に低い代価で土地を強制買収し、その土地を非常に高い使用料をとって貸し付け、土着の地主たちを虐待しているということです」として、沖縄の人権問題を調査するように依頼した。右の『朝日新聞』の記事は、同協会による約一〇カ月にわたる調査の成果であった。(39)

この記事は、「煙草も買えぬ地代」で農地が強制借り上げされているという土地問題、「労賃にも人種差別」が横行する労働問題、さらには軍事裁判による不当判決といった人権問題など、米軍が「最高権力」を握っている沖縄の実態を明らかにした。すでにみたように、一年前に国会で神山政良がこれらの問題の核心を訴えていたが、学者や弁護士など三〇〇〇人の法曹関係者を擁する人権協会が調査した結果を有力メディアが特集したことによって、右の記事は内外に大きな反響を呼び起こした。

この反響の大きさに驚いた米極東軍総司令部は三日後の一月一六日、異例の長文の反論を発表した。そこでは、右の調査が「人の話、うわさ、間違った情報、偏見など」に影響されたものであろうとし、「沖縄の全耕地面積の四一%を米軍がとりあげたというのは正しくない、約二二%である」というように、告発されている諸問題に反論を試みつつ、最後に、「米琉球民政当局が一九四五年の終戦以来に成し遂げた輝かしい記録」をこそ調査すべきである、と指摘した。(40)

これに対し、『朝日新聞』が本格的な再反論に乗り出したばかりではなく、多くのメディアも特集記事を組んだことで、本土において沖縄問題をめぐって世論が大いに喚起されることになった。さらに、一九五五年一月末にはインドのカルカッタで二〇カ国から約四〇〇名が参加するアジア法律家会議が開催され、そこで「沖縄における人権問題」が討議され、東京裁判で著名なインドのパル判事が「日本から要請があれば、いつでも応援にかけつける」との談話を発表するなど、沖縄問題は国際的な広がりをみせることになった。

米軍当局が具体的な対処策を示さないなかで、ボールドウィンは五五年九月末にいたり、アメリカ自由人権協会としてプレス・リリースをおこない、軍用地問題、人種による賃金格差、渡航制限、高等弁務官による拒否権の問題、さらには主席公選、復帰問題などを採り上げ、米政府に強く善処を求めた。

もっとも、当時のボールドウィンの政治的立場は反ソ・反共であり、共産主義陣営の反米プロパガンダに利用されないためにも、「アメリカの施政権の下で諸問題の合理的解決を目指す」というのが基本的な立場であった。(41) とはいえ、「われわれは沖縄住民にもっと高度の自治権を与え、また、制限された農地の軍事的接収使用について彼らと協議することで、沖縄諸島の軍事的安全が脅かされることにならないと思います」との主張にみられるように、「正当な手続きと民主的協議というアメリカ的原則」と安全保障の関係を問い詰めたことは、きわめて重要な意味をもっていた。(42)

後に述べるように、一九五六年一二月末の那覇市長選挙で当選した沖縄人民党の瀬長亀次郎に対し米軍当局はあらゆる手段を動員して圧力をかけて「追放」に処してしまったが、この問題についてボールドウィンは陸軍省の民事軍政部長あてに書簡を送り、つぎのようにきびしく批判した。(43) つまり、「政治的な理由はさておき、選挙で選ばれた首長を恣意的に追放するというのは、米国がこれまでに国家として力を注いできた（民主主義の）原則に反する行為である。これこそ我々がこれまで再三貴省に抗議してきた軍政の欠陥を裏打ちする行為であり、それはすなわち、安全保障を理由に地元民から自治権を奪っているという事実である」「今回のケースはまさに軍権力が民主主義を超越してしまった例」に他ならないと。

つまりボールドウィンが問うたのは、安全保障を理由に、なぜ人権や自治権や民主主義が抑圧されねばならないのか、という根本問題であった。実は、これこそが沖縄問題の核心に位置する問題であり、米国ばかりではなく、日本政府に対しても正面から突き付けられる問題に他ならなかった。

「信託統治になったよりも悪い」

このように事態が深刻化するなかで、国会では沖縄と沖縄住民の国際法上の地位をめぐって激しい議論が交わされた。五五年六月九日の衆議院法務委員会では社会党の猪俣浩三議員が、沖縄漁民が体験した深刻きわまりない問題を採り上げた。[44] それは、沖縄の漁民三四名が漁に出たが暴風雨のために流されてインド南端に漂着したところ「インド政府はこれを領海侵犯なりとしてカルカッタの刑務所に留置した。そこでその漁師は日本の川副という領事にその救出方を依頼したところが、どうも沖縄の島民なんというのは日本政府の力の及ばぬのだからということで放任しておいた。しからばアメリカの領事に何とかあっせんしてもらいたいといっても、アメリカの領事は沖縄は、あれはアメリカ国民ではないのだということで、無国籍の扱いをせられたということが起こって参りました」という、沖縄住民の「無国籍」という問題であった。

つづけて猪俣は、「今沖縄の国際法上の地位というものは実に信託統治にもあらず、租借地にもあらず奇々怪々な地位に置かれている」「こういうあいまいな国際法上の地位に彼らを置くということは、今までわれわれの国民として親しんで参りました内地の人としても忍ぶべからざることであります」と指摘し、政府が沖縄住民を日本国民と主張する「法的根拠」を問うた。

これに対し花村四郎法務大臣は、「昔も今もずっと一貫して日本国籍を持ち、日本国民として今日に及んでおる」としつつも、沖縄では「司法、立法、行政等に関する国権がアメリカの手に移っているという意味において、国民が持つ権利に対しても、それぞれの面に制約を受けなければならないという結果に相なりまする」と「制約」を強調した。しかし花村は結論として、こういう「制約」があるとしても「それが日本人でないとは言えないのでありますから、従って法律的の根拠も、昔も今もずっと日本人できておるわけです」と、意味不明の答弁をおこなった。

そこで猪俣は、沖縄住民が日本の国民であるならば、「これは国家原理といたしましても、国民の保護権があるはずである。国民の保護権のない国家というものはありません。沖縄島民が日本国民であるならば、日本国においては沖縄島民を保護する権限があるはずである。その権限がないならば、それは独立国ではありません」と切り込んだ。この外交的保護権の問題は後にくわしく述べることになるが、ここで花村大臣は「日本国民である以上、日本国政府が国民を保護するという権利を持っておることは、当然である」としつつも、沖縄の場合は「制約」があるから、米国の「権利行使に相反せざる程度においては保護権の行使ができる」「その制約に反せざる限度においては保護権の実施もできる」と、またしても意味不明の見解を述べた。

国際法上「奇々怪々な地位」におかれている沖縄でいかなる事態が生じているかについて、翌五六年五月一八日の衆議院外務委員会で、あらためて沖縄市町村会の代表者たちによってその「実情」が明らかにされた。[45] それはまず軍用地接収の問題であった。つまり、「代替地を与えるとか、あるいは生業資金を与えてやるとか、そういうような処置が全くなされない」「訴願しなさいといっておりますが、〔中略〕まだ一回もその訴願に対して審理したことはない」「事務を取り扱う係官のその日のきげんや、あるいは土地地主たちの抵抗の度合いによって、その補償額がその日そのときに変わる」といった「やり方」での接収によって、今や「陸地面積の一二・七四％程度が軍用地」になっているのに、新規接収で「さらに一万二千町歩が接収されようとして」おり、それが進めば「実に沖縄の四分の一の面積にわたってアメリカの軍用基地になる」という深刻な事態であった。

あるいはまた、「おびただしい」数の殺傷、強姦、放火、強盗、住宅侵入などの事件に加え、米軍関係者による「交通事故」で「過去九年間で死亡百二十四名」をふくむ「計七百二名」が被害にあっているにもかかわらず、「これらの被害の多くは、何ら補償もされぬままに放置されておる」という人権侵害の問題であった。さらには、「軍用地のために耕地の四四％も失った住民の八〇％、すなわち六万三千八百人は軍労務によってようやく生計を営んで」いるにもかかわらず、「フィリピン人は時給最高五百九十円四十銭、最低百四十四円であるのに比較して、沖縄人の時給最高七十五円、最低二十八円五十銭であります。これは軍用地のために、土地を失い、軍労務賃金によって生活をしておる沖縄住民にとって、あまりにも気の毒な状態であると言わねばなりません」という「人種差別」の問題、などなどであった。

こうした沖縄の「実情」を踏まえたうえでおこなわれた同委員会の審議で、日本民主党の高岡大輔は「日本人及び沖縄人というふうに、沖縄人も日本人であるにもかかわらず、とかく沖縄人ということを言うだけに、そこに非常に差があるような考え方をアメリカ人自体が持っておるのじゃないかという気がするのでありますが」と述べて、下田条約局長の考え方を質した。

これに対して下田は、講和条約交渉の以前から「沖縄が全く日本と一体不可分のものであるという結論を出すための資料」を米国側に手交するなど準備を整えて日米交渉に臨み、吉田首相の尽力で潜在主権が認められたという経緯を説明したうえで、講和条約三条に規定されている信託統治をめぐり、「もし信託統治になっておったとしましたならば、国連憲章が適用になりまして、信託統治の施政権者というものは、住民の福祉向上のためのあらゆる努力をしなければならぬという規定でございます。だから信託統治にかりになったとしたならば、沖縄県民の福祉向上のために当然アメリカは尽くす責任が国連憲章上あるのであります」と指摘した。

ところが、「現実に軍政をしている結果、けさほど来お話があるような状況であるとしましたならば、これはもっと詳細に私ども外務当局もお話を伺いまして、日本の主権下に残してくれたことはありがたいが、その結果、信託統治になったよりも悪いというような現実があるとするならば、それをよくアメリカ側に徹底させて反省をしてもらいまして、何とか沖縄の残っておられる同胞の幸福のために、私どもは全力を尽くさねばならぬという感じを、けさほど来いたしているのでございます」と述べた。

この率直な下田答弁は、問題の本質を示しているといえる。まず、日本の政府・外務当局が沖縄の「実情」をほとんど摑んでいない、あるいはこの段階にいたるまでも把握するための十分な方策を講じていなかった、ということである。次いで、その沖縄の「実情」が「信託統治になったよりも悪い」ということは、米国が「沖縄県民の福祉向上」をはかるという国際法上の責任を放棄したまま沖縄を統治してきたことの帰結、という以外にない。

「軍事的必要性がすべてに優先する」

ところが、下田の期待にまったく反して、米国は「反省」するどころか、さらに過酷な施策を沖縄に押しつけることになった。それが、プライス勧告である。実は米下院軍事委員会は、前年五五年一〇月下旬から約四〇日にわたり、メルヴィン・プライス議員を長とする調査団を沖縄に送り、米軍用地の収用問題について調査をおこなっていた。この調査は、渡米を許された沖縄の代表団が同委員会の公聴会で「土地を守る四原則」を訴えたことをうけて実施されたものであった。

調査結果は、五六年六月九日にプライス勧告として公表されたが、そこではなによりも、沖縄が世界的規模にわたる防衛の不可欠の一部であり、極東・太平洋において長期に使用できる前進軍事基地であり、原子兵器を貯蔵し使用する米国の権限に対する外国政府のいかなる制約もないという、沖縄のもつ戦略的重要性が強調される。そのうえで軍用地問題については、地料の一括払いや一万二〇〇〇エーカーの新規接収を支持するなど、四原則をまったく無視した勧告であった[46]。

同時に、なにより重要な問題は、こうした強制的な接収を正当化する論理であった。つまりプライス勧告の核心は、「沖縄における我々の最重要の使命は戦略的なもの」であり、したがって「この使命に伴う軍事的必要性がすべてに優先する」と結論づけたところにある。しかも勧告は右の結論の根拠として、五四年一月のアイゼンハワー大統領の年頭教書の、「我々は沖縄における基地を無期限に維持する」との一節を挙げたのである。

実は勧告は、沖縄を統治するさいに米国が負う責任のありかとして「我々のフェア・プレイの伝統」をあげ、この概念にもとづく施策によって、共産主義者のプロパガンダに抗し、沖縄は「民主主義のショウケース」になったとさえ言い切っていた。しかし現実には、ボールドウィンが「軍権力が民主主義を超越」していると警告を発したような事態が進行し、結局のところ勧告はその現実を追認し、「不評」を買うことを覚悟しつつも、「軍事的必要性がすべてに優先する」という体制を沖縄で無期限に維持する、との結論にいたった。この論理は、安全保障を理由に抑圧体制を合理化する共産主義国家のそれと、少なくとも論理の本質において、おなじ地平にたつものであった。

プライス勧告の論理が右のようなものであり、しかも何より「最低限度の人権と生活を擁護する人間として生きるための要望」とされる四原則さえ無視した内実であったため、米軍用地の強制収用に反対する運動は、やがて「島ぐるみ闘争」に発展することになる。こうした沖縄情勢をうけて、国会での論争は白熱したものとなった。同勧告から一カ月を経た五六年七月九日の衆議院外務委員会において社会党の穂積七郎は、米国は「沖縄のごときは、食っても捨てても焼いても、煮ようが何でも勝手だということで今までやってきたし、今度のプライス勧告もそういうことで貫こうとしておる」ときびしく非難した。(47)

そのうえで、「世界人権宣言並びに国際信託統治の目的の規定をとってみますと、今アメリカがやっておることは、全部間違っておる」「四原則すら出さなければならぬような、それすら通りがたいというような統治の仕方をしておることは、これは明らかに国際法並びに国連憲章の精神に反するものである」と指摘し、さらに「一国が敵国を占領した場合に、その敵国の人民が持っておりますす私有財産は、これを没収すべからず」と規定されているハーグ陸戦法規四六条をあげ、沖縄では「政治は軍政から民政に移っておる」にもかかわらず、沖縄の住民は「ハーグ条約以外の取り扱い」をうけている、として政府を追及した。要するに穂積が強調したことは、沖縄では米国によって、世界人権宣言や国連憲章や信託統治の規定はもちろん、戦時の国際法さえ遵守されない統治がおこなわれている、ということであった。

こうした実情をも踏まえつつ、同委員会で外務省出身の日本民主党の伊東隆治は、沖縄問題について「いかにも外務省が弱腰、不熱心というふうに聞こえて参りますことは、私自身非常に残念に思った」と率直な感想を述べたうえで、「内であるか外であるかは別として、少なくとも沖縄人は日本人である。その日本人を保護する権利」としての外交保護権の問題を提起し、「沖縄のわが同胞を救うのだというその権利は、日本国民にあるということを確信するものでございます」との信念を吐露して、鳩山政権で外相を担った重光葵の見解を問うた。

ここで重光は、「沖縄を統治している実権を持っておるのは平和条約によってアメリカと定められておるのでありますから、そこであくまで沖縄の住民の要請は米国政府をしてこれを聞き、これを実現し得るように日本政府としては処置しなければなりません」と述べ、保護権という「法律問題」については、「沖縄人を保護しなければならぬとわれわれが考えておることが国際法上保護権というべきものであるかどうかということは、これは私自身としてはむしろ第二義的に考えております」と言明し、問題がアメリカとのあいだでの外交的保護権という法的問題に発展することを避ける姿勢を明確にした。

実はこうした重光の立場は、すでにプライス勧告が公表されて一〇日後の六月一九日の閣議で示されていた。そこで外相の報告として重光は、「沖縄住民の国籍は日本にあるので、政府としても沖縄住民の保護という見地からできるだけ住民の要望にそうよう米側にもその意向を伝え、あっせんする必要がある。ただ問題は、沖縄の事実上の統治権がアメリカにあり、しかもアメリカは軍事上の要求から沖縄をあくまで確保したいとの方針なので、実際上住民の要求をすべて認めさせることは困難で、あっせんはやりにくいが、地代引上げの条件などについては十分話し合いの余地があると思う」と述べていた。

この重光報告をうけて当日の閣議が了解した基本線は、問題は「米国の内政問題であり、日本政府としては米国に表立って交渉する立場にはない」が、しかし「出来る範囲で米側と沖縄島民の間をあっせんする」というものであった。[48] たしかに重光は、同月下旬に上京した沖縄代表団の訴えをも受けてアリソン駐日米大使と数次にわたって会談をもち、とりわけ「一括払い政策の見直し」などでの「尽力」を求めたが、その立場は「交渉当事者」ではなく、あくまでも「斡旋者」であった。[49]

いずれにせよ、当時の鳩山政権の沖縄に対する基本姿勢は、つぎの鳩山首相みずからの発言に鮮明に示されていた。右の閣議の一週間後の六月二六日、鳩山は大阪での記者会見で沖縄軍用地問題について問われ、「土地がなくて困っている人に対して生活ができるようアメリカがどこかに土地を世話してくれるといいと思う。あの付近にアメリカのもっている島もあるからね」と発言した。この「あの付近にアメリカのもっている島」とは、外務省によれば「米国の信託統治領になっている日本の旧南洋委任統治領〔ミクロネシア〕」を意味している、とのことであった。[50]

このように、「軍用地のため土地を失った人々に対し、信託統治領や米国が統治権をもっているその他の地域に新たに土地を与え、移民させる」という考え方は、かねてより米国政府関係者から示唆されており、プライス勧告にもその構想が記されていたが、今や日本の首相が公然と語るところとなったのである。

そもそも鳩山は「沖縄問題に対するほとんど冷淡ともいってよいほどの無関心ぶり」が指摘されるのであるが[51]、右の発言は米国の「軍事上の要求」を大前提においており、その意味で「軍事的必要性がすべてに優先する」というプライス勧告の論理を日本の首相が〝追認〟するものであった。

法務官僚の論理

ところで、「沖縄のわが同胞を救うのだというその権利」であるはずの外交保護権をめぐる鳩山政権の「弱腰、不熱心」の背景には、実は国際法学の第一人者である東京大学教授・横田喜三郎の所論があった。横田は、先にみた自由人権協会の調査結果を報じた五五年一月一三日付の『朝日新聞』の特集記事をうけて、法律雑誌が設けた「沖縄をめぐる法律問題」と題する討論の場で、つぎのように論じていた[52]。

すなわち、米国の沖縄統治のあり方について、「信託統治に入れば、信託統治に関するやかましい原則があるから、それに従わなければならない。信託統治に入らなくとも、国連憲章では、非自治領土に関する宣言が特に設けられて、自国の領土であって本国と同じ地位にない領土——主として植民地——については、〔中略〕住民の利益が至上のものであるという原則を承認しなければならない。

住民の利益が至上のものだというのは、住民の利益そのもののために統治をすべき、統治国の利益を優先させてはならないということです。つまり、植民地的な搾取は禁じられている規定なんです」と指摘し、「アメリカとしては、沖縄の統治については、少くとも非自治地域に関する原則に従って統治しなければならないといえると思います」と明言する。

そして、沖縄で「もし人権の蹂躙ということが実際にあれば、〔中略〕非自治地域に関する原則を理由にして、主張することができる」とする。しかし、そこには「二つの制限がある」という。一つは「日本が国際連合に入っていない」ということ、他の一つが、「こういう問題が国内問題と関連してくることです。住民の統治は、すべて国家の内政であり、国内問題とされています」という「制限」である。

横田は、「この憲章のいかなる規定も、本質上いずれかの国の国内管轄権内にある事項に干渉する権限を国際連合に与えるものではなく」との国連憲章二条七項をあげ、「国内問題に干渉する権利をこの憲章は与えるものではない」「干渉というのは、相手の意思に反して自分の要求を強制し、押しつけることです。干渉にならない程度で、勧告とか、注意を喚起する程度ならさしつかえないが、この限界をこえてはならない」と主張する。かくして沖縄の人権問題について、米国に注意や改善を求めることができるとしても、「法律上で国家として公けにそれを要求するとか、抗議するとかいうことは、条約上の根拠もないし、内政干渉になる可能性もあります」と結論づけた。

重光外相の閣議での報告や国会答弁が、右の横田の所論に依拠していることは疑いようがない。ところが、この「横田説」に対し、一人の法務省の官僚が正面から批判を加えた。それが、法務省民事局参事官の平賀健太であった。彼は、国際法の専門誌に掲載した「沖縄および沖縄島民」と題する論文において、「沖縄の住民の現在の地位がいかなるものであるか」という問いこそが問題の焦点であるとして、横田の見解を俎上にのせる。(53)

つまり横田は、講和会議でのダレス発言を踏まえつつ沖縄の住民の地位について、「日本の国民なのか、アメリカの国民なのかはっきりしない。アメリカの市民権を持っていないから、アメリカの市民とはいえない。アメリカの統治のもとにある南洋諸島〔ミクロネシア〕の住民は、南洋諸島の住民として特別の身分をもっているが、これと同じ身分でもない」「沖縄の統治は、現実には全部をアメリカがするのであるから、住民の地位についても、すべてアメリカの統治の下にあり、すべてのことをアメリカがきめている。またきめることができる。しかし、住民の最終的な身分または地位については、将来において日本の同意によって決定する。あるいは、信託統治協定のうちで、決定するというのである」との認識を披歴していた。

こうした横田の所論に対して平賀は、将来の信託統治協定で沖縄住民の地位についてなんらかの決定がなされる可能性を認めつつも、それ以前において横田のいうように「沖縄島民の法的地位は不確定である」とするならば、「およそこのような不確定な地位しかもたない個人は、われわれは法的にはこれを無国籍者として理解する以外にはない」と批判する。そのうえで平賀は、沖縄住民の地位が「政治的に未決定であるということは、決してそれが法的に不確定であることと同一ではない」とし、講和条約の以前も以後も、日本の沖縄住民への対人主権が事実上行使できないという点で変わるところがないだけであって、「沖縄島民の法的地位はきわめて明白である。すなわち沖縄島民は明確に日本国民」であると断ずる。

こうした認識にたって平賀は、「日本国政府は在米日本国民のために、外交保護権を行使することができるように、沖縄島民のためにも、もしその必要があるにおいては、外交保護権を行使することができなくてはならぬ。のみならず、在米日本国民は自己の意思によって合衆国に入国し、自発的に合衆国の施政に服しているのである。しかし沖縄島民の場合はそうではない。かれらが父祖以来定住する島々に、かれらの意思にかかわりなく、合衆国の施政が及んできたのである。しかもそこに及んできた合衆国の施政は、実質的には民政ではなくて軍政なのである。したがって日本国としては、在米日本国民に対するよりもより以上の重大な関心をもって沖縄島民の保護の責に任じなくてはならぬ」と、沖縄住民への外交保護権の行使を訴えた。

結論として平賀は、「われわれは、南海の島々に住む八十万になんなんとするわれわれの同胞が事実上いまなお占領状態から解放されずにいるという事態に目を掩うことはできない。われわれはアメリカ合衆国国民の伝統的な人道主義に最大の敬意と信頼を払うものである。しかしこのような人道主義も、現実政治の面においては種々の障碍によってその十分な発現を妨げられるおそれが絶無ではないことは、すでに歴史が教えるところである」とし、「沖縄の有識者たち」からの要請をも踏まえつつ、「政治的解決を図るにあたっては、沖縄の現実の事態が法的にいかなるものであるかを明確に把握しておく必要がある」と考えて本稿を著した、と強調するのである。

ところで、先にみたように、鳩山政権は五六年六月一九日の閣議において、実質的には「これは米国の内政問題で、政府が介入するのは内政干渉になる」との主旨の重光報告を了解したが、それから九日後の六月二八日に法務省は、「土地問題に関する法務省見解」を公表した。この「見解」は、右にみた平賀の所論とほぼ重なりあうものであった。(54)

つまり、沖縄でプライス勧告に対して現地住民が反対する問題は、「沖縄の全住民の生存権に関するものであって、日本政府がこれに対して傍観的態度にでるべきでない」としたうえで、講和条約三条のもとで米国が沖縄に対して統治の権限を有する以上は、米国が「沖縄においていかなる政策をおこなうかは、一応合衆国の内政事項として日本国は当然これに干渉する権利を有するものではない」との基本認識を示す。

しかしつづいて「見解」は、「合衆国政府は、こと沖縄の住民の処遇に関する限り、自国の国民に対すると同様の完全な自由裁量権を有するものではない。合衆国政府は、軍事的見地に基づくいかなる要請があるにもせよ、すくなくとも文明諸国に共通の最低基準に適合する待遇を沖縄の住民に与える義務を負う。もし合衆国政府がこの義務に違反して沖縄の住民に対して不当な待遇を与えたとするならば、日本国政府は、在外国民に対する保護権に基づいて、合衆国政府の当該施策に対して干渉する権利を有する」と明言する。

そのうえで、右の平賀論文とほぼ同様の叙述として、米国に在住する日本国民はみずからの意思で入国し自発的に米国の施策に服しているのに対し、「沖縄の住民の場合はこれとは異なり、かれらが父祖以来定住する島々に、かれらの意思にかかわりなく、合衆国の施政が及んできたのである。しかもそこに及んできた合衆国の施政は、平和回復後の今日においてもなお実質的には軍政なのであって、日本国政府としては、在米日本国民に対するよりもより以上の重大な関心をもって沖縄の住民の保護の責に任じなければならないものと考えられる」との結論を導きだしている。

この「法務省見解」で重要な論点は、「軍事的見地に基づくいかなる要請」があるとしても、「すくなくとも文明諸国に共通の最低基準に適合する待遇」が沖縄の住民に保障されねばならない、と言い切ったことである。つまりこれは、「軍事的必要性がすべてに優先する」とのプライス勧告の論理を否定するものであり、軍の論理が民主主義を抑え込むことの危険性に警鐘を鳴らしたボールドウィンの主張と通底するものであろう。

このように、沖縄における米軍用地の強制収用問題は、日本政府の内部においても深刻な亀裂を生みだすことになった。鳩山政権としても、関係各省間の意見調整をはかるなかで、「法務省見解」のインパクトもあって、当初の「第三者として斡旋する」という立場から「自国の問題として対米交渉を行うことができる」という立場に歩みを進めた。しかし重光外相は結局のところ、外交保護権という「権利」にもとづいて米国と交渉するという考え方に否定的な姿勢を崩さなかった。(55)

そもそも、「日本国政府は在米日本国民のために、外交保護権を行使することができる」との平賀の議論を待つまでもなく、在外邦人の保護は国家の重要な責務のはずである。ところが、こと沖縄に関しては、鳩山政権以降の歴代政権も、それを米国への「内政干渉」とみなし、沖縄の住民が「文明諸国に共通の最低基準に適合する待遇」さえあたえられない場合でも、現実に対米交渉がおこなわれることはなかった。それは、極東の平和と安全を維持するうえで沖縄が死活的で戦略的な位置を占めており「軍事的必要性がすべてに優先する」体制が堅持されねばならない、という米国の論理を日本政府が受け入れたからであった。かくして、「日本人」である沖縄の住民が殺人、強姦、ひき逃げがあって泣き寝入りを余儀なくされても、あるいは土地の強制的な収用がおこなわれても、日本政府によって外交的保護権が発動されることはなかったのである。

「日本を独立さしてから憲法を改正する」

ところで、一九五〇年代の国会では、一法務官僚であるにもかかわらず沖縄への強い「同胞」意識をもって政権の姿勢を批判した平賀(56)のような立ち位置からの興味ぶかい議論が展開されていた。たとえば、一九五六年七月一二日の衆議院外務委員会で質問にたった無所属の大橋忠一議員の所論である。(57)彼は、日独伊三国同盟が締結された当時の外務次官であり、戦後の一時期に公職追放に処されるという経歴を有していた。

大橋はまず沖縄で激増する米軍犯罪について、「この犯罪に対する処置が全部軍事裁判である。犯人の処置がどうなっているのかさっぱりわからぬ。これはある意味において治外法権であり、もう少し極端に言えば切り捨てごめん」であると批判し、さらに土地問題にかかわって、「沖縄においては軍事的に圧迫されておるから、いわゆる沈黙の抵抗以外にできませんが、それが日本に現れると、直ちに日本のナショナリズムを刺激する」と、沖縄問題の位相を指摘した。

次いで大橋は安保条約自体をとりあげ、「御承知の通り、安保条約は講和条約とともに、われわれが占領治下にあるときにアメリカが作って、講和条約とともに日本に押しつけたところの条約」であると、いわゆる〝押しつけ安保論〟を展開する。

そのうえで憲法問題にかかわって、「従って私は憲法改正を主張する前に、まず安保条約を改廃して〔中略〕われわれの納得、完全なる同意によって新しい条約、対等の条約関係」を締結するように米国と交渉すべきであると論じ、最後に「しこうしてこの運動に日本のナショナリズムを結集して、憲法改正なんかたな上げにしてこれにぶつかって、そうしてまず日本を独立さしてから憲法を改正する、こういう段階に臨むのが当然だろうと思うのであります」と述べて持論をしめくくった。要するに、憲法を改正しても〝押しつけ安保〟のもとにあるかぎり日本の独立はありえない以上、憲法改正の前にまずは「安保条約を改廃」するべき、という主張なのである。

こうした大橋の主張に対し重光外相は、「御趣旨のあるところ、すなわち日本が独立を完成することがすべての基礎であると、こう言われます。私はその通り考えて、それに向かって、これはほとんど国民全体として、ある意味において超党派的にこれはやらなければならぬことだと私は思います」と答えたように、少なくとも「日本本土」の独立と安保条約の問題については、大橋とおなじような考え方をもっていたのである。

したがって重光は、沖縄問題についても、こうした文脈から米国にアプローチしていた。それは、前年五五年八月に訪米したさいのダレスとの会談で示された。そこで重光は、「西太平洋地域における相手国の領土又は施政権下の地域にむけられた武力攻撃を〔中略〕危険と認め、自国の憲法上の手続きに従って行動することを宣言する」といった規定をもつ新たな安保条約の構想を提示した。

ここでいう「施政権下の地域」とは沖縄・小笠原を指すと考えられ、現行条約を相互的な防衛条約に改定するにあたって沖縄を条約の適用地域とし、そうした文脈において沖縄の返還を模索していくという構想であって、後述するように、岸政権下の安保改定にさいして、この構想はあらためて浮上することになる。[58]

「先例のない事態」

大橋議員が右のような持論を展開した翌日の五六年七月一三日、衆議院の外務・内閣・法務委員会連合審査会において、元警察官僚で改進党議員の池田清志は外交保護権をめぐり、「むしろ私は保護権と申しますよりも、これを救済保護しなければならない義務がある国は日本国だけである」と述べたうえで、そもそもの沖縄の地位について、「琉球列島は日本の領土である、信託統治もいまだ未施行である、アメリカの植民地でもなく、属国でもない、しこうしてまた占領地でもない、こういう地域に当るわけでありますが、これは国際法上どういう地域になるのですか。また過去におきまするところの事例等ありましたら、お聞かせをいただきます」と、あらためて根本的な問いを発した。[59]

これに対し下田条約局長は、「沖縄の事態は先例のない事態でございますが、過去の例で一番近いのを探しますと、関東州の租借地のようなものであります。この租借地に居住する中国人の国籍は依然として中国にあるのでありますが、しかし租借の結果日本が現実の施政権を行使しておった、その例が一番近いというように考えられます」と答えた。

それでは、この下田答弁をどのように捉えるべきであろうか。講和条約三条と租借地の関係の問題を詳細に検討した京都大学の国際法教授・田畑茂二郎は、つぎのように論じた。[60] まず田畑は、「中国においてかつて諸外国がもっていた租借地と、沖縄、小笠原とを較べると現象的にはかなり類似した面が認められることはたしかであろう」とし、より具体的に、「租借条約は一般に中国がなお「主権」

を保有することを認めており、租借地が依然として中国の領域であることは否定されていないのである。そうした関係から沖縄、小笠原と中国の租借地とは極めて類似しているといっていい」と述べる。

しかし田畑は、租借のほうが沖縄、小笠原の場合よりも「多くの権利を認めていたことは否定されえない」として、つぎの諸点を挙げる。まず、中国の租借の場合は租借地内に住む人々の中国国籍を「そのまま認めており、それに基づいて、多くの租借地においては、これらの中国人の居住その他一定の保護が条約上約束されている」のに対し、沖縄、小笠原の場合は「住民の日本国籍をはっきり認める措置はとられておらず、〔中略〕また、条約によってこれらの人々の一定の保護を米国が約束するといったことは全然行われていない」と指摘する。さらに、「船舶の航行や碇泊などについてもそうであって、沖縄、小笠原の場合には、中国の租借地の場合のように、それを条約上保障するといった措置は全くとられていない」という問題を取り上げる。

ただ、田畑がこれら以上に「重要な相違点」として俎上にのせるのが、「租借の場合と異なり、沖縄、小笠原に対する米国の統治には、期限といったものが全然付せられていない」という「期限」の問題である。つまり「中国の租借地の場合には、一般に期限が付せられていた」とし、「例えば、九竜にしても、広州湾や膠州にしても、それぞれ九十九年の期限が付せられていたし、関東州の場合には、はじめは二十五年、後に九十九年と改められ」と、具体例を挙げる。

たしかに、下田が言及した関東州の租借地は、一九〇五年の日露戦争を終結させたポーツマス条約によって、清朝の遼東半島の一部にかかわる権益をロシアから引きついだもので、清朝の崩壊後は中華民国とのあいだで一九一五年に新たな条約が締結され、租借期限が一九九七年までとされた。「九十九年」とは余りにも長期であるが、田畑が指摘したかったことは、中国の租借地の場合は返還の時期が条約で決められているのに対し、沖縄・小笠原の場合には、米国に「期限の全く付せられていない、恒久的な統治の権能を与えられている」という問題であった。

田畑は次いで、「沖縄の場合に類似した恒久的支配を認めた例」として、先に見たように（二七頁）米国とパナマとの条約を取り上げる。ただ「類似した」といっても、沖縄との重要なちがいとして指摘されるのが同条約の第六条であって、そこでは米国は「損害の補償をせずして、土地の収用を行うことを禁ぜられて」いるのである。

こうした分析を経て田畑は、「沖縄や小笠原に対する米国の権利は、他に例をみない広汎且つ強力なものになっており、法律的にはとにかく、実質的には、領土の割譲に近いものになっている」と指摘したうえで、「米国が沖縄に対して強力な権利をもっていることは、果たして正当な根拠に基づくものといえるかどうか」と、根本的な疑問を呈した。そして、大西洋憲章、カイロ宣言、ポツダム宣言にも生きている「領土不拡大の原則」に照らして、「日本としても、連合国がこの原則に従って公正な決定を与えることを要請することは可能であり、また、必要なことだといっていい」と結論づけた。

以上にみたような田畑の綿密な検証は、沖縄問題が、まさに下田がいうように「先例のない事態」であることを裏付けるものである。そして実は、「先例のない事態」とは、政府であれ外務省条約局であれ、米国による沖縄支配の国際法上の根拠について〝説明不能〟の事態に直面させられることを意味するのであり、この問題は、五六年一二月に日本が国連加盟を果たすことで、いっそう深刻な様相を呈することになる。

3　国連加盟と岸訪米

「植民地を信託統治に」

日本は一九五六年一二月一八日の国連総会で国連への加盟を認められた。それでは、日本の国連加盟は沖縄問題にいかなる影響をおよぼすであろうか。問題の焦点は、国連憲章第七八条にある。同条は、「国際連合加盟国の間の関係は、主権平等の原則の尊重を基礎とするから、信託統治制度は、加盟国となった地域には適用しない」と規定している。したがって、講和条約三条は、米国が沖縄を信託統治におくとの提案を国連におこなうことを前提としている以上、日本が国連に加盟するならば、右の規定によって沖縄には信託統治は適用されず三条は失効するのではないか、という問題である。

そこで、後にみるように、国連総会による加盟採択を前にした一九五六年一二月中旬の衆議院外務委員会では連日にわたって七八条問題が取り上げられたが、実はこの問題は、すでに講和条約が発効する前後から国会で本格的な議論がなされていた。たとえば、条約発効から一〇日ばかりを経た一九五二年五月七日の衆議院外務委員会において労働者農民党の黒田寿男は、「沖縄は依然として日本の領土であり、信託統治領になっても領土主権は日本に存続する」といった議論を展開する西村条約局長に対し、「日本は国際連合に加盟する、その日本の領域に〔中略〕信託統治領域を設定するということは、第七十八条との間に矛盾が発生するのではないか」と追及した[61]。

これに対して西村は、「黒田委員のお考えが間違っているからそういう結論になるわけであります」と断じ、七八条が憲章に挿入されるにいたった経緯を説明した。つまり、フランスの委任統治領であったシリアとレバノンが国連設立当時に独立が準備されていたので、この両国が「国際連合加盟国の資格を認められるようになった場合には、もう信託統治はその地域にしてはいけないぞ」という趣旨で同条が設けられることになった、という背景である。つまり七八条は、あくまでシリア・レバノンを対象として設けられたものである以上、沖縄問題には当てはまらない、という主張である。

さて西村は、七八条をめぐるさらに重要な論点について、講和条約の調印から二ヵ月ばかりの五一年一一月五日の参議院平和条約及び日米安保条約特別委員会において披歴していた[62]。この委員会で改進党の堀木鎌三は、講和条約の調印国間では「日本国が国際連合に加盟するということを一つの前提としているわけでございますが、そういう点からみまするとこの信託統治はそういう場合が実現したときは消滅する、こういうふうに考えていいのでございましょうか」と問うた。

これに対し西村は、「その点は堀木議員が七十八条を読み違えておいでになるのであります」と批判したうえで、そもそも七八条は「地域全体が独立国となり、国際連合加盟国になった場合には信託統治はその地域には成り立ち得ないという趣旨でございます」「独立国があってその領有しておる殖民地の一部を信託統治に付し得ることは、すでに七十七条の（は）によっても予見しております。領域の一部を信託統治に置くことは、何ら差支えないのであります」との答弁をおこなった。

ここで西村がいう憲章七七条（は）とは、先にみたように信託統治制度が適用される地域として三つの種類を挙げた七七条一項のｃを指しているが、そこでは「施政について責任を負う国によって自発的にこの地域の下におかれる地域」と規定されている。これにもとづいて西村は、日本が国連に加盟しても「領域の一部を信託統治に置く」ことは可能であり、したがって講和条約三条と矛盾をきたすわけではなく、つまりは三条が失効することはない、と主張したのである。

以上にみたように西村条約局長は、憲章七八条が沖縄の場合には当てはまらない理由として、対象地域がシリア・レバノンに特定されていることと、右の七七条一項ｃの規定という二つの側面から説明をしたわけであるが、こうした議論の組み立て方は、その後の国会での論争にあっても、政府側の答弁で一貫して踏襲されることになる。

たとえば、西村答弁から一〇数年を経た一九六五年九月七日、「はしがき」でふれたように、第一次佐藤栄作政権はそれまでの政府見解を整理しなおしたうえで「沖縄の法的地位に関する政府統一見解」をまとめあげたが、その四項「国連憲章第七八条と信託統治」において、つぎのような見解を明らかにした。つまり、七八条に照らして「沖縄は信託統治に付しえないのではないかとの説があるが、同条は、サン・フランシスコ会議に参加したレバノン及びシリアの両国が、当時法律的には依然としてフランスの委任統治領であったため、これら両国の国連加盟国としての地位を確保する意味から特に設けられたものである。すなわち、ある地域が独立して、国連加盟国となった場合は、同地域には信託統治制度は適用しないという趣旨であって、国連加盟国の領域の一部が信託統治制度の下におかれることを排除するものではない」と。(63) まさに、西村が主張した二つの側面からの見解表明に他ならない。

それでは、こうした政府側の見解をどう捉えればよいであろうか。先に挙げた国際法学者の皆川洸は七八条の論理について、憲章の起草段階にさかのぼって次のように主張する。つまり、「憲章起草者が「加盟国となった地域」についてのみとくにこの制度〔信託統治〕の適用排除を明記したのは、信託統治の対象とされ得る地理的範域の指示において、一定型の地域を念頭においていたからである。すなわち、第七八条に言及された地域は、もはや国際的後見を必要としない発展段階に到達し、加盟国の資格さえ認められたものである」からなのだ、と。(64)

要するに皆川が主張したいことは、七八条がレバノンやシリアを対象とした規定であることを認めつつも、そもそも国連に加盟が認められる地域とは「もはや国際的後見を必要としない発展段階に到達」していることが大前提におかれており、したがって日本が国連に加盟するということは、沖縄が日本の領土である以上、沖縄も同様の「発展段階」に達しているわけであって、当然ながら信託統治の対象になりえない、ということである。

それではつぎに、なぜ西村は堀木への答弁で、七七条cの問題を持ち出したのであろうか。あらためて問題を整理しなおしておこう。まず、前節で見たように、西村条約局長は当初、講和条約三条によって沖縄が信託統治におかれる場合の憲章上の根拠として、七七条一項のb「第二次大戦の結果として敵国から分離される地域」を挙げていた。これは、講和会議でのダレスの発言をうけたものであった。しかし、「信託統治となっても主権を放棄する訳ではない」との政府の立場を主張していくためには、野党議員が追及したように、「分離」という表現が使われている七七条bを根拠にすることは、いかにも苦しいものがあった。

これに対し、「施政について責任を負う国によって自発的にこの制度の下におかれる地域」と規定する七七条cの場合は、「領有国が自国の領域の一部を信託統治に置く」という趣旨であり、「主権を留保して信託統治制度に置くのが普通でございましょう」と西村自身が答弁しているように、政府の主張を支える根拠になると考えられたのである。したがって、日本が国連に加盟した場合に沖縄を信託統治に付すことができるのかという問題が争点となると、政府は七七条cを根拠として強調したのである。

しかしこうした主張は、より根本的な矛盾を生じさせることになった。すでに第二章1節で検討したように七七条cの起源は、一九四五年二月一五日付の「国際信託統治計画」草案にあって、それはルーズヴェルトの構想を反映して、植民地を保有する連合国や中立国が「自発的に」みずからの植民地を信託統治制度のもとにおく場合を想定したものであった。

だからこそ、国連憲章の『コマンテール』も七七条cについて、そこで規定される地域とは「植民地と保護領を意味するのは確かである」としたうえで、「植民地本国にその施政する地域を信託統治制度にゆだねるよう義務づけるものは何もない、まったく任意的なものである」と説き、結論として「第七七条第一項cは効力を発揮しなかった。いずれの植民地本国も、地域を自発的に信託統治制度のもとにはおかなかったのである」と指摘しているのである。[65]

つまり七七条cは、そもそも信託統治制度にかかわって、宗主国と植民地との関係を規定したものである。とすれば、日本が国連に加盟しても沖縄を信託統治におくことができ、したがって講和条約三条と矛盾をきたすものではない、との政府の主張を正当化するためには、沖縄を名実ともに日本の植民地として位置づける以外にない、ということになる。はしなくも、「独立国があってその領有しておる殖民地の一部を信託統治に付し得ることは、すでに七十七条の（は）によって予見しております」との西村の発言は、政府の〝本音〟を示したものであろう。しかも日本の歴代政権は、先にみたように、六五年九月の政府統一見解にいたるまで、右のような認識を維持してきた。(66)

「国連当局と話し合うべき問題」

ところで日本の国連加盟は、憲章七七条や七八条と講和条約三条との関係をめぐる解釈論争にとどまらないインパクトを有していた。たとえば、一九五四年二月一七日の衆議院外務委員会において社会党の戸叶《とかの》里子が、「もしもアメリカが日本の沖縄を信託統治にしなかった場合には、日本が国連に加盟いたしましてもこの条項は適用されないことになるのでしょうか」と問うた。(67) ここでいう「この条項」とは、すでにみてきた「信託統治制度は、加盟国となった地域には適用しない」と規定する憲章七八条であるが、戸叶が問いかけたことは、沖縄で米軍の支配が維持された状態のままで将来日本が国連に加盟した場合に、この七八条が適用されるのか否か、という問題であった。

これに対して岡崎外相は、「たとえば国連加盟はかりにできたとしたときに、平和条約の第三条の規定をどうするかという取り扱いは別に考慮されるわけであります。それをそのまま国連憲章で律するか、それとも平和条約にある三条はある種の留保になって入るかということは、そのときに日米間に交渉し、また国連当局と話し合うべき問題なのでございます」との答弁をおこなった。「平和条約にある三条はある種の留保になって入る」とは、さしあたり七八条の適用いかんは「留保」したままで日本が国連に加盟することを意味しているのか不明であるが、いずれにせよ重要なことは、日本が国連に加盟するということは、沖縄の国際法上の地位をめぐって米国と「交渉し、また国連当局と話し合うべき問題」であると、岡崎外相が認識していたことである。

国連加盟がもたらすインパクトの問題についてはさらに、先にみた沖縄への外交的保護権の行使をめぐる横田喜三郎の議論にあらためて触れておかねばならない。つまり、日本が米国に対し国連憲章にもとづいて人権蹂躙について「注意をうながす」にあたって、横田が「制限」の一つとして「日本が国際連合に入ってないということです。〔中略〕日本としては国連憲章にこういう規定があるからこれを守るべきだということを法律上で主張する根拠がない。国連に入っている国なら主張する権利がある」と指摘した問題である。とするならば、少なくともこの「制限」からいえば、日本の国連加盟が実現したことで、日本には米国に対して沖縄における人権蹂躙について「主張」できる条件が整ったことになる。

国連加盟のインパクトについては、社会党の穂積七郎のつぎの指摘も重要である。つまり、国連総会での加盟採択を前にした一九五六年一二月一二日、衆議院の外務委員会において穂積は、「われわれは国連加盟は、ただ国連の加盟国だという看板をもらうのがうれしくてなるのではなく、その実質を願っておるわけです」と述べたうえで、「沖縄問題を国連に提案するのが非常に適切ではないか」として、その提案内容について、施政権の問題と「土地を守る四原則」の問題、そして基本的人権の問題という「三つの角度」を挙げた。(68)

そのうえで穂積は、「アメリカの最近の報道を見ましても、沖縄問題については、日本は必ず国連加盟早々にこの問題を提案するであろうという有力な批評すらすでに行われ、またアメリカ政府自身が、その提案が行われた場合のことを予想して、何らかの対策なり用意を整えつつあるという報道すら見受けられる。ですから、向こうですらそういうことを期待し、世間もみな期待しておるので、必ず言わなければならぬのは、自分のことですから日本政府であります」と指摘した。

さらに、翌一三日の同委員会では日本民主党の高岡大輔も、北方領土問題をめぐる日ソ交渉について「国家としても非常な重大関心事であったのであります」と評する一方で、「ところが沖縄は、潜在主権がありますとか外交保護権があるとかいうことをいわれますけれども、領土問題という面からいいますれば、これは非常な大きな問題であります。北洋に浮かぶ島々とはとうてい比較にもならないような大きなところであります」と、北方領土問題に照らして沖縄問題が「比較にもならないような大きな」問題である、との認識を明らかにした。

そのうえで高岡は、「近い将来総会においていよいよ日本が国連に加盟ができますれば、国連の内部においても、あるいは人道問題をひっさげ、いろいろの面から沖縄問題というものが世界の問題として取り上げられていくだろうと思います」と述べ、国連を舞台にして沖縄問題が世界的な問題となるであろう、という道筋を語った(69)。

以上のように、国連加盟と沖縄問題とのかかわりをめぐり日本では活発な議論が展開されていたわけであるが、実は米国でも問題の深刻さが十分に認識されていた。たとえば本章1節の冒頭でふれたように、米統合参謀本部はすでに一九五二年八月一五日にまとめた「ポスト講和期」の沖縄政策に関する覚書で、「国連加盟国となった地域には信託統治制度は適用されない」との憲章七八条の規定を挙げたうえで、講和条約三条が信託統治を前提としている以上、「もし日本が国際連合のメンバーとなるならば、〔三条は〕挑戦と無効化の対象となるであろう」と指摘していた。[70]

そして現実に日本が国連への加盟を果たしてから三週間ばかりの一九五七年一月七日、国務省のロバートソン次官補はダレス国務長官あての覚書で、「日本は国際連合の中のアフリカ－アジア・グループのリーダーになるとの希望をもって同ブロックとの関係を急速に強めるであろう」との警告を発した。[71] 実は当時の日本の政権は、前年一二月二〇日の鳩山内閣の総辞職をうけて成立した石橋湛山内閣であった。

右のロバートソンの警告をうけて翌一月八日、ダレスはウィルソン国防長官あての書簡で、「国連加盟、アフリカ－アジア・ブロックとの緊密な関係、ソ連との国交の樹立を通して、日本は争点を国際化し、国連に訴えることを試みる立場にたつであろう。すでに日本の沖縄人のグループはソ連や他の国連加盟諸国に対し、琉球諸島の日本への返還を支援するように請願を行っている」と、事態の深刻さを明らかにした。ダレスによれば問題の焦点は、沖縄の「『植民地的』統治への国際的な調査」を求める圧力が増大するかもしれない、というところにあった。[72]

このように米国は石橋政権の動向に神経を尖らせていたが、石橋自身が病を得たため同政権は短命に終わり、五七年二月二五日に岸信介が政権を引き継いだ。「親米の切り札」としての岸が権力を握ったということは、もちろん米国にとって歓迎されるべきことであった。とはいえ、こと沖縄問題に関しては、たとえば岸は一九五六年の後半期に自民党幹事長として、当時の鳩山政権の「消極的態度とは対照的な、積極的「党外交」を展開」した。つまり、沖縄の土地問題について外務省を通して米国に「沖縄住民の意思尊重」を申し入れ、あるいはアリソン駐日大使を訪問して「アメリカ側の善処」を求め、さらに外国人記者会見では、米国の沖縄・小笠原政策が「これら旧日本領土をアメリカがいつまでも保有する考えだという印象を世界に与えている」と強く非難した。

そもそも、「与党の代表者が、内閣や外務省の当局者をとびこえて直接対外的発言を行うのは、きわめて異常な事態」なのであるが、こうした岸による沖縄問題への積極的なかかわりの背景については、「世論の批判が鳩山内閣の姑息な沖縄政策に集中している状況のもとで、党のレベルではこの世論の圧力に対して積極的な反応を示す必要があったからである」と解されている。(73)

「法的根拠において主張する」

とはいえ、岸が首相として国会で野党の質問をうける立場になると、きびしい局面にたたされることになった。なぜなら、日本の国連加盟によって、米国の沖縄政策を講和条約三条によって正当化してきた従来の日本政府の立ち位置を維持することが、理論上も困難になってきたからである。この事態を象徴するのが、岸政権の成立から約三週間を経た五七年三月一六日の衆議院外務委員会で社会党の岡田春夫によって展開された質疑であった。(74)なぜなら、沖縄問題に関する岡田の質問は、それまでの国会内外における諸論争を集約するような内実を有していたからである。

まず岡田は、講和条約三条が、米国が沖縄を信託統治におくことを国連に提案するという前段と、それが提案され可決されるまで米国が沖縄の施政権をもつという後段からなっており、したがって「これはアメリカがいずれ信託統治地域にするということを予定した条約と理解すべきでありますがどうでありますか」と問うた。これに対して岸首相は、「条約上の文理解釈から見ますと、信託統治にするということを予定していると解釈すべきだろうと思います。しかし現実の今までの日米の間の折衝によりますと、アメリカがそれの三権〔行政、立法、司法〕を持っている、施政権を持つことの必要がなくなれば日本に返す意向であって、信託統治に移す意向は持っておらないようであります」と答えた。

この答弁に岡田は、「私はきわめて重大であると思う。信託統治に予定されているからこそ施政権を今握っているのである、日本が潜在主権を持たされているのであって、信託統治制度を予定されておらないとするならば、その第三条の後段の経過措置であるところの施政権というものは許されないものであるという法的解釈が出てくるのではないか」「条約の規定によると信託統治が予定され、現実において信託統治が予定されておらないとすれば、アメリカはこの条約に違反しているということになりませんか」と追及した。

これに対して岸は、「法律論」としては岡田の主張は「その通りであります」としながらも、「私は政治論として、アメリカが信託統治に付する意思は持っておらないようだということを申し上げたのは、何もこれをくつがえす別の協定があるわけでも、あるいは条約があるわけでもありません。アメリカの政治の方針としてそういう意向を持っていると私どもは考えておるということ」と述べ、「法律論」では事実上の〝白旗〟をあげながらも、「政治論」において対応を試みた。

これに対し岡田は、あらためて国連憲章と講和条約三条との関係をとりあげ、沖縄を信託統治におくという場合、憲章の「七十七条のどれに該当するという解釈をおとりになっているのか」を問うた。

つまり、すでにくり返し検討してきたように、憲章七七条一項は信託統治におかれる地域として、a現に委任統治の下にある地域、b第二次世界大戦の結果として敵国から分離される地域、c施政について責任を負う国によって自発的にこの制度の下におかれる地域、という三つの「種類」の地域を挙げているのであるが、岡田はこれらのいずれであるかについて、あらためて政府の見解を質したのである。

この問題について岸は、「七十七条のbまたはcに該当するものだというふうに条約局長は解釈しているようでありますから」と条約局長に答弁を促し、これをうけて高橋通敏局長は、「このいずれか〔bかc〕によって適用になるというふうに考えております」と答えた。この答弁に対し岡田は、憲章の起草段階で信託統治制度をとりまとめた「第四小委員会」の報告をとりあげ、七七条のbについては「現存している国家から新たに征服し取得したる地域」、cについては「施政国が自発的に信託統治制度のもとに置く用意のある植民地といった種類の地域」と規定され、「満場一致採択」になっていると指摘した。

このうえで岡田は、「cにおいては、先ほど申し上げたように植民地という規定になっておる。bにおいては、現存している国家から新たに征服し取得した地域ということになっている。とするならば、ここのbである第二次大戦の結果として敵国から分離されたる地域というのは、これはどこかの国から日本が奪った地域、現在ある国から奪った地域、この地域でなければならない。とするならば、〔中略〕沖縄をそのまま信託統治にするということはできないはずです。言葉をかえて言うならば、沖縄というものは本来固有の日本の領土というべきものではないかということです。日本のどこでも領土を信託統治にできるというような解釈がもしできるとするならば、今度は北海道をアメリカの信託統治にする、四国をイギリスの信託統治にする、条約できめれば何でもできるということになるじゃありませんか」と、根本的な問いを投げかけた。

これに対し高橋条約局長は、「この憲章の成立過程におきまして、委員会で確かにそういう議論及び意見及び報告が提出されたことがあると考えております」と岡田の指摘を認め、岸首相も「今お話のように、分離するというこの分離の意味については、一応岡田君の言われるような議論も当然立つことだと私は思いますが、なおこの点については、法律の何に属しておりますからもう少し研究をいたして、統一した御返事をすることにいたします」と述べ、岡田の議論に向き合うことを約した。

そこで岡田はさらに、信託統治の基本目的を規定した憲章七六条の二項において、「各地域及びその人民の特殊事情並びに関係人民が自由に表明する願望に適合するように」と記されている点をとりあげ、「沖縄の人民が自由に願望して表明をしたものは何であるか、日本に復帰したいということを明らかに願望しているじゃありませんか。こういう点からいっても、アメリカの信託統治にすることはできないのであるという結論は、もう法律的に出るじゃないかということです」と問うと、岸は「一緒に研究いたします」と答えた。

次いで岡田は信託統治の具体的なあり方について、戦略的信託統治の場合は「安保理事会の承認が必要なのです。安保理事会にはソビエトがいるから、これは否決になります」とし、一般的信託統治の場合には「国連総会ですから、たとえば信託統治になったとしても、あとで監察を受けるのです。監察を受けるときには、〔中略〕ソビエトも視察に行けるわけです。こういう点からいっても、沖縄は信託統治にできないのです。ですから、日本国が国連に対して提案をすることが、沖縄の問題を有利に解決する道であると私は考えるのですが」と述べ、「沖縄の地位の問題について国連総会に提案していただけるかどうか」と、岸の考えを質した。

これに対して岸首相は、「沖縄の法律的地位というものを十分明瞭にいたしまして、それがはっきりいたしまして国連に提案することが必要であるならばやりますし、またアメリカと直接交渉することが適当であれば直接交渉しますし、その前提として、沖縄の法律的地位をどう考えるかということをまず正確にきめることが最も必要だと思いますから、その点を責任をもって検討することにいたしたいと思います」と述べ、さらに「この七十七条や七十六条の条文を一括して、沖縄の法律的地位について、まず正確に法律的に性格をきめましてその結果とすれば、あなたの説みたいにこれが無効だという結論になるかもしれません。無効ならば、今信託統治にするということはアメリカが言っておるわけではないですから、当然信託統治にすることはできないということを明瞭にすればいいことであり、またそれに基づいて施政権の返還の問題もまた法律的根拠において主張するという、あなたの先ほど応援してくださったような強力なものが出てくるわけであります。その前提となるまず沖縄の法律的地位というものを、国連の憲章から見て、正確に一つ検討いたしまして、結論を出したいと思います」と答えた。

ちなみに、右の「先ほど応援してくださった」という意味合いは、「法律論」として岡田の議論を「その通りであります」と認めながら「政治論」を持ちだす岸に対して岡田が、「政治論だけではいけないので、法律上の裏づけのあることを日本の総理大臣は言ってもらわなくちゃならない。こういう点で、あなたが法律論としてお認めになっているならば、〔中略〕あなたの応援演説をやっているのですよ」と述べたことにかかわっていた。

ただいずれにせよ、この岡田・岸論争の重要性は、かつて西村熊雄条約局長が野党議員の質問に対し、「お考えが間違っている」「読み違えておいでになるのであります」と批判を加えていたのに対し、今や攻守所を変えて、政権の側が、少なくとも「法律論」においては野党議員の議論を「その通りであります」と認めざるをえなくなり、問題をあらためて「研究」すると答弁するにいたった、というところにある。

この〝様変わり〟の背景としては、米国が無期限の沖縄保有を公言したこと、日本が国連に加盟して国際的に新たな地位を得たこと、さらになによりも、五五年一月の「朝日報道」以降、沖縄問題が全国的な関心を集め、「八〇万同胞」が根本的な人権問題に直面していることについて、「ある程度の「超党派」的世論の高揚」(75)が生まれていたこと、が挙げられるであろう。

「沖縄住民の血の叫び」

さて、右の岡田の質問から一ヵ月を経た五七年四月一六日、衆議院法務委員会において社会党の佐竹晴記は、レムニッツァー琉球列島民政長官の招請で沖縄を訪問し「現地の実情を視察」してきた結果を報告した(76)。佐竹によれば、民政長官からは「賓客」として「礼儀を尽くし、きわめて友好的気分をもって接待これ務められましたことは感謝の至り」ではあったが、その後立法院で開かれた座談会において、政党各派をはじめ各界、各階層の代表者から「鮮烈なる要望」が出されたという。それらは具体的には、「施政権返還の要求」「土地問題に関する四原則の貫徹」「土地取り上げにからまる人権じゅうりんの訴え」「労務者に対する人種差別的賃金の撤廃」「日本本土への渡航自由の要請」「沖縄施政に対する弾圧の排除」等々であった。

そこで佐竹はまず、「沖縄住民の血の叫び」、なかでも「アメリカが占領中の軍政下におけると同様に、土地取り上げについて何の法的基準も示さず、その補償の道も開かずに独裁的にやってきた」という実態を明らかにしていく。まず「久志村《くしそん》〔現在の名護市東部〕の辺野古地区の接収」の問題について、「アメリカ側は、久志村住民から喜んで承諾を得たと宣伝」しているが、「久志村長比嘉敬浩《ひがけいこう》氏が五六年一二月一二日に那覇市で述べた証言によれば、「村長は拒否権を行使してきたが、ついにどうにもならない圧制のもとに承諾せざるを得なかった」という。そのうえで佐竹は、「久志村辺野古地区の接収の契約書」について、これまで「秘密」に付されてきた英文の契約書を入手したとして、「六条に、アメリカが必要とする場合は単純封土権以下一切の権利を取得することができる旨を規定」していることを明らかにし、米軍側に治外法権と「ほとんどひとしい権利が与えられている」と非難した。

つづいて佐竹は「伊佐浜〔現在の宜野湾市〕住民の訴え」を明らかにした。ここは「沖縄においても最優秀な十三万坪の水田地帯」のある土地であるが、米軍は「特別措置として一人一日二合二百日分を支給する、不満があれば実力を行使する、強制収用する、強制接収したら補償も援助も全部やらない、はいか、いいえか、どっちか返事せよ」と迫ったため、これに抗して「婦人の決起」がおこり、五五年三月一一日に米軍による略奪行為が始まると「全伊佐浜住民に知らせ、百二、三十人が集まり中止を申し入れましたが、聞かないので、機械の前にすわり込みました、すると五十五名の完全武装兵が出動し、住民の前で銃に着剣し、弾薬を装備し、住民を包囲しました、なおひるむ様子のない住民に包囲を圧縮し、子供を背負う婦人や老人を床尾板《しょうびはん》で押しやり、足でける、突き倒す、なぐる等の暴行」を加えたといった「非人道的な行為」がおこなわれたという。

さらに佐竹は、「伊江島住民の訴え」を明らかにする。それは、「本年三月十二日付伊江村真謝《まじゃ》区長の本山正次外三人からの軍用土地接収に関する陳情書」に依るものであって、五五年三月一一日には立ち退きを求めて「三百余名の完全武装した米軍が現れ、有無を言わさず家屋を焼き払い、ブルドーザーで家屋を破壊し始めたので、全区民がその阻止方を懇願したものの、聞き入れられず、ますます傍若無人にふるまう非人道的、非道義的米軍の行為にただぼう然たらざるを得なくなり、死んだまねをした並里清二さん（六十歳）を動物扱いそのままで毛布にくるみ、なわでくくり、ガイディア中佐に暴行を加えられ逮捕されました、その有様を見ていた婦女たちもたまりかねて泣きながら阻止懇願したら、この島は米軍の血によってあぶなった〔ママ〕島であり、君たちは三等国民だから黙れと言って相手にしない、米兵士がピストルを突きつけたので、恐怖のあまり区民はただおろおろと逃げまもる〔ママ〕のみで、なすべきすべを知らなかった」と。

さらに、「区民は背に腹はかえられず農耕を続行していたら、三十二名が大挙逮捕され、三ヶ月の懲役、一ヶ年の執行猶予の言い渡しを受けた、また今村堅男（十七才）も解禁時間である午前六時にイモ掘り中逮捕され、懲役六ヶ月の実刑を科せられたと述べ、しかもその裁判は、右今村少年以外はすべて弁護人もつけず、米兵が証人になって即決でどしどし懲役に処せられておりますことを具体的になる記述いたしております。東条内閣といえどもこんなことはやりませんでした」と「沖縄住民の血の叫び」を訴えた。

そのうえで佐竹は、「アメリカへおいでになりましたときは、ワシントン政府にこういった実情を一切訴えてもらって、外交折衝によって適当な措置を講じていただく必要があると考えまするると同時に、もしアメリカにして反省しなければ、社会、人道問題として国連に訴える等の方法によっても、その不当不正を是正させ、悲劇の沖縄住民を救うべきであると考えますが、いかがでございましょうか」と迫った。

ここで、「アメリカにおいでになりましたときは」と佐竹が言及したのは、後で述べるように、岸が二カ月後の六月一六日から訪米を予定していたからである。したがって、佐竹の質問に対しても岸はまず、「日本民族であるところの沖縄住民、同胞たる沖縄住民に相済まぬことであり、国民感情としても、そういうことをほうっておくことはできないことは言うを待ちません」と述べたうえで、米国が極東情勢との関係で沖縄での施政権保持を主張していることをめぐって、「施政権というものをいつまでもアメリカが持っておるということにつきましては、私は、いろいろの点において大いに考慮しなければならぬ、かように考えておりますから、その根本の問題について、アメリカ側と、従来よりも一そう進んで積極的に日本側の考えを述べ、これについてのアメリカ側の考慮を求めるような折衝をすべきことは、今後していかなければならぬ、かように考えております」との立場を明らかにした。

さらに岸首相は、岡田の展開した憲章七六、七七条と講和条約三条との矛盾論を踏まえて佐竹が、

「信託統治に付するまでアメリカが施政権を持つという暫定条項は、その根拠を失っているといわなければなりません。不能の条件を付せられた条文と化しているものといわなければなりません」と問うたのに対し、次のように応じた。つまり「法律的に申しましても、今佐竹委員が御指摘になったような議論も立つことでございますし、また、この条約ができました当時と、今日の日本の立場というものも非常に違っております。特に、国連に加盟しておるという一つの事実から見ましても違っておりますし、従いまして、また将来の日米関係というものを考えてみましても、沖縄の地位を今まで通りにしておくことが日米両国にとって決して長い友好関係を増進することにならないという点から考えましても、私は、沖縄の地位につきましては、十分腹を打ちあけて、日本国民の考えておる通り、要望しておる国民の気持ちをアメリカの首脳部に十分に納得せしめ、これをアメリカ側において十分に考慮を求めるということがこの際必要である、かように考えておりまして、できるだけそういう努力をいたしたい考えでございます」と述べ、日米首脳会談に向けて〝積極姿勢〟を示した。

「リーズナブルな期限」

ところで佐竹は、「沖縄住民の血の叫び」として久志村辺野古、伊佐浜、伊江村真謝の三つの地区の事例を明らかにし、岸はそれを「悲痛な言葉」として聞いたわけであったが、こうした具体的な事例が国会で明らかにされ議論されることは、きわめて重要な意味をもっていた。なぜなら、ここにこそ沖縄問題の本質が現われているからである。

あらためて問題を整理しておくならば、一九五三年一二月の奄美返還にさいしてのダレス声明に示されているように、米国は「極東の脅威と緊張」という安全保障上の理由でもって沖縄の無期限支配を合理化しようとした（いわゆる「ブルースカイ・ポリシー」）。しかし、この論理に対しては、日米安保条約が全土基地化の条約である以上、沖縄に安保条約を適用し米軍基地を設ければよいのではないか、という反論が国会においても展開された。

これに対して米国は、差別的な行政協定の適用さえ排除し、無制限の軍事行動の自由、つまりは「軍事的必要性がすべてに優先する」体制を貫徹するために沖縄の排他的支配を維持しようとするのであるが、その本質的な問題を象徴的に示しているのが、右に挙げられた三つの事例に他ならない。なぜなら、米軍にとっては「必要となるいかなる土地も獲得できる」ことが沖縄支配の核心だからである。

岸は佐竹の問いに対し、「われわれは自由主義の国であり民主主義の国であるということは、日本もアメリカも同じ立場を取っておる国であります。従って、〔中略〕その施政がすべて民主的なルールによって円満に施行されることは、日米両国のために最も望ましいことであると考えられます」と答えた。しかし、米国が沖縄を支配する決定的な理由は、沖縄では「自由主義」「民主主義」「民主的なルール」にいっさい拘束されないからである。「軍事的必要性」を貫徹するためには、〝裸の暴力〟さえ行使できるからである。

当時の日本では、すでに述べたように、全国各地で米軍基地の建設や拡張に反対する闘争が展開されていたが、日本の憲法が適用される以上、米国側は久志村辺野古、伊佐浜、伊江村真謝など沖縄でおこなっているのと同様の行為をとることができない。だからこそ、佐竹の質問から四カ月後の五七年八月には、本土の岐阜や山梨などに駐屯していた米海兵隊が沖縄に移駐したのである。[77]

実は、この年の一月三〇日に群馬県相馬原の米軍演習場で米兵ジラードが薬莢《やっきょう》拾いの主婦を射殺する事件がおき、大きな衝撃をうけた世論は一気に高揚し、当時石橋内閣の外相であった岸信介は「民族として耐え忍ぶことの出来ない事件である」と言明した。しかし、結局のところ日米間において、米国が日本の裁判権を認める代わりにジラードを「軽い傷害致死罪で起訴する」との密約がなされ、執行猶予付きの判決で彼は帰米するにいたった。[78]

たとえていえば、沖縄では、こうしたジラード事件に類した事件が〝日常化〟していたのであり、それが許容される構造こそが沖縄問題の本質といえるであろう。あらためて佐竹の言を借りるならば、「沖縄問題の根幹をなす土地問題は、それ自体重大な人権問題であるのみならず、その土地取り上げにからまる武力行使、暴行暴虐に至っては天人ともに許さないものがありまして、世界注視の的である」ということなのである。

とすれば、そもそも米国はなんのために戦い、いかなる価値を実現するために軍事作戦を展開するのであろうか。八〇万の人々を「自由主義」「民主主義」「民主的なルール」の外に追いやって戦われる戦いとは、いかなる意味をもつのであろうか。自由と民主主義を守る戦いのために自由と民主主義を抑圧する、しかもそれを、組織的かつ大規模に長期にわたって実施するという〝究極の逆説〟が、他ならぬ沖縄に生み出されることになった。こうした背景があるからこそ、実に皮肉なことに米国は、共産主義者による「植民地主義」との批判キャンペーンに、過敏なほどに反応せざるをえなかったのである。

さて、佐竹の質問から三日後の一九五七年四月一九日、衆議院外務委員会においてふたたび岡田春夫が質問にたった。(79) 彼は、「研究をしますと言ってまだお返しを受けていない」として、岸首相の「研究」の進み具合を訊ねた。これに対して岸は、「この前あなたが指摘された議論は、これは一つの法律解釈の御議論として傾聴いたしておった」とし、「相当に勉強をいたしてみたのであります」と述べたうえで、しかし結局、「外務省といたしましては、岡田委員の御解釈をそのまま是認するというようなことはどうもむずかしい」との判断を示した。

とはいえ岸は講和条約三条について、「理論としてあれは一つの経過的な規定であるから、信託統治にするかしないかということをきめるのは、無期限で、百年も千年もたってもきめずにおいていいものというようなことじゃなしに、何かリーズナブルな期限が一つあるのじゃないか。それが果たして十年であるか、五年であるか、二十年であるかということは、いろいろな何があるかもしれぬけれども、やはりそこに一つの解釈上のリーズナブルな期限を置くことが適当じゃないかというような考え方もあるのでありまして、いずれにしても、私は今の沖縄のあのステータスを長くあのままに続けるということは、条約の解釈いかんにかかわらず、政治的に考えてみても合理的でないという結論」にいたった、と述べた。

さらに岸は、施政権の返還の問題をめぐって、「アメリカ側の言い分は、極東の緊迫情勢が緩和されない限り、今のステータスを変えることはできないという返事であります。しかしその点について、そのステータスを、極東における緊迫状態が変わらない限りということを、ただアメリカ一個が判断する、そういうことは私は適当じゃないと思います。少なくともそういう点についてわれわれの考えを率直に話し合うことが、この問題を解決する何であって」と述べ、情勢判断の領域においても米側の判断に一方的にしたがう姿勢を改めることとの必要性を表明した。

つまり岸は右の岡田への答弁のなかで、講和条約三条は「経過的な規定」であり、したがって無期限ではなく「リーズナブルな期限」が設けられるべきこと、さらに、「ブルースカイ・ポリシー」の前提となっている極東情勢の判断をめぐって、「アメリカ一個が判断する」というようなことは「適当でない」との認識を明確に打ち出したのであった。

「米国の権利は暫定的」

以上のような国会での論戦をも背景に、外務省は岸訪米にむけて具体的な準備にとりかかっていた。先にみたように、岡田春夫が外務委員会で本格的な質問をおこなった三月一六日から約二週間を経た四月一日、外務省内で「岸総理の昭和三二年六月訪米資料」がまとめられたが、その「領土問題（対米申入れ用メモ）」では以下のような論理が展開された。(80)

つまり、米国が「従来しばしば極東における緊張状態が続く限り琉球諸島におけるその地位を保持する必要がある旨を声明している」ことについて、同諸島が「西太平洋における米国の防衛線の一環として重要な地位を占めるであろうこと」を認めつつも、「しかし、日本自身もこの防衛線の一環であり、また、そのゆえに現に米軍の配置を認めているわけである。なぜ、これらの諸島に限って行政、立法及び司法の三権を行使することが軍事上必要であるのか。日本国民の理解しえないところである」と指摘する。

要するに、かねてより野党側が問題提起してきたように、米国が沖縄を保持する理由が緊迫する極東情勢という安全保障の論理であるならば、沖縄に安保条約を適用し米軍基地を設ければよいわけであり、沖縄全体にわたって「三権」を行使する必要はないのではないか、という根本的な問題である。

次いで同メモは、「沖縄の内部の情勢は、現在の状態のままで推移すれば、時とともに悪化していくであろう」と指摘し、さらに「日米両国の協力関係の進展を阻害している最も大きな要因の一つがこれらの領土のステイタスに関する問題である」と踏み込んでいく。そしてなすべきこととして、「自分〔岸首相〕は、日米両国の共通の利益という観点から、この領土問題を解決するための一案を提案したい。それは、日本国との平和条約第三条後段に基づく米国の施政権の行使に一定の期限をつけるということである」と、国会で岡田に約した期限問題を提起する。

より具体的な進め方としては、「右は、米国政府から日本政府に対して、次のような意向を通報するという形で行われうるであろう」として、「イ 米国は、日本国との平和条約第三条に基づくすべての権利及び利益を七年後に日本国のために放棄する。もっとも、それ以前においても、右の権利を行使する必要がなくなった場合には、直ちにこれらの諸島を日本国の完全な施政権の下に復帰せしめる」との「通報」の案文が提示される。

ここで興味ぶかいことは、右の「七年後」の「七」という数字に肉筆で×が付され「十」に訂正されていることである。もっとも、この訂正は徹底されたものではなく、案文の「ハ」の項目では、「七年の期間の経過後においてなお極東の緊張状態が十分に緩和される見込みがないと認められるときは、両国政府は、これらの諸島において共通の防衛上の利益を擁護するため執りうべき方法について協議を行う」と記され、「七年」という字句が残されていた。
この「七」から「十」への訂正がおこなわれた背景については、「タイム・リミットについては、岸首相が七年とし中川が一〇年として、中川の説得を岸が受け入れて決断したようである」との指摘がある。[81]なお、ここでいう「中川」とは、当時米大使館側と協議を重ねていた外務省アジア局長の中川融である。

さて、右のメモはさらに「タイム・リミット」を設けることの重要性と必要性について、つぎのように説明する。つまり、「これら諸島の住民のみならず日本国民一般は、米国はこれら諸島におけるその現在の地位を半永久的に保持するつもりではないかと危ぐしている。米国はこれら諸島に永久にとどまるつもりはないと、米国政府当局者がいかに強調しても、極東の事態が根本的に変わることは予見しうる将来には期待しえず、しかもそのような事態の変化があったかどうかが一に米国の認定にかかっている限り、右の危ぐは払拭されないであろう。これを払拭することは、米国による施政権の行使に明確な期限を付けることによってのみ可能であろう」と。

ここでは、米国だけが情勢判断を独占することを阻むためにも「リーズナブルな期限」の設定が不可欠であるという論理構成になっており、さらにその根拠として、「平和条約第三条後段の規定に基づく米国の権利は、その性質上暫定的なもの」との認識が強調されていることをみても、この「対米申入れ用メモ」には、三条をめぐる国会での論戦の影響が色濃く反映されていたといえよう。

いずれにせよ、極東情勢の判断において、「米国の認定」にのみ依存するのではなく、日本がみずから主体的に判断することの重要性が指摘されていることは、この後の日本外交の展開をみていくにあたり、まことに興味ぶかい。

ところで、翌四月二日の文書「「領土問題」に関する説明」では、「期限を付けることの効果」が説かれている。(82) なぜなら、「米国側は、期限を付けても現地住民及び日本国民一般に対してそれほどの心理的効果があるかどうかに疑問をもつかもしれない」からである。そこで具体的に、「インドやフィリピンの独立の経緯を例に引くことも考えられる」として、両国の事例が紹介される。

つまりインドの場合は、一九四七年二月に英国のアトリー内閣が「一九四八年六月以前に独立を与えることを約した」ところの「白書」を発表した結果、「インド内の反英機運は一時に鎮静」し、その後の「英印間の友好関係の基礎」が築かれたこと、次いでフィリピンの場合は、米国が一九三四年の法律によって「一九四六年七月四日にフィリピンを独立させることを約束した」ことが米国外交の成果とみなされている、ということである。

ここであらためて確認しておくべきは、沖縄の施政権返還に期限を設けることの「効果」を説明するにあたって、かつて英国と米国の植民地であったインドとフィリピンの事例が強調されていることである。要するに沖縄は、日本政府にあっても、名実ともに植民地と認識されていた、ということであろう。

外務省が右のメモをまとめてから九日を経た五七年四月一〇日、岸首相は同年一月に着任したマッカーサー二世（最高司令官マッカーサーの甥）駐日米大使との非公式の会談に臨んだ。これは、岸の訪米にむけての下準備を意味しており、これ以降両者は数回にわたって会談を重ねることになる。この第一回会談で岸は、日米関係を損なっている原因として「日本人の国民感情」をあげ、とくに領土問題に関してはつぎのように論じた。つまり、多くの日本人が領土不拡大原則に照らして米国に失望している、琉球・小笠原は日本固有の領土である、日本人は沖縄住民が「異民族支配」のもとにあると同情している、沖縄の戦略的重要性は理解できるが日本本土も沖縄とおなじ大陸沿岸諸島であり沖縄だけが米国の施政権のもとにおかれる理由がわからない、沖縄の内政的事情は年々悪化するであろうから日米関係にとって深刻な障害となる、したがって「一〇年のタイム・リミット」をつけることが考えられる、との見解を表明した。

さらに岸は四月一三日の会談でマッカーサーに対し、米国側が沖縄に関する「対日覚書」を出してはどうかとの提案をおこなったが、この覚書の内容は、沖縄を「一〇年後に返還する」など、先にみた「対米申入れ用メモ」に則したものであった[83]。こうした岸首相側の提案に対し、ワシントンはただちにきびしい反応を示した。四月一八日のマッカーサー大使あての書簡でダレス国務長官は、岸の訪米はあくまで互いの見解を交換し議論するためであって「交渉ではない」こと、岸がマッカーサーにくり返し提案をおこなうことによって「根拠のない期待」を抱かせてしまうことが危惧されること、したがって岸との会談の機会を減らすことが望ましい、との強い指示を伝えた[84]。

また極東軍総司令部は五月二〇日の陸軍省あての覚書で、岸の提案は軍事的観点からしてまったく受け入れがたいとし、日本が中立主義に傾いているからこそ沖縄のいかなる現状変更にも反対であること、安保条約については日本の要請について「考慮の余地がある」との立場を伝えた[85]。

しかし外務省の側は、岸訪米の五日前の六月一五日にとりまとめた「第一回岸ダレス会談（政治問題）参考資料」において、沖縄問題について「（イ）施政権の返還は、決してこれ等諸島の軍事的重要性を軽視して主張しているのではない。この問題の解決は、安全保障条約の改訂と同様、日米間の精神的結合を強化し、究極的には、軍事目的の遂行自体を容易ならしめる結果となると信ずるものである。（ロ）施政権が今直ちに返還されることを求めるものではなく、期限を付して返還されることを明らかにすれば、日本国民の誤解と不安は解消すると確信するものである。その期間は十年とすることを提案したい」と、四月一日の「対米申入れ用メモ」とおなじく、一〇年という返還期間を記していた。(86)

「軍人が必要とする自由」

以上のような経緯を背景に、一九五七年六月一九日にアイゼンハワー大統領と岸首相による日米首脳会談が開催された。まず岸は日本の国内情勢について、共産党の影響をうけている社会党が政権をとれば米国との緊密な提携は崩れ去るであろうこと、分裂していた保守勢力をみずからが統合に導いたが、自由民主党が政権の座に居つづけることが不可欠であること、日本ではナショナリズムの機運が高まっており、自民党としても「独立の立場」にたって行動せねばならないこと、などを述べた。そのうえで安保条約について、成立当時とは状況が変わっているとして、米軍の配置や展開が「米国の一方的な決定」に委ねられている問題について、日本との協議が求められるべきこと、さらには、「タイム・リミットがなく無期限」である問題について、「リミット」が設けられる必要があると主張した。

次いで岸は沖縄問題をとりあげ、日本人は極東の安全保障のために基地の必要性は認識しているが、なぜ軍事基地のために施政権の全部を米国が保持しているのか理解できないこと、さらに、米国は終局的には沖縄を日本に返還するであろうとしても、「施政権が無期限」であるため日本国民は米国の意図に不安をいだかざるをえないこと、を指摘した。そのうえで、沖縄の八〇万の住民は日本人であり、したがって日本人は「同胞」という国民感情をもっている以上、沖縄で問題が発生すれば九千万の日本国民の問題として捉えられる、さらに、沖縄の土地問題は深刻で、耕作地が少ないため軍用地として取り上げられると代金が支払われても代替地を求めることができない、という二点について大統領の注意を喚起し、これらは「日米間のパートナーシップ」のあり方にかかわってくると強調した。(87)

こうした岸首相の問題提起に対してアイゼンハワー大統領は、日本が共産主義と戦う強い精神力をもったときにはじめて「真のパートナー」になり得ると釘を刺したうえで、日本には他国以上に多くの米軍が駐留しているが、「日本におけるこれら米軍のプレゼンスによって生み出される諸問題」を承知しているとし、「我々はどこであれ望まれない所に居るつもりはない。それゆえ、米軍の撤退を始める用意がある。我々は人口密度の高い〔crowded〕国に外国軍が存在することによって、きわめて深刻な諸問題が引き起されることを認識している」と、日本本土からの米軍撤退の方針を明らかにし、次いでアイゼンハワーは領土問題について、「我々が考えていることはただ一つ〔only thought〕、侵略があった場合に干渉を受けることなく迅速に反撃できること、ただそれだけだ」と明言した。(88)

以上のアイゼンハワーの発言は、問題のありかを鮮明に示しているといえよう。要するにそこで示されている認識は、日本本土では砂川闘争やジラード事件に象徴されるように反基地・反米の運動が広がっているが、それは「人口密度の高い国に外国軍が存在する」ことから引き起こされているのであり、したがって、日米関係を安定化させ与党における岸首相の立場を固めるためにも、日本本土からの米地上軍の撤退がはかられねばならない、ということである。

他方、沖縄については、米軍がいかなる「干渉」をうけることもなく迅速な行動の自由を行使できる排他的な支配が大前提であり、したがって日本への返還は論外で現状が維持されねばならない、ということである。しかし言うまでもなく、こうした論理は根本的な矛盾を孕んでいる、なぜなら沖縄は、日本本土以上に「人口密度の高い」地域であり、しかも紛うことなき「外国軍」によって支配されているからである。それでは、この矛盾はいかに解決されるであろうか。それは、憲法が存在するか否か、基本権が保障されるか否かという、日本本土と沖縄を分かつ決定的な問題によって「解決」が図られるのである。

さて、翌六月二〇日におこなわれた岸首相とダレス国務長官との会談から、本格的な議論が展開されることになった。この会談では、同席した元太平洋艦隊司令長官でアイゼンハワー政権の発足にともない統合参謀本部議長に就いたラドフォードが「世界的な軍事情勢」、なかでもソ連や中国など共産主義陣営の軍事態勢や極東情勢についてくわしく論じたうえで、日本に駐留する約一〇万人の米軍について、財政上の事情もあり地上戦闘部隊の撤退、あるいは「日本国内の政治目的に供する」のであればすべての米軍の撤退も可能であろうと述べた。

他方沖縄問題については、「問題を感情的にではなく、軍人が必要とする自由の視点で捉えねばならない。それ故、小笠原と琉球諸島の戦略的地位を変えることはできない」と断じた。この発言については、外務省の資料では、「琉球、小笠原については、日本の国民感情は了解されないでもないが、実際問題として軍人（ミリタリー・メン）は軍事計画を作る上において他から拘束されない自由を必要とする」と、具体的に記述されている。[89]

ここでいわれる「軍人が必要とする自由」「軍事計画を作る上において他から拘束されない自由」とは、前日にアイゼンハワーが指摘した「侵略があった場合に干渉をうけることなく迅速に反撃できること」という発言と重なりあうものである。つまりは、いっさいの制約なき軍事行動の自由を獲得することが至上の命題であり、したがって米軍による沖縄の排他的支配は維持されねばならず、返還は論外ということである。

さて、右のラドフォードにつづいてダレスも共産主義の脅威に対抗する日本の〝貢献〟の増大を求めたが、これに対して岸は、防衛力整備計画を着実に遂行しつつあると応じたうえで、日本の防衛力の増強と国連加盟によって日米関係は安保条約締結時とは異なった段階に入ったと述べ、両者の新たな協力関係の構築の必要性を説いた。さらに、沖縄問題について、国民感情や土地問題などアイゼンハワーに訴えたのとほぼ同様の主張を展開した。

しかしダレスは、一九五三年一二月に返還した奄美大島とはちがい、「日本、米国、他の自由主義諸国の防衛という我々の責任からして、沖縄での米国の支配を放棄するいかなる可能性もない」と断定的に述べた。[90] こうしたダレスやラドフォードの〝攻勢〟に直面したためか、結局のところ岸首相はこの日米会談で沖縄問題に関し、事前には「期限を付して返還されること」「その期間は十年とすることを提案したい」と意気込んでいたにもかかわらず、具体的な返還の期間について何一つ言及することはなかった。

「他の選択肢」

ダレスの強い姿勢は、おなじ六月二〇日にダレスの個人オフィスでおこなわれた二回目の会談でも変わることはなかった。彼はあらためてソ連や中国の脅威を強調したうえで、仮に「米国が日本と手を切る〔divorce〕」ことを日本政府が望むのであれば、それをうけ入れて他の選択肢を検討するとしてオーストラリアの名を挙げ、同国を「日本に代わって工業の拠点にしていく」という可能性もあると〝脅し〟をかけた。これに対して岸は、自由民主党は日本の将来が「米国との密接な関係にのみ依存している」と考えているが、仮に社会党が政権につけば右の政策は「完全に変わる」であろうと述べ、問題は自民党が「いかに長期にわたって政権を維持することができるかにある」と、みずからの政権の〝存在意義〟を強調した。(21)

これをうけてダレスは、安保条約が「永続的ではなく過渡的なもの」であることや、米軍の配置などをめぐる日米間の協議のあり方を議論する必要性を認めたうえで、沖縄に関しては、日米間で「何らか意味のある声明」を出すことはきわめて困難であると述べた。そこで岸は、軍用地問題について日米両国の合同議員団による実情調査をおこなってはどうかと提案したが、ダレスは、米国では大統領が軍事・外交の権限を握っており議会に委ねることはできない、との理由を挙げて岸の提案を一蹴した。

そこで岸は、沖縄では土地を奪われた農民に代替地を確保することは不可能なので、そうした農民が他の国々に「移民する」ことについて米国の支援がうけられないかを問うた。しかしダレスは、この移民の件は「新しい問題」なので即答しかねると突っぱねた。かつて鳩山一郎が首相の座にあったときに、沖縄住民の移民を奨励するかの発言をして〝棄民政策〟とも批判をうけ、そうした鳩山政権の沖縄に対する消極姿勢を批判した岸であったが、ここにいたって岸もおなじような地点にたどり着いた、ということであろう。(22)

翌二一日の会談では、日米共同声明の草案をめぐり議論が交わされた。とくに問題となったことは沖縄の法的地位にかかわって、草案に日本が「潜在的で究極の主権〔residual and ultimate sovereignty〕」をもつと記されていることについてダレスが、ultimate の削除を求めたことである。これに対して岸は、ultimate の語はダレス自身が記者会見で使った言葉であり、residual は何を意味しているか不明確であるが ultimate は「いつか返ってくる」ことを意味しており、日本人は現状に比べ「顕著な改善」とみなすであろうと述べ、ultimate の削除に反対した。

たしかに岸の指摘するように、ダレスは約二カ月前の四月二三日の記者会見で沖縄について、「我々は決して ultimate sovereignty の獲得を求めているのではない」と言明していた。この点についてダレスは岸に対し、その発言は「非公式の記者会見」におけるものであると〝釈明〟したが、岸はあらためて、residual の言葉は明確でなく「沖縄が最後的には日本に復帰するであろうという考えが含まれていない」と述べ、この言葉に加えて ultimate の言葉が使われていることを知ったならば、日本人は「新たな可能性が開かれたとの感情を抱くであろう。仮に日本人に言葉は何も変わっていないと語らねばならないとすれば、失望の極みである」とダレスに訴えた。(93)

実はこの問題の背景には、共同声明草案について事前にコメントを求められた国防省の側が現状維持を主張し、ultimateといった語句の追加に強く反対したという事情があった(94)。いずれにせよ、ここで重要なことは岸が、residual sovereignty（潜在主権）という概念には「最後的には日本に復帰するであろうという考えが含まれていない」と言明していたことである。これは、岸政権に前後する日本政府の公式の見解と、正面から抵触する認識に他ならない。

つづいておこなわれたアイゼンハワー大統領と岸首相との会談において大統領は、residualとは「米国が一定期間その権利を行使し、主権は日本に返還されるであろう」との理解であると述べたうえで、共同声明草案に米地上戦闘部隊の迅速な撤退が記されていることに注意を促した。さらにダレスも、今回の岸の訪米によって日米関係は大きな変化を印したとして、地上軍の撤退に加えて安保条約における米軍の配備をめぐる事前協議が導入されることを挙げ、米政府の側が岸に大きな信頼を寄せていることを強調した。おなじく大統領も、議会も挙げて岸首相を称賛しており、今回の岸の訪米によって日米関係は「建設的な時代の始まり」を画した、と褒めあげた。

以上のように、米国側にあっては、本土からの地上軍の撤退や安保条約の改定には一定程度応ずる代わりに、沖縄の現状についてはいかなる変更も認めない、という立場であることが鮮明に示されたわけである。この結果、結局のところ岸は、ultimateを削除することも了承するにいたり、沖縄問題については、いかなる前進も獲得することができなかった。

一九五七年六月二一日付でまとめあげられた日米両首脳による「共同コミュニケ」では、沖縄に関して岸首相が「施政権の日本への返還についての日本国民の強い希望を強調した」のに対し、アイゼンハワー大統領は「日本がこれらの諸島に対する潜在的主権を有するという合衆国の立場を再確認した。しかしながら、大統領は、脅威と緊張の状態が極東に存在する限り、合衆国はその現在の状態を維持する必要を認めるであろうことを指摘した」と記された(95)。

つまり、沖縄に対する日本の潜在主権がはじめて公式に認められたが、なにより重要なことは、「極東に脅威と緊張が存在する限り米国は沖縄を無期限に保持する」とのブルースカイ・ポリシーの原則が、かつてのダレス声明や大統領の年頭教書というレベルではなく、日米共同声明において明文化されるにいたったことである。かくして日本政府は、極東に冷戦状況が続く限り沖縄の施政権返還を米国に求めることができないという枠組みに拘束されることになり、これ以降、施政権の返還要求は事実上凍結されることになった(96)。

パワー・ポリティクスの欠落

それでは、以上の日米会談をいかに評価すればよいであろうか。まず米国の側が、先にみたようにマッカーサー駐日大使との非公式会談で岸首相が沖縄問題について、「異民族支配」との「国民感情」をあげ、「一〇年のタイム・リミット」をつけた返還要求を提起したことに大きな警戒感をもち、対応策を練り上げたと考えられる。

だからこそ冒頭から、ラドフォードの発言に象徴されるように、徹底して共産主義の脅威を煽り、それとの戦いにおける日本の〝貢献〟の不十分さを強調し、さらにダレスは、日本からオーストラリアに「拠点」を移すという選択肢もありうるとの〝脅し〟をかけたのであった。他方で、日本本土における反基地・反米運動の広がりを背景に、本土からの地上戦闘部隊の撤退と安保条約の改定交渉に応ずるという〝譲歩〟を前面に押し出した。そのうえで沖縄については、ブルースカイ・ポリシーの原則を共同声明に盛り込み、現状の変更をいっさい認めないというきびしい立場を打ち出したのである。

こうした米国側の強硬姿勢に対し岸首相が切ったのは、いわゆる〝政権カード〟であった。つまり、仮に社会党が政権をとれば緊密な日米関係は崩れさるであろう、したがって自由民主党の政権が長期に維持されねばならず、そのためにも日本の「国民感情」を重視しなければならない、ということであった。しかし米国側は、この〝政権カード〟を「自民党内部における岸のリーダーシップの問題」と捉えなおし、ひたすら岸個人を称賛することに徹した。さらに「国民感情」の問題については、いわば本土と沖縄を切り離し、本土での反米感情の源泉となっている地上部隊を撤退させ、さらには不平等な安保条約の改定に応ずることで、本土の「国民感情」を鎮めることに乗り出した。

ところで、安保条約が改定の対象に据えられる背景としては、日米共同声明に明記されているように、同条約が「本質的に暫定的なものとして作成された」という認識が前提となっている。同条約で期限の問題を規定しているのは第四条であるが、そこでは、国際の平和と安全を維持する国際連合の措置、あるいは個別的または集団的の安全保障措置が効力を生じたと「日本国及びアメリカ合衆国の政府が認めた時はいつでも効力を失うものとする」と定めている。

この四条の解釈が焦点に浮上したのは、日米首脳会談の一年前の五六年六月であった。実は同年四月から五月にかけておこなわれた米下院空軍歳出委員会における公聴会の記録が六月一一日に公表されたが、それによれば五月一八日の秘密会で空軍当局者が、「日本との取決め〔安保条約〕には何ら期限は切られてはいない。協定の条文は、われわれの基地保持を解消するか、あるいは期限を短縮する前に日米双方の政府が合意に達することを義務づけている」と明言していた。

これをうけて日本のメディアは、「米国は在日基地を必要なら永久に使う」「日本は勝手に断われぬ」といった見出しをつけて特集記事を組む事態となった。これに対し外務省は、「一方がそう認めても他方が認めなければ失効しないということもできる。また他の条約では五年、十年といった条約の有効期限を区切ってあるが、安保条約はとくに期限が定められていないという意味で〝無期限〟ということもできよう」「しかし安保条約はもともと日本に自衛力がなく、日本政府が米軍の駐留を希望して結ばれたものだから、日本の立場からいうとむしろ必要がなくなったときにはいつでも撤退してもらえるということさえいえる。むろん現在の日米関係では合意によって処理するのだが、強いていえば、日本が希望しないという時に、米国が〝権利として〟無期限に駐留することはできないはずだ」との「見解」を明らかにした[97]。

つまり、安保条約第四条の規定によれば「無期限」といえるが、いざとなれば、日本の側が「必要がなくなった」と判断して米軍撤退を求めるならば、米軍が無期限に〝居座る〟ことはできないはずだ、というのが、当時の外務省の立場であった。こうした強気の立場の背景については別途検討されねばならないが、ここで重要なことは、四条の解釈として米軍当局者も外務省も「無期限」とみなしていたにもかかわらず、岸・アイゼンハワー共同声明で安保条約は「本質的に暫定的なもの」との公式の判断が下されたことである。

とするならば、問題はただちに講和条約三条の解釈問題におよぶ。なぜなら、すでに述べてきたように三条は、米国が沖縄で施政権を行使できるとする後段は、沖縄を信託統治とするという前段を前提にしているのであって、米国が事実上前段を放棄したのであれば後段は成り立ちえない、したがって、そもそも「無期限」ではありえない、という解釈は十分に合理性をもっているからである。

しかも、安保条約四条では「国際の平和と安全の維持」をめぐる日米双方の情勢判断が効力の無効の前提であることが明記されているのに対し、講和条約三条には情勢判断の問題は何一つ規定されていない。ところが米国は、「条約になにも言及されていない」（皆川洸）にもかかわらず、「極東における脅威と緊張」という情勢論を一方的に設定し、事実上「無期限」に沖縄を支配することを正当化しているのである。

このようにみてくれば、岸首相は、安保条約が「本質的に暫定的なもの」との米国の認識を確認したからには、先にみた「対米申し入れ用メモ」が強調していたように、講和条約三条も「その性質上暫定的なもの」との解釈を共同声明に盛り込むために全力を尽くすべきであったろう。それは、右にみたように、条約論として詰めていけば、当然の論理的帰結なのである。それでは、なぜ岸はそこに踏みこむことができなかったのであろうか。

「国連に提案する」

ここであらためて、米国側が日本本土では〝譲歩〟し沖縄の現状は〝死守〟する、というカードを切った問題の背景を検討しておこう。まず指摘できることは、こうした基本方針の大前提には、先にみたように、「軍人が必要とする自由」「軍事計画を作る上において他から拘束されない自由」「侵略があった場合に干渉を受けることなく迅速に反撃できること」、つまりは「軍事的必要性がすべてに優先する」という論理があった、ということである。

しかし、そもそもこうした論理には無理があるといわざるをえない。なぜなら、当時ヨーロッパ中央でソ連共産主義と対峙する西欧諸国にも膨大な米軍が配置されていたが、軍事行動の自由を理由に施政権の全般を米国が支配下におく例はなかった。おなじく東アジアでも、共産主義との最前線にたつ韓国も台湾もフィリピンも多くの米軍基地をかかえ、「迅速に反撃できる」ことがなによりも求められていたが、これら諸国はいずれも「独立国家」であった。

とすれば、岸はこうした視点から議論を立てなおすべきであったろう。さらに、より本質的な問題は、岸が国会で強調したように、「われわれは自由主義の国であり民主主義の国である」「その施政がすべて民主的なルールによって施行される」という原則にかかわる問題であろう。つまり、こうした日米両国が依ってたつ大原則の問題は、緊迫した情勢といった情勢論とは本質的に区別されねばならない。安全保障の確保を理由に人権や民主主義が抑圧されることが正当化されるとすれば、それは共産主義の独裁国家が依ってたつ論理とその本質においてちがわない、ということになるであろう。

それでは、岸首相には、こうした本質的な議論を展開する地平は完全に閉ざされていたのであろうか。実は岸には、〝政権カード〟以外にも切ることのできるカードがあったはずである。たとえば、ダレスが「日本が言うことを聞かないならば、代わりにオーストラリアに拠点を移すぞ、オーストラリアをアジアの工場にするぞ」といった趣旨の、およそ〝非現実的な脅し〟をかけてくるならば、岸は「沖縄問題を国連に訴えるぞ」という、米国自身が危惧していた〝国連カード〟を切ることができたのではなかろうか。

先にみたように、この日米会談の三ヵ月前にあたる三月一六日の衆議院外務委員会で、岡田春夫が「沖縄の地位の問題について国連総会に提案していただけるかどうか」と問うたのに対して岸は、「沖縄の法律的地位というものを十分明瞭にいたしまして、それがはっきりいたしまして国連に提案することが必要であるならばやりますし、またアメリカと直接交渉することが適当であれば直接交渉します」と答弁していた。今や、米国と交渉して埒が開かないことが明らかになった段階で、「国連に提案する」という選択肢が検討されてもおかしくないはずであった。

もちろんそれは、現実に国連に訴える行動に打って出るということとは別のレベルの問題であり、そういう姿勢を示すか否かが問題なのである。いかに同盟関係にある国と国との関係であっても、「国益」をかけて持ちうるカードを動員し合うことは、パワー・ポリティクスの世界では〝常識〟に属することだからである。仮に岸が〝国連カード〟を切ることに踏み出せば、当然のことながらダレスの側は、日本を防衛しないという〝見捨てるカード〟を切ってくるであろう。しかし、そもそものカードは、米ソ冷戦対決が激しさを増していた当時にあって、どこまで有効性をもちえたであろうか。

実は、かつて吉田茂は首相として講和条約・安保条約の交渉を控えていたころ、一九五〇年六月に勃発した朝鮮戦争の〝教訓〟として、つぎのように興味ぶかい議論を展開していた。それは、米外交誌『フォーリン・アフェアーズ』の五一年一月号に掲載された「日本およびアジアの危機」と題する論文である。(98)

そこで吉田は、「もしアメリカ軍が撤退したとすれば、軍備なき日本はどうなるだろうか」という「難問」に苦しんでいたが、「その答えは、朝鮮事変によって与えられた」と明言する。なぜなら、「世界の自由主義諸国がアメリカの指導の下に、いちはやく結束して侵略者の撃退にあたったことは、われわれをこの上なく安堵させた」「朝鮮出征は、〔中略〕地球上のいかなる地域においても自由と法の支配を守ろうとする国連の願望と意図を表明したものである。われわれは、いまや、防衛なき日本が、万一の時に無防備のままにとり残されることはないということを知った」からである。

こうした吉田が引き出した〝教訓〟は、当時のダレスの認識とみごとに重なり合うものである。五〇年四月、国務省の特別顧問に任命された直後にダレスは、「もし世界のどこかで現実にソ連軍の侵略が起こったならば〔中略〕アメリカは不可避的に戦争に行かざるを得ないであろう」と述べた。いうまでもなく、二カ月後に勃発した北朝鮮による韓国侵攻は、このダレスの予測を〝実証〟することになった。[22]

つまり、国連に加盟もしておらず米国と同盟条約も結んでいない韓国であっても、ひとたび共産主義国による侵略をうける事態となれば、米国は「不可避的」に韓国の防衛に馳せ参じざるをえないのである。なぜなら、米ソ冷戦対決とは世界を舞台とした両国による〝陣取り合戦〟であり、このゼロサム・ゲームに勝つためには、否応なき参戦が求められるからである。この構図においては、追い込まれる立場にたつのは、直接侵略をうけた国であるばかりではなく、なによりも冷戦対決の当事者である米ソ両国であった。

吉田の右の論文は、少なくとも当時吉田が、この冷徹ともいえる冷戦リアリズムを認識していたことを示している。しかも米ソ冷戦のこの現実は、岸が首相の座に就いた時期にあっても、その本質においてちがうことはなかった。とすれば、岸が同様のリアリズム認識にたっていたならば、ダレスが切るであろう〝見捨てるカード〟にも冷静に対応できたであろうし、沖縄問題を国連に訴えるという〝国連カード〟も巧みに駆使できたかもしれない。

しかし結局のところ、岸首相は先にみたように、「一〇年のタイム・リミット」を提起することもできず、「いつか返ってくる」ことを意味するultimateという言葉の削除にも応じ、共同声明ではブルースカイ・ポリシーの原則が明記される結果となった。仮に岸が沖縄問題を真に「国益」として捉えていたならば、結果はともかく、持ちうるカードのすべてを駆使できたはずである。ところが、日本が国連に加盟してから初の日米会談において、日本政府はパワー・ポリティクスの〝常識〟を欠落させた外交を展開し、これ以降大きな負債を背負い込むこととなった。要するに、「この会談は、日本政府が国民の高揚した関心を背景として、沖縄返還要求をアメリカに対して公式にもち出した最初の例として意味があったが、その直接的な成果はほとんどなかった」のである。(100)

こうして、「極東に脅威と緊張が存在する限り米国は沖縄を無期限に保持する」との米国の原則的立場は、一九六七年一一月の佐藤・ジョンソン共同声明で削除されるまで、両国間の公式表明でもちいられ、日本による沖縄の施政権返還要求を封じ込める役割を果たすことになった。現に、後で詳述するように、岸政権から池田政権にかけて、日本は返還の要請を事実上〝凍結〟することになったのである。この意味において、五七年六月の岸訪米は重要なターニング・ポイントを画したといえる。

第四章　沖縄の法的地位と「植民地」問題

1　翻弄される沖縄

沖縄統治の法的基礎をめぐって

第三章3節でみたように、アイゼンハワー政権は沖縄問題で岸首相にきびしく対応し、日本の側が返還要求の〝凍結〟に追いこまれることになったが、しかし皮肉なことに、実は当時、この沖縄をめぐり米国は深刻な問題に直面していた。それは、米国による沖縄支配の法的根拠そのものにかかわる問題であった。

岸訪米のおよそ半年前の一九五七年一月七日、国務省の極東担当国務次官補ロバートソンはダレス国務長官あての書簡で、「琉球諸島の法的地位（status）」の問題が日米間の「絶えざる不調和」を生じさせているとし、一つの解決策として、米国が「長期の基地権」を得たうえで沖縄を日本に返還する、という選択肢もありうるとの提言をおこなった。さらに当面の問題として、沖縄に「文官の政府」を設立できるかどうか国防省の側と議論をすべきではないか、と問うた。こうしたロバートソンの議論の背景にあったのは、「継続する軍人による統治は、その本質において、我々が直面する諸問題を解決できない」という明確な認識であった(1)。

これをうけてダレスは翌八日付のウィルソン国防長官あての書簡で、国連に加盟した日本が「沖縄をめぐる紛争を国際化し国連に訴える」可能性に危機感を募らせるとともに、沖縄の人々の「高まる敵対心」が極東における米国の外交的・軍事的立場を危機にさらすことがないように、沖縄の統治を修正すべき「新たな段階」に入っていると強調し、国務省と国防省の合同作業班を設置して統治問題を根本的に再検討すべきと提案した(2)。

ここでダレスが沖縄問題の「国際化」に危機感をいだいていることは実に興味ぶかく、かつ重要である。なぜなら、講和条約三条は、すでにみてきたように、領土不拡大原則に反しないかたちをとりつつ実際上は米軍による沖縄の「無期限支配」が可能となるような巧みな構成をとっているが、国連など国際社会で正面からその国際法上の根拠を問われると、きわめて脆弱な本質を有しており、実はダレス自身がその問題性を十分に認識していたことを示しているからである。

さて、右の合同作業に備えて二月一九日、国務省内部で「琉球諸島における米国の統治の法的基礎」をめぐって重要な議論が交わされた。問題の焦点は、いかなる法的根拠にもとづいて米政府が沖縄への予算措置を講ずることができるか、というところにあった。この問題について連邦政府予算局の担当者は、米国の沖縄統治を基礎づけているのは、一九五四年四月の「琉球列島米国民政府指令」だけであり、大統領によって承認されたとはいえ、事実上は「国防省の指令」であって「一時的な間に合わせにすぎない」と断じたのである(3)。

この民政府指令については後に具体的に検討するが、講和条約の発効から五年近くも経過し、米国みずから無期限に支配することを公言している沖縄について、その支配の法的根拠が明確でない、という驚くべき事態が生じていたのである。それでは、問題のありかを理解するために、ここで米国による沖縄の統治体制の変遷を振り返っておこう。

一九四五年四月、沖縄本島に侵攻した米軍は、米太平洋艦隊および太平洋方面総司令官であったニミッツ提督の名で、読谷村に米国海軍軍政府を樹立し軍政を施行することを宣言した。これが、先に述べたいわゆるニミッツ布告である。ただ、その後軍政の担当が海軍と陸軍のあいだでめまぐるしく変転し、指揮系統が混乱をきたしたが、その背景には米国の沖縄政策の未確定があり、その結果として、現実の軍政は多くの場合、現地の米軍の恣意に委ねられた。

基地の建設については、中国において国共内戦で共産党の優位が確実になるにともない、あらためて沖縄の基地の重要性が認識されることとなった。こうして、一九四九年一〇月に中華人民共和国の建国が宣言される前後に米国は沖縄に恒久的な基地を建設することを決定し、これにともなって沖縄への援助政策や統治政策が固められていくことになる。朝鮮戦争の勃発を経た一九五〇年一二月五日には、米極東軍総司令部が「琉球列島米国民政府に関する指令」と題する書簡（いわゆるFEC指令）を発した(4)。

この指令によって米「軍」政府は米「民」政府に名称を変更し、極東軍司令官が琉球民政長官に、琉球軍司令官が民政副長官に就き、琉球住民については生活水準を戦前のレベルにまで引き上げ、また民主主義の原理にもとづいた立法、行政、司法の三機関を備えた自治政府の樹立が掲げられた。こうした政策は、恒久基地を建設するために住民の支持を調達していくという長期的な視野にたったものであった。とはいえ、「民政副長官の命令が実施されない場合又は安全のために必要と認めた場合には、琉球行政の一部又は全部につきその執行の全権を自ら掌握する」と規定されているように、その本質において、なによりも軍事最優先の軍政であった。[5]

講和条約の発効を前にした一九五二年四月一日に琉球政府が発足し、米民政府によって初代の行政主席が任命された。しかし、米民政府が統治する法的根拠は不明確のままであった。そこで、およそ二年を経た五四年四月に、右のFEC指令に代わるものとして、「琉球列島米国民政府指令」がとりまとめられた。この指令は、その「民政長官に対する補足的訓令」で、米民政府が権限を行使する場合には「権威的な特権の行使」ではなく「情報、援助、ガイダンスの提供」といった「助言と協議の方法」を通じておこなうべきであり、これによって「琉球政府の正常な機能に介入したりするという極端な行動をとる必要をかなり減少せしめるであろう」と指摘しているように、国務省の主張を相当程度取り入れたものであった。[6]

とはいえ、この指令が極秘扱いにされたように、その本質は、先に連邦政府予算局の担当者が指摘した「国防省の指令」そのものであった。つまり、琉球諸島の管理は国防省が発する訓令にしたがうものとされ、米民政府の長である民政長官は「現役軍人」であり、米民政府は必要な場合には琉球政府の法や行動を拒否することができ、さらに裁判所のいかなる決定や判決をも修正し、政府職員を解任する権限をもつとされた。また、安全保障上の理由によって米民政府は「琉球政府の権限の全部または一部を取り上げることができる」と定められていた。[7]

あらためて五七年二月一九日の国務省内部の議論に立ち戻るならば、連邦予算局の担当者は、「占領通貨」に他ならない「B型軍票円」(B円)がなお発行されている例をあげて、現在の統治が「不正常」(irregularity)であると批判し、沖縄の統治を根拠づける正式の大統領行政命令を急ぎ発表するべきと主張した。なぜなら、来たるべき数カ月のあいだに米議会や「国連の他の国々」から、米国による沖縄の統治を基礎づける「法的文書」を公表するように求められる可能性があるが、五四年の米民政府指令は「いかなる法的有効性」ももたないし秘密扱いにされているので、そもそも「琉球の人々は自らの政府の基本〝法〟あるいは憲法について知らされたことがない」という深刻な問題があったからである。

こうした主張に対して極東担当のパーソンズ国務副次官補も、後で述べる「瀬長問題」にもふれながら、今や沖縄の問題が「間違いなく日米間の主たる争点」となっており、注意ぶかく対応しなければ米国は沖縄から「追い出されてしまう」との危機感を示した(8)。

以上のような国務省内部での議論をうけて、五七年三月二八日に、国務・国防両省による最初の合同作業の会合が開かれた。そこで国務省の側は、「米国は琉球の統治を一世紀続けることを決定し、その旨日本に明確に伝えること（統治期間の設定）」「可能な限り、民事行政は沖縄に在住する文官の民政長官が行うこと」などの「大胆な提案」をおこなった。ちなみに、ここで統治期間が「一世紀」とされている背景には、先にみた五四年一月の年頭教書でアイゼンハワー大統領が言及して以来使われている「無期限」という言葉、あるいはさかのぼれば、吉田茂がダレスに伝えた「九九年の租借」という提起、さらには四七年九月の「沖縄メッセージ」での昭和天皇による「二五年から五〇年、あるいはそれ以上にわたる長期の貸与」という提案などの影響も考えられるが、いずれにせよ「一世紀」にわたって米国が沖縄を支配しつづけるとの方針が提起されたことは、名実ともに講和条約三条の前提が崩れ去ったことを意味していた。

さて、右の国務省による「大胆な提案」に対して国防省の側は、「統治期間の設定」には同意したが、民事行政を文官の民政長官が担うことについては強く反対した。なぜなら、土地収用問題に示されるように、今や「民事が重要となり、軍事を脅かすようになっている」からである。さらに国防省は、国務省の側が「沖縄人に責任を与えて行政的に訓練」するべきと主張したのに対し、「沖縄人は政治的に未成熟で、自治能力に欠ける」「米国が拒否権をもっている限り、沖縄人には責任感をもたせてはならない。米国は拒否権をもたなければならない」と強く反発した。(9)

「偽善的文書」

以上のような国務・国防両省の対立を孕みつつ、ようやく五七年六月五日に「琉球列島の管理に関する行政命令」がアイゼンハワー大統領の名で発せられた。その第一節では、講和条約三条によって米国に付与された行政・立法・司法上の権力が、この「行政命令」にしたがって行使されねばならないと謳われている。ここで、根拠法として三条が挙げられていることが重要である。

第二節では、右の権力は大統領の指揮監督にしたがって国防長官が行使するとされ、その行使にあたっては「民主主義の原理を基礎とする」こと、「住民の福祉及び安寧の増進のために全力を尽くす」ことが求められている。なお国務長官については第三節で、沖縄に関する対外関係に責任を負うとされた。第四節では米民政府の機構について、民政長官に代わって高等弁務官が設置されること、同弁務官は大統領の承認を得て米国軍隊の「現役軍人」のなかから選任されることが規定されている。

高等弁務官の権限については、「民主主義の原理」が強調されているにもかかわらず第一一節で、任務の遂行に必要であれば、琉球政府によるすべての立法を無効とし、いかなる公務員も罷免できるとされ、さらに「安全保障のために欠くべからざる必要があるときは、琉球諸島におけるすべての権限を全面的又は部分的に自ら行うことができる」と規定された。つまり、「国防省の指令」とみなされた五四年四月の米民政府指令における民政長官の権限と、その本質においてなにも変わるところはなかった。(10)

このようにアイゼンハワー政権は、沖縄統治の正当性を内外にアピールするために久しく求められていた大統領行政命令で、結果的には軍部の主張に大幅に譲歩することとなった。その背景には、東京の極東軍総司令部が海軍を主力とするハワイの太平洋軍のもとに統合されるなど、従来優勢であった極東陸軍が五七年の海外基地統合政策によって大きく削減されるなかで、沖縄でもその権限を狭めることはきわめてむずかしいという事情があった。(11)

なお、ここで重要なことは、この行政命令の公布が岸首相の訪米と深くかかわっていたことである。つまり右の発表は、岸が大統領と最初の会談をおこなった六月一九日の二週間前の六月五日になされた。ここには、期限付きでの沖縄返還を求めてくるであろう岸首相に対し、「沖縄の米軍統治方式に関してはなんら議論の余地はないことを示す」という狙いがあった。(12)

ただ実は、行政命令の公布の時期については事前に岸に対してマッカーサー大使から打診がおこなわれており、岸の側も訪米前の公布を主張していた。なぜなら、日米首脳会談後の公布であれば、岸がそれに同意したとみなされ、日本国内からきびしい批判にさらされることを危惧したからである。(13)こうした経緯をみるならば、岸が米国を訪問する前にすでに〝勝負〟が決着していた、ともいえるであろう。

以上のような背景をもって大統領の行政命令が公布され、それは米国側からすれば、沖縄の「事実上の憲法、あるいは基本法」と目されたわけだが[14]、右にみたように、それは基本的に、米国における予算措置にかかわる法的根拠が提示されたにすぎず、米国による沖縄支配の国際法的な正当性が提示されたのではなかった。さらに、「民主主義の原理」が謳われているにもかかわらず、実態は「軍政」の延長であった。

これを象徴するのが、右にみた行政命令の第一一節とともに第八節であった。八節では、「琉球政府のすべての行政機関に対して一般的指揮監督権を有する」とされる行政主席について、「立法機関の代表者との協議を経て高等弁務官によって任命される」と規定されていた。かねてから沖縄の米民政府は、主席の公選を建前としては掲げつつも延期の措置をくり返してきたのであるが、この行政命令によって、主席公選の道は名実ともに排除され、高等弁務官による任命制度が定められた。ちなみに、主席公選の実現は、この行政命令から実に一一年を経た一九六八年一一月のことになる。

こうした内実をもつ行政命令であったからこそ、公布を一〇日ばかり後に控えた五月二四日におこなわれた国防・国務両省の担当者による合同会合では、行政命令が日本では「琉球人に民主主義的権利を与えるふりをした偽善的文書（hypocritical document）」との非難をうけるであろう、という危惧が表明されていた[15]。

米国が唱える「民主主義の原理」が現実にいかに欺瞞にみちたものであったかを内外に鮮明に印象づけたのが、いわゆる「瀬長問題」である。それは、前年の五六年一二月二五日におこなわれた那覇市長選挙において沖縄人民党委員長の瀬長亀次郎が当選したことに端を発した。「共産主義者」の市長当選に驚愕した米民政府は二七日、統制下にある琉球銀行による那覇市への融資の中止、銀行預金の凍結、補助金の打ち切り、市議会の反瀬長派へのてこ入れなど、直接・間接にあらゆる手段を講じて瀬長市長の追放に乗り出した[16]。

こうした事態に、英紙『タイムズ』は二九日の社説で「植民地主義」の一事例と評してきびしい批判をくわえたが、日本本土でも大きな反響を呼び起こし、この後二年以上にわたって瀬長問題は沖縄をめぐる重要な焦点となる。翌五七年一一月二四日には、ムーア高等弁務官が市町村長選挙法などを改正して瀬長の被選挙権を剝奪したことで、内外世論をさらに刺激し、米国による沖縄統治への関心が一段と高まることになった[17]。

かくして一二月一一日、国務次官補のロバートソンは国防省のカウンターパートに対して瀬長問題に関して書簡を送り、右のムーアの措置がとられた翌一一月二五日の「東京のすべての新聞の一面」がこの問題で占められ、各紙がこぞって瀬長の追放を「非民主的で〝独裁的〟と呼び、米国による民主主義的施政の欠落の一例」と指摘していると伝えた。ロバートソンはこの事態に懸念を示したうえで、同年六月に公布されたばかりの大統領行政命令では沖縄に関する対外関係は国務長官が担うと規定されているが、こういう事態では責任を負うことは困難であると指摘した[18]。

しかしムーアは一二月一四日の声明で、極東に脅威と緊張が存在するかぎり沖縄での現在のステイタスを維持することは米国の「国策」であると断じたうえで、「緊張が共産主義者によって引き起こされているがために、我々が〝無期限に〟あるいは〝予見される将来にわたって〟沖縄に居続けるという事実が、なお沖縄の大多数の人々によって理解されていない」と、その強硬な姿勢をあらためて打ち出した。[19] ところが、瀬長の追放をうけて年を越えた五八年一月一二日におこなわれた那覇市長選では、米民政府に批判的で瀬長の政治的立場を引き継ぐ社会大衆党の兼次佐一《かねしさいち》が勝利する結果となった。こうした事態をうけて、沖縄を訪問して現地における「軍部の尊大な態度」に激怒したマッカーサー駐日大使は、二月一日付のダレスあての書簡で沖縄政策の転換を訴えた。

マッカーサーは、沖縄の統治権の返還は保守派も含めて「すべての日本人の長期にわたる国民的な政治目標」であり、したがって占領を継続することは左派によって利用され日米関係を損なうことになるであろう、数年以内には沖縄を日本に返還することが米国の「国益にとって最善」であることが明らかになるであろう、そこにいたるまで土地問題の新たな方式や文官による統治など改革に努めるべきであると指摘したうえで、なによりも「沖縄問題は軍事問題ではなく政治問題である」と強調し、現状を放置すれば「米国の利益に計り知れないほどの損害」をあたえることになるであろう、と警告した。[20]

「飛び地」分離返還構想

この書簡から二カ月を経た一九五八年四月一日、ダレスは大統領との会談で、ムーア高等弁務官の「高圧的な姿勢」にともなう沖縄情勢の「困難さ」を述べたうえで、「日本に返還する土地の残余部分を、飛び地として永久的あるいは半永久的に所有して統治するという可能性を検討すべきである」と提案した。これに対して大統領は、「この考えは十分に検討に値する」と答えたという。[21]

このダレスの考えは要するに、住民と軍を切り離すことで問題の解決を図ろうとするもので、「飛び地」のように基地を一ヵ所（あるいは数ヵ所）に集めて統合し、その地域だけを米国がほぼ恒久的に保有し、残りを日本に返還するという構想であった。これが、いわゆる「飛び地」分離返還の構想である。[22]

八日後の四月九日、アイゼンハワー大統領はその覚書で、沖縄の米軍基地に関して日米双方に受け入れられる取り決めの策定に「失敗」してきたことについて、ダレスと深刻な懸念を共有する旨を明らかにした。[23]直面する問題は、米国がここ数年にわたり基地を必要とする一方で、沖縄では人口が増えた上に、かつてはみずからのものであった土地を多くの人たちが「再所有」したいと切望している、というところにある。かくてこの「対立」は、米国と沖縄や日本との関係に問題を生じさせるばかりではなく、米国を攻撃する共産主義者のプロパガンダに格好の材料をあたえるであろう、との危惧を表明した。

ここで大統領は、英国にとってのキプロス、フランスにとってのアルジェリアの問題を引き合いに出し、五、六年前に抜本的な改善策を打ち出しておればそれぞれの住民も受け入れたであろうが、今やゲリラ闘争が外国軍の追放という目標を掲げるまでになったと指摘し、沖縄でも米国を困難に直面させるような情勢に容易に発展しかねないと警告する。

ここから「教訓」として大統領は、数年先のトラブルを見越して、沖縄の人たちに「寛大で理解がある」と明確に認識されるような提案をおこなうべきであるとして、「米国の必要を満たす最小の規模の飛び地を設ける」ことができるような「何らかの領域の分割」といった提案が望ましいと述べた。

ちなみにキプロス問題とは、中東戦略の要衝として一九二五年以来キプロス島を直轄植民地としてきた英国が、第二次大戦後も人口の八割を占めるギリシャ系住民によるギリシャへの併合の要求を抑圧しつづけるなかで、一九五五年にいたりキプロス解放民族組織（ＥＯＫＡ）が結成されて不服従運動を開始したのに対し、少数派のトルコ系住民が反ギリシャ暴動を引き起こして泥沼の紛争と化したことである。

またアルジェリア問題とは、フランスが一八三〇年代からアルジェリアを北アフリカ支配の拠点として植民地下においてきたが、第二次大戦の終結にともない、アジアから広まった民族自決運動の影響もあって、一九五四年にはアルジェリア民族解放戦線が組織されて武装闘争が本格的に開始されたのに対し、フランス本国が緊急事態法を公布して大規模に軍隊を動員し、その鎮圧に乗り出したことで深刻化した悲惨な紛争である。

アイゼンハワーとしては、こうしたキプロスやアルジェリアの泥沼の事態が沖縄で再現されるのではないかと危惧し、だからこそ〝先手〟を打つことの緊要性を強調したのである。いずれにせよ重要なことは、米国の大統領が沖縄を、植民地そのものであるキプロスやアルジェリアと〝同格〟として扱い、まさに「植民地問題」として対応する必要性を認識していたことである。

こうした大統領の意向をうけてダレスはマッカーサー大使に、「飛び地」案を具体的に検討するよう指示した。ところが四月一五日付の国務省あての返信でマッカーサーは、この提案を進めることは「時期尚早」との考えを表明した。(24) その理由として彼はまず、「飛び地」案では米軍は「基地領域の無制限の使用」を享受するであろうが、日本政府は国内の政治圧力によって、現に本土にある米軍基地の使用の制限と「同様の制限」を沖縄の基地にも課すよう求めてくるであろうと指摘する。つまり、本土の米軍基地は安保条約と行政協定という「制限」があるのに対し、沖縄では「飛び地」においても「無制限の使用」が保証されねばならず、そこに問題が生じてくる、ということである。

次いでマッカーサーは、実は日本政府が沖縄問題で当面求めているのは返還ではなく、「沖縄の住民がそれなりに満足できるような統治権の行使を米軍当局が行うこと」であって、これによって日本政府が直面する諸困難が減じられ、その間に「米国の基本的な安全保障の利益を損なうことなしに」沖縄を日本に返還できる賢明な方法が見いだされることになろう、と指摘する。

さらにマッカーサーは、現在の安保条約を「相互的な関係」のものに修正できるならば、「日本の同意を得て沖縄における無制限の基地使用」を獲得できるであろうし、それにむけてここ数年間が「良い機会」であると主張する。つまり、日本政府が求める安保改定に応ずることによって、沖縄における米軍基地の「無制限使用」を確保するべきである、ということであった。ここに、来たるべき安保改定が孕む本質的な意味合いを読み取ることができよう。

このマッカーサーの提言をうけて、ダレスは四月一七日に大統領に対し、沖縄情勢を再検討した結果、統治権の日本への返還を提案するのに相応しい時期ではないと結論した旨を伝えた(25)。なぜなら、現状では米軍の施設が島全体に分散しているため「一つか二つの飛び地」に米国の管理権を限定することは困難だからである。とはいえダレスは、沖縄の統治権限の大半を日本に返還できるようにするために、米軍部が「三年から五年の間」に沖縄での態勢を再調整する計画作りを始めるべきであるとし、いま沖縄にある軍事施設のいくつかを「太平洋に広く分散させる」といったプランにも言及した。

右のダレスの提案に対し大統領は「健全なアプローチ」であると評価したうえで、こうした計画を大統領自身も承認しており、これに取り組まないなら沖縄では「数年以内にキプロスのような情勢」に直面すると考えている旨をマッケルロイ国防長官にも伝えるように指示した。ここでも、アイゼンハワーがなにより懸念していたことは「沖縄のキプロス化」であった。

「核ミサイルの基地としての沖縄」

ところが統合参謀本部は、右のような動きを阻止するために五月一日、マッケルロイ国防長官に以下のような覚書を送った[26]。つまり、米国の究極的な安全保障は「太平洋の戦略的支配」を維持することにあり、そのためには米軍の全面的な展開を容易にする作戦基地が必要であって、米国が沖縄に保持する主要基地は緊急時にただちに対応ができ、しかも外国政府の政治的意向に左右されることはない。さらに、世界戦争の場合や、あるいはソ連や中国、極東の共産主義勢力に対して原爆をふくむ攻撃に乗り出す場合に、いかなる制約もなしにこれらの戦略的な基地から作戦を実施できることはなによりも重要なのである。ところが、仮に沖縄が日本の支配下に入るならば、その「政治的不安定さ」によって危機的状況での米軍の基地使用が「拒否される」かもしれず、太平洋における米国の戦略的な地位がいちじるしく損なわれることになるであろうと、日本の政情との関係を強調した。

さらに覚書は、沖縄支配の法的根拠については、「講和条約三条の規定に基づいて」米国は沖縄の土地と住民に対して行政・立法・司法の全権を行使できると、同条の後段のみを取り上げる。このうえで、米国によるこの権限の保持は、統治権の返還を求める日本の要望とは衝突するが、しかしながら、「最優先の安全保障上の理由」が、米国が沖縄で行使している「完全な支配のいかなる削減をも許さない」と、ダレスや大統領による分離返還構想に批判をくわえた。これに関連して覚書は、前年一九五七年六月二一日の岸・アイゼンハワー共同声明では、大統領は日本の残存主権を認めたが、しかし同時に、極東で脅威と緊張が存在するかぎり米国は沖縄での現在の地位を維持することの必要性を指摘した点に注意を喚起した。

次いで、同じく前年の五七年一一月に統合参謀本部が国防長官に対し中距離弾道核ミサイルを沖縄に配置するべきと勧告したことにふれて、沖縄を選択した理由は、「他のいかなる政府との交渉もなしにミサイルを展開できる」からであり、「近い将来に日本本土に核兵器を持ち込むことは可能とは思われない」ので、「ミサイルの基地としての沖縄の重要性は増大する」のであると、核ミサイルを配備する拠点としての沖縄の存在意義を強調した。結論として覚書は、軍事基地としての沖縄の重要性にかんがみ、「日本からの侵害なしに引き続き米国の支配下におくべきである」との見解を統合参謀本部が再確認したことを指摘している。

以上のように、右の五八年五月一日の統合参謀本部の覚書は、軍事と安全保障の論理がすべてに優先されねばならないという米軍部の主張が露骨に展開されたものであり、したがって、その論理を貫徹できる沖縄は、日本政府をふくむ外国勢力ばかりではなく、国務省や大統領による〝干渉〟さえ許してはならない排他的な領域なのである。ところが、その排他的な支配を国際法的に根拠づけているものとして覚書が挙げるのは、講和条約三条の後段だけである。ここでは、信託統治にかかわる前段が、あたかも三条の条文に存在しないかのような一方的な〝解釈〟が打ち出されているのであるが、まさにこれこそが、問われるべき根幹の問題であった。

さて、こうした軍部の明確な意思表示にもかかわらず、大統領は「飛び地」案にこだわりつづけた。右の覚書からおよそ二ヵ月を経た六月三〇日、国務省と国防省との会議の席でダレスは、軍事施設の分離が困難であるとのみずからの見解を述べたにもかかわらず、人口稠密な沖縄では「キプロス的状況」が生まれる可能性があるとの理由で「飛び地」案が沖縄問題の解決策になるはずだ、というのが大統領の考えであると伝えた。さらに大統領は、翌五九年一月一九日にも、「飛び地」案の実現可能性を研究するように統合参謀本部にあらためて指示を出した(27)。

ちなみに、大統領がこだわる「キプロス的状況」とはいかなるものであったか、日本本土の新聞報道で確認をしておこう。たとえば、「飛び地」案が検討されていた最中の五八年一〇月六日付の『朝日新聞』はロンドン発の特派員記事として、「キプロス島はいまや人種的憎しみとテロの最悪の状態に突入した」「事態はアルジェリアでの仏軍のように果てしない流血闘争の様相を強めてきた」「英国内では〔中略〕婦人、子供を主にしたキプロス駐留英軍家族の引揚げの必要が差当っての急務と議論されている」と報じた。

さて、軍部による検討は大幅に遅れたが、五九年六月五日になって沖縄の高等弁務官であるブース中将が国防省に送った報告書が、問題を決着させることとなった。この報告書でブースは、沖縄では軍事施設と民間の居住地域が隣接しており、道路、電気、水道などのライフラインが複雑に入りこんでいるので、「飛び地」として米軍基地だけを区分けすることは不可能であり、したがって分離返還構想には反対であると、現状維持を主張した。統合参謀本部もただちにこの報告書に賛同を表明した。

かくして大統領も、国家安全保障担当補佐官グレイの助言もうけて、右の報告書に同意するにいたった。(28)

「日本は返還を求めない」

それでは、なぜ大統領は統合参謀本部に「譲歩」したのであろうか。その大きな背景として指摘されるのが、「沖縄の返還に向けての日本側からの圧力が欠落している」という問題であった。(29)「圧力が欠落している」問題については、たとえばマッカーサーは前年五八年一一月二八日付の国務省あての書簡で、つぎのように興味ぶかい報告をおこなっていた。それは、藤山愛一郎外相との会談に関するものであって、後述する安保改定と沖縄との関係をめぐって藤山は、岸首相も藤山自身も「当面返還はできないことを十分に了解している」と述べたという。(30)

さらに藤山によれば、自民党内の「野村大将や保科や芦田元首相といった重鎮たち」が沖縄や小笠原の返還を「望んでいない」、というのである。ここでいう「野村大将」とは、元海軍大将で元駐米大使の野村吉三郎であり、「保科」とは元海軍中将の保科善四郎であり、加えて芦田均元首相である。それでは、彼らが沖縄返還を求めない理由とは何であろうか。それは、「三条諸島における米国の核能力が制限されないことが、日本の安全保障にとって不可欠」だからである。つまり、日本の安全保障にとって米国の核兵器は絶対に必要なものであるが、本土には公然と持ちこむことができない以上は、沖縄が核基地として維持されねばならず、したがって沖縄は本土に返還されてはならない、という〝論理〟である。

芦田の場合、先にみたように、講和条約の締結当時は、「本土と同様の意味における」米軍基地を沖縄におくというのであれば日本から分離する必要はないのではないかといった論陣をはっていたが、核兵器が焦点となると、むしろ分離の必要性が強調されることになったわけである。もっとも芦田はすでに五六年六月、沖縄でプライス勧告に抗議する島ぐるみの運動が展開されていた当時、「沖縄の住民は、かつては麻袋をまとい、素足で歩いていたものだが、今では洋服と皮グツの生活に立直った。東京政府の手ではこれだけの復興はむずかしかったろう。すべての人が日本に復帰したがっているわけではない」と記者団に述べ、文字取りの〝棄民政策〟と批判されていた。(31)

いずれにせよ、芦田たちが論じる核兵器をめぐる本土と沖縄の関係の問題は、沖縄問題とは何かを考えるうえできわめて重要である。なぜなら、当時の敵対的な核保有国はソ連であり、朝鮮半島有事を想定しても、軍事的合理性からすれば、核は本土にこそ配備されるべきであろう。それでは、なぜ芦田たちはそれを主張しなかったのであろうか。

いうまでもなく、本土には広汎な反核の世論と運動があり、憲法の建前からしても、それを抑えることができず、したがって本土には政治的に公然たる核配備ができない。他方、沖縄では憲法が存在せず、反核運動も力づくで押さえこむことが可能であるからこそ、沖縄に配備されるのである。つまり、問題の根幹は、軍事の論理ではなく、憲法の有無、政治の論理に行きつく。

さてマッカーサーは、右の書簡から半年ばかりを経た五九年五月一日付の国務省あての書簡で、四月末におこなわれた藤山外相との会談について報告している。(32) そこで藤山は、「沖縄の情勢が静穏である限り、日本政府は統治権の返還を公然とは米国に求めないという岸首相と私〔マッカーサー〕との了解」に言及したという。

ここに示された岸首相の立ち位置は、先述したように、一年前の五八年四月一五日の国務省あての書簡でマッカーサーが、実は日本政府が沖縄問題で当面求めているのは返還ではなく、「沖縄の住民がそれなりに満足できるような統治権の行使を米軍当局が行うこと」であって、これによって日本政府が直面する諸困難が減じられるであろう、と指摘した内容と重なり合う。

それでは、そもそも岸首相は、五七年六月の日米首脳会談を経て国会でどのような議論を展開していたのであろうか、あらためて検証してみよう。会談から一ヵ月半ばかりの八月一日、参議院外務委員会において社会党の吉田法晴《ほうせい》は、沖縄の土地四原則についても施政権返還についても米国に対して強く折衝すると答弁していたにもかかわらず、「結果は共同声明に明らかでありますが、私どもに約束された態度と実際にアメリカに行かれて交渉せられた態度とは違うんじゃないか、プレス・クラブにおける向う側の記者から、琉球、小笠原の問題の解決については日本側は何を望んでいるのか、もっとはっきりしたらという質問があったにもかかわらず、米側が方針を変えられない事情も理解できるといった、こういう態度であったと聞きます」と、岸首相の交渉姿勢を問い質した。(33)

これに対して岸は、「沖縄問題については、結論として、私国民の要望にこたえることができなかったことは非常に遺憾といたします」と述べたうえで、「アメリカがここに軍事施設をするということ自体に対して、われわれは、将来は別として、今日のところそれに不満があり、それをくつがえそうという考えじゃないんだと、しかし、施政権自体を持っておるということについては、そこに軍事施設をしなければならないから施政権を持たねばならないのだということは論理的に矛盾しておると、しかし、こういう問題は、解決するのにすべてを一時にやるということがむつかしいならば、あるいは教育権等、一部から返していって、漸次その目的を達成するようにするという方法もあるじゃないかというような点に関しましても、あらゆる点を十分に述べた」にもかかわらず、「アメリカ政府の根本の態度は変わっておらない」ということで「意見は物別れ」になったと、交渉の経緯を説明した。

それでは岸が強調する、「同じ民族である九千万国民全体の要望である」ところの「沖縄住民の要望」を実現するためには、いかなる論理立てをすべきであったのだろうか。その鍵は、前日の七月三一日の衆議院外務委員会における岸の答弁に見いだすことができるであろう。[34] ここで安保改定の問題を問われた岸は、「従来のこの安保条約の条約面に現れておる字句解釈だけから言うと、無制限であり全然日本側の意思をいれずして一方的にすべてのことがやられるようなことになっておるわけであります」と、安保条約の「無制限」という本質を指摘する。

しかしながら岸によれば、「安保条約が締結された当時と今日においては非常に事情が変わっておる、従って、日本の国民感情としてはこれが改訂を要望しておるという意見を私は率直に述べたのでありますが、アメリカ側としては、今日これが制定当時と変わったこともよくわかっておる、また安保条約が恒久的なものでないという点は自分たちも了承する」という結論にいたり、「ハイ・レベルの委員会」をつくって話し合いをおこなっていくことになったという。

すでに指摘したように、安保条約が「無期限」「無制限」の本質を有しているにもかかわらず「締結当時の事情と非常に変わっている」との理由で改定に進むという筋立ては、実は講和条約三条の問題とその論理において、まさに重なり合うものである。

「第三条の根拠がなくなる」

たとえば、九月六日の衆議院外務委員会で社会党の大西正道は、「沖縄住民の非常な不幸は、私はすべからく返還によって解決しなければならぬと思うのでありますが、そのために沖縄の信託統治について、政府は米国に対して信託統治提案の促進を今日まで要請したことがございますか」と問うた(35)。大西の質問の意図は、米国が信託統治を提案してもソ連などの拒否権によって「不可能だという見通し」が明確になると、「そういたしますと、今のような中間的な経過的な米国が沖縄を占領するという法律的根拠はなくなるわけです」「平和条約の第三条にはっきり出ておりますけれども、この三条の履行が不可能になる、無効ということになるのです」と指摘し、あらためて「沖縄の返還を主張するためには、その法律的根拠としては平和条約三条によって日本政府が米国に対して信託統治の手続きを促進させるように働きかけることが必要です。そういたしますと、当然その信託統治になり得ないということでもって、今の中間的なアメリカの占領ということは不可能になるわけです」と主張した。

この問いに対して条約局長の高橋通敏は、「われわれ事務当局としてもこの点は法理論について研究を命ぜられまして、自来研究をいたしておる次第でございます。確かにアメリカの信託統治に付して、それが解決せられるまではこのような権利を行使するとありますから、その期間は暫定的な措置、従いまして、もしそういうことができなくなった場合は、第三条の根拠がなくなるのであるというふうな一つの考え方も、十分成り立ち得るであろうと思っております」と、少なくとも条約解釈において大西の主張が正当性をもちうることを認めた。とはいえ高橋は、「ただし、いかなる解釈をとってこれを促進するかというふうなことは、これはまた別の政策の問題になると思います」と述べて答弁を締めくくった。

ここに議論になった講和条約三条の前段の信託統治問題こそ、先にみた五八年五月一日付の統合参謀本部の覚書にも明らかなように、米軍部が無視しようしてきた核心の問題であった。しかし、偏狭で一方的な軍事の論理に取りつかれた軍部とはちがい、国際的な視野で問題をとらえる大統領やダレスは、「キプロス化」の言葉に象徴されるように、沖縄問題が国連や国際社会で焦点となることをなによりも危惧した。前に述べたように、キプロス問題とはいうまでもなく植民地問題に他ならず、したがって大統領にあっては、沖縄問題は植民地の問題として認識されていたのである。これが意味するのは、米国による沖縄支配の国際法上の根拠それ自体が正面から問われている、ということに他ならない。だからこそ大統領は、「飛び地」案をふくむ沖縄の分離返還構想に最後までこだわったのである。

とすれば岸首相は、日米会談の結果について国会で「遺憾の意」をくり返しているばかりではなく、米大統領以上に積極的に動くべきであったろう。そのさい、条約局長でさえ「十分成り立ち得る」と答弁した「三条失効」論も、一つのカードとして使えたであろう。現実に公的な場で切ることがなくとも、こうしたカードの存在を示唆することによって米軍部の排他的な軍事の論理に対峙し、大統領とのあいだで軍部を〝包囲〟する事実上の提携関係を形成できたかもしれない。

しかし岸は、「沖縄の情勢が平穏である限り返還を求めない」という立場に終始した。だからこそ大統領は、「沖縄の返還に向けての日本側からの圧力が欠落している」と嘆いたのだった。両者のちがいは、岸が沖縄問題を日米二国間の枠組みにおいてしかみることができなかったのに対し、右に述べたように大統領は国際的な枠組みで問題を捉えていたことにある。こうして、「実際のところアイゼンハワーは、岸よりもはるかに沖縄問題を懸念していた」とさえ指摘されることとなった。[36]

さらにいえば、本土に持ちこめない核兵器が沖縄であれば配備できるという理由で沖縄の返還に反対するという日本のリーダーたちの発想には、事実上沖縄を日本の植民地として扱うという意識が根底にあるのだろう。次章でくわしく検討するように、ここにおいて沖縄は、日米両国による「二重の植民地」に位置づけられていた。

「緊張緩和」をめぐって

ところで、日米首脳会談を経た後も、右にみたように国会では「三条失効」論という本質的な議論が交わされていたが、さらに問題の根幹にかかわる問いかけが提起された。それは、五七年一〇月一五日の衆議院外務委員会において、やはり大西正道がおこなった質問であった。[37]

大西は日米会談をめぐって、「米国の言い分は日米共同声明の中にもあるように、極東における緊張が続く限り沖縄を手放すわけには参らぬ、こういうことを言っておるのですね。ところが私は極東における緊張は何によって起きておるかと申しますと、やはりこれはこの交換公文〔共同声明〕の中にも明らかに出ておるように、共産主義の勢力だ、こういうふうに見ておる。そうしますと現実にソ連、中国のあの勢力が何らかの形で壊滅するか衰退するかしなければ、この極東におけるところの緊張は緩和しない、こういうふうな論理的な結論になると思うのです。そういうことになりますれば、そういうときにまで沖縄を返すことができぬというような、こういう米国の考え方をそのまま肯定するならば、これは私は近い将来にソ連や中国のあの政治体制がくずれてしまうということはだれも考えるものはない、増大こそすれ私はあれがくずれてしまうというようなことは考えません。そうしますと沖縄の返還というものは、半永久的だということになる、そういうことに対して岸総理大臣は何ら反発もしていない。黙認を与えたような形になっておる」と問い質した。

この質問は、「極東に脅威と緊張が存在する限り米国は沖縄を保持する」という「ブルースカイ・ポリシー」の論理の根源を問うものであった。大西が説くように、「脅威と緊張」が共産主義国家のソ連と中国によってもたらされているならば、少なくとも論理的には、これら両国の存在がなくならないかぎり「脅威と緊張」は継続するということになる。あるいはまた、周辺地域での共産主義の勢力や運動がなくならないかぎり、やはり「脅威と緊張」は持続することになる。とすれば、米国は沖縄を半永久的に占領しつづけられることになる。

先にみたように、岸首相は四月の国会で岡田春夫に対し、「極東における緊迫状態が変わらない限りということを、ただアメリカ一個が判断する、そういうことは私は適当じゃないと思います。少なくともそういう点について十分われわれの考えを率直に話し合うこと」の必要性を強調していた。しかし結局のところ岸は、日米会談で「われわれの考え」を披瀝することはなかった。「アメリカ一個が判断する」のではなく、真に問題のありかを突き詰めるのであれば、右の大西のような根本的な問いかけをするべきであったろう。

さてそれでは、大西から質問を投げかけられた藤山愛一郎外務大臣はいかなる答弁をしたであろうか。藤山は、「お説のようにソ連や中共は壊滅しなければならぬということは私はアメリカも考えていないと思うのでありまして、平和共存ができて東アにおける緊張が緩和するということを望んでおるのじゃないかと思うのであります。でありますからソ連がつぶれ中共がつぶれるということであれば、お説のように百年かかるかもしれぬし、あるいは百年以上かかるかもしれぬけれども、そうでない限り、緊張が緩和するということは、場合によって、そんなにかからないでもできるのではないか、そういう意味において緊張の緩和するためには、日本はやはりアメリカに対しても東アの情勢について、またアメリカの東洋人の扱いについて十分アメリカの方では教えて、日本人の考え方をいれていくということも必要だと私は考えます」と答弁した。

この答弁で重要なことは、藤山が「緊張緩和」という方向性をもちだしたことである。たしかにこの道筋こそが、少なくとも論理的には、「ブルースカイ・ポリシー」の〝拘束〟を打破できる唯一の道であっただろう。しかし、この道を歩むためには、日本の主体的な情勢判断と外交が不可欠である。そして現実の日本外交は、「緊張緩和」にむけて「日本人の考え方をいれていく」という選択肢を採ることはなかった。こうして沖縄の状況は、放置されつづけることになる。

問題の深刻さは、翌五八年七月三〇日の衆議院外務委員会における中曽根康弘の質問にも窺うことができる。(38) ここで中曽根は、「沖縄の問題は日本の民族主義の重大問題である」とし、「先般沖縄に参りまして非常に感じ入ったことがありました。それは沖縄が第二次世界大戦における日本民族の最大の犠牲者であったということであります」と述べたうえで、より具体的に教育問題を取り上げた。つまり、沖縄の立法院が教育基本法をつくるさいに「われわれ日本国民は」という言葉がその冒頭に書かれていたことに対して米民政府が数回にわたり拒否権を行使したが、「立法院は不撓不屈でこの法案を再度提案して、今年の三月とうとう通過させた」という事例を紹介する。

こうした実情を踏まえて中曽根は、「考えてみますと、沖縄が戦争中われわれ最大の犠牲者で、そういう戦禍をこうむった上に、戦後においては、日米関係の条約等によって変態的な態勢に暗い曇天の生活を送っておるとすらわれわれ本国の者からは言えるのであります」と、講和条約のもとにおける沖縄の現状を「変態的な態勢」と指摘した。そのうえで、「こういう人たちに対してわれわれが各府県並み以上の愛情を注ぐべき」とし、「内地の県と比べると大体八十万の人口ですから、四、五十億の中央からの交付金が行くべき性格のものなのであります」と、沖縄への財政援助を要請した。

これに対し、岸首相も「この変態的な状態」と述べて、沖縄の位置について中曽根の認識との一致を明らかにした。ただ財政援助については、「施政権を一切アメリカが現在のところ持っておるという状況」や日米共同声明をも踏まえつつ「アメリカが第一段的にやるべきであります」と、否定的な立場を打ち出した。

ここにみられるように、「変態的な態勢」「変態的な状態」といった表現には、八〇万もの人々が、米国の憲法も日本の憲法も適用されず国籍も不明確という、講和条約三条がもたらした、それこそ異様な沖縄の立ち位置が反映されている。ただ中曽根の場合は、「民族主義」を掲げた大仰な持ち出し方にもかかわらず、現実には財政援助を求めるだけで、根本的な問題を提起することなく終わった。

安保改定と条約地域

ところで当時、沖縄を翻弄することになる問題が日米間で進行していた。それが安保改定の問題である。先にみたように、五七年六月の岸訪米にさいしての日米共同声明では、「安全保障条約に関して生ずる問題を検討するために政府間の委員会を設置することに意見が一致した」と、安保条約の改定にむけて両政府が動き出すことが確認された。

これをうけて、翌五八年五月ごろから外務省は安保条約見直しの作業を本格化させたが、八月下旬の岸・マッカーサー会談を経た九月一一日の藤山外相とダレスとの会談によって、一部の手直しではなく新たな条約を策定することが日米間で正式に決定された。(39)

それでは、一九五一年九月に調印された安保条約はなぜ改定されねばならなかったのか、いかなる問題を孕んでいたのであろうか。まず、日本には基地提供義務があるが米国には日本を防衛する義務がない、という不平等性の問題である。おなじく、日本で内乱が発生した時には米軍が介入して「鎮圧」できるという植民地的な「内乱条項」である。さらに、すでに指摘したように、条約の期限が条文上は、米国の意思次第で無期限となる問題である。より重要な問題は、米軍が日本の基地を「極東における国際の平和と安全の維持に寄与」するために使用することができると定めている「極東条項」である。ここでは、極東の範囲も国連との関係もなんら規定されず、米軍の「一方的行動」が保証されている。さらに、米軍の配備を規律する「条件」を定めた「治外法権」そのものといえる行政協定である。(40)

六〇年の安保改定では、「極東条項」と行政協定についてはほぼそのまま事実上引き継がれることになった。条約の期限の問題は、すでに日米共同声明で「本質的に暫定的なもの」と指摘されていたが、結局のところ一〇年の期限が付されることになった。また「内乱条項」については、五八年一〇月三〇日の衆議院予算委員会で岸首相が、「自衛力というものが漸増して参っておりまして、独立後の今日の日本の情勢から申しますというと、内乱等の国内的の場合においては、日本みずからが当たるべきものであって、このために外国の軍隊の力をかりるということは適当でない」と答弁した(41)ように、新条約で削除された。

最大の焦点になったのは、日本の基地提供義務と米国の日本防衛義務の関係にかかわる、いわゆる「対等性」の問題である。この問題は、一九五五年八月末に重光外相が訪米しておこなったダレスとの会談以来の懸案であった。この会談にむけて重光は、「西太平洋区域」におけるいずれか一方への武力攻撃が発生した場合に日米両国が「共通の危険に対処するために行動する」という、集団的自衛権を行使できる相互防衛条約に安保条約を改定する試案を準備していた。ここには、日米間の対等性・相互性を獲得することによって「米軍撤退」をはかるという重光の企図があった。しかしダレスは、「現憲法下において相互防衛条約は可能であるか」「日本は米国を守ることができるか」「憲法がこれを許さなければ意味がない」ときびしく問い質して、重光の思惑を一蹴した。

ただ、重光の試案で重要なことは、「西太平洋区域」とはいっても、実際に日本が有事で行動するのは、日本本土、沖縄・小笠原、グアムが想定されていたことであり、当時の共産諸国の軍事力からしてほぼ攻撃不可能なグアムを除けば、本土にくわえて「三条地域」が対象とされていたことである。すでにこの時点で、安保条約の改定問題と沖縄が関連づけられていたのである(42)。

以上の重光外交の〝顚末〟を踏まえつつ岸首相は、新たな段階で安保改定に臨むにあたり、つぎのような構想を国会で明らかにした。五八年一〇月二三日の衆議院内閣委員会で自民党の前田正男は、岸が安保改定にむけて強調している「自主的、双務的」という言葉の内実を問うた。これに対して岸は、「今後結ばれる新しい条約におきましては、〔中略〕やはり日本を防衛するアメリカが義務を負うということを明確にする必要があると思います」と、米国による日本防衛義務の明確化を挙げた(43)。

つづいて岸は、日本の安全を保障していくためには「一国だけの力」ではできない以上、「集団的な防衛の態勢を作っていかなければならぬ」「その集団的な防衛態勢においては、できるだけ自主的な、また日本も独立国としてこれらの集団的な安全を確保する場合の、相手国に対して対等の地位を持とうという見地に立ちますと、私は、ある程度の日本の責任というものはやはり自覚し、これに対してわれわれは向かっていってその責任を果たすという決意も必要だと思います」と、集団的自衛権への踏みこみとも受け取れる「集団的防衛態勢」を構築する必要性を強調した。

こうした構想は、ダレス・重光会談が〝決裂〟して以降も米国側が求めてきたものであり、現に右の内閣委員会から三週間ばかり前の一〇月四日におこなわれた岸首相との会談でマッカーサー大使は、条約によって相互防衛の義務を定める条約地域として「太平洋」におけるいずれかの施政権下にある地域をあげた、米国側の新条約草案を提示していた。これは、「太平洋地域におけるいずれか一方の締約国に対する武力攻撃が、自国の平和及び安全を危うくするものであることを認め、自国の憲法上の手続きに従って共通の危険に対処する」と規定された一九五二年八月の米比相互防衛条約第四条を踏まえたものであった。なお沖縄については、「太平洋」において米国の施政権下にある地域と位置づけられていた。

この米側草案に対して外務省では、「太平洋」を条約地域とすることは憲法上の問題を引き起こすとして削除を求める一方で、代わりに沖縄・小笠原の「平和条約三条地域」を、相互に「必要と認める措置」をとる対象地域にする案を検討しはじめた[44]。こうして、安保改定問題と沖縄の地位の問題がさらに具体的に、密接な関わりあいをもって論じられることになる。ただ、外務省が懸念したように、「相互防衛」であれ「相互協力」であれ、問題が憲法をめぐる議論に発展する可能性があった。ここにおいて議論に火をつけることになったのが、岸首相本人であった。

「施政権がへこむ」論

一九五八年一〇月一四日のニューヨーク発AP電は、岸が米NBC放送のブラウン記者のインタビューに答えるなかで、「日本が自由世界の防衛に十分な役割を果たすために、憲法から戦争放棄条項を除去すべき時がきた」と言明した、と報じた。そこで岸は、「われわれは最大限の日米協力を可能にする新しい安保条約を交渉する用意がある。しかし日本国憲法は現在海外派兵を禁じているので改正されなければならない。日本は自由世界を防衛する戦いで完全な役割を果たす用意がなければならない。日本は自らの安全のため、台湾と南鮮が共産主義に奪取されるのを防ぐためにあらゆる可能なことをやる用意がなければならない」と語っていた。この言明にしたがえば岸は、重光がダレスによって〝門前払い〟を食わされたことを教訓に、相互防衛条約という「対等性」を実現するためには、憲法九条の改正、あるいは「憲法から戦争放棄条項を除去」するところにまで踏みこまねばならない、との信念を表明したのである。

もっとも岸はこのAP電についてただちに、「その内容に大部まちがいがある」と述べ、「安保条約改定は現行憲法の範囲内で自主性と相互性を持ってやりたい。海外派兵は出来るかと聞かれ、憲法を改正しなければ出来ないと答えたのが、事実だ」「日本の治安からいって韓国、台湾が赤化するのはゆゆしい問題だとはいったが自己防衛の範囲を広げるといったのではない」と〝釈明〟した。[45] とはいえ、AP電の内容は岸の〝本音〟を明らかにしたものであったろう。だからこそ、国会で激しい論争が展開されることになった。

先にふれた一〇月二三日の衆議院内閣委員会で社会党の石橋政嗣はAP電での岸の言明をとりあげ、「安保条約の交渉の時期において、ことさらに憲法改正という問題を大きく打ち出したところに、やはり一つの意図があったのじゃないか」と問うた。[46] これに対して岸は、「私が憲法改正論者であるということで、私の意思でどうすることのできる問題ではないことは言うを待ちませんので、憲法調査会という権威ある調査会を作って検討させております」と、問題を憲法調査会に転じた。

さらに石橋は共同防衛地域の問題をとりあげ、「台湾や韓国にまで広げられるのじゃなかろうか」と懸念を表明したうえで、より具体的に「平和条約三条地域」をめぐって、「現在沖縄、小笠原の施政権を全部アメリカがもっている。こういう形の地域を日本が共同防衛の建前をとらなくてはならない地域に含まれて、憲法上それでいいのだろうか、こういう疑問を私どもは持っている」と問題を提起した。

これに対して岸は、「もし何らかの共同行為がとれるようなことになりますならば、アメリカがそれだけ施政権を引っ込ませて日本に返すという問題につながる問題であって、憲法上これを入れることはできないというふうには、私は解釈いたしてはおりません」「アメリカが日本の行動というものを沖縄、小笠原で認めるということになれば、〔中略〕そういう範囲内において施政権を返してくれる、日本の施政権を認める、こういうことに法律的には解釈すべきものであると思います」と、沖縄の施政権問題に踏みこんだ。この岸発言について内閣法制局長官の林修三も、「かりにアメリカが、日本があそこ〔沖縄〕において何らかの具体的な行動をとり得ることを認めるということになれば、その範囲において、アメリカの施政権はへっこんだ、こうわれわれは考えるのであります」との〝解説〟をくわえた。

つまり、沖縄を日米の「共同防衛地域」に設定し、有事にさいして自衛隊が沖縄防衛に出動することによって、「アメリカが持っておる全部の施政権がそれだけへこむ」ということになり、その範囲内において施政権の返還をはかっていく、という考え方である。しかしこの「施政権がへこむ」論は、いうまでもなく憲法上の問題を孕んでいた。だからこそ、一〇月三〇日の衆議院予算委員会において社会党の今澄勇は、「アメリカの施政権がへこむというのですが、〔中略〕日本がいざというときには防衛義務を負うのですから派兵をしていかなければならぬ。そうするとアメリカの施政権のあるところへ日本が派兵をしていくことになれば、これはやっぱり海外派兵と変わらない」と問い質した。(47)

これに対して岸首相は、沖縄について「ここには潜在的主権を持っておるという立場に立っておる。そういう意味において、今出る、出ないということは別でありますが、かりに出ました場合にも、これをもって直ちに海外派兵と考えることは、私は観念として間違いであろうと思います」との答弁をおこなった。

要するに岸が主張したかったことは、沖縄には日本の潜在主権があるから、そこに自衛隊が出動しても、それは個別的自衛権の発動であって海外派兵には当たらない、ということである。実体としては、岸自身が「全部包括的」に米国の施政権下にあると認めている以上、今澄が指摘するように沖縄への自衛隊の派遣は海外派兵にならざるをえないが、岸は観念的な潜在主権を持ち出して憲法違反との批判を避けようとしたのである。

とはいえ、先のAP電にも明らかなように、岸は安保改定をもって憲法改正への道筋をつけたいと考えていたわけであり、したがって、沖縄に「出る」ことが憲法問題を惹起させることは承知の上のことであったろう。現に、今澄がつづいて沖縄と韓国、台湾、米国との関係について見解を問うたのに対して岸は、新たな安保条約が沖縄を防衛範囲に入れる場合には「米韓条約あるいは米華条約等についての関係を見て、日本の防衛義務というものを果たしていくのに差しつかえないような十分な条約を取り結ばなければならぬことは当然であろうと思います」と明言した。

この岸首相の答弁の重大さは、米国と韓国、米国と台湾の相互防衛条約が、それぞれ沖縄を条約地域に設定していることにある。だからこそ、先にみた一〇月二三日の内閣委員会で石橋政嗣は、安保改定で沖縄が共同防衛地域となれば、「沖縄が攻撃された場合には、韓国もみずからの国が攻撃されたものと考え、台湾もそう思う。日本もそう思う、こういう形になってくる。直接沖縄に攻撃が先にきたのではなく、かりに韓国に攻撃が加えられる、台湾に攻撃が加えられる場合にも、結果的には沖縄から米軍が動きだした場合には、ここが攻撃されてきて、実質的にまた日本も共同防衛という立場で動かざるを得ないような状態になってくる。これでは日・韓・台の三国のあいだに一つの条約機構というものが作られたと同じ働きをなす」と指摘し、「実質的ないわゆるNEATO〔北東アジア条約機構〕結成というものに発展していく」と批判した。

こうした条約機構に日本が加わることが憲法の枠組みをはるかに越える問題であることは、野党や世論ばかりではなく、すでにみたように外務省の内部でも深刻に懸念されていた。しかし岸首相にあっては、先のブラウン記者によるインタビューで「日本は自らの安全のため、台湾と南鮮が共産主義者に奪取されるのを防ぐためにあらゆる可能なことをやる用意がなければならない」と述べたように、北東アジアにおける「集団的防衛態勢」の構築を念頭におき、そのためにも「憲法から戦争放棄条項を除去すべき時がきた」と憲法改正に熱意を示していたのである。

そして、こうした構想の接点に位置づけられたのが、沖縄への自衛隊の出動によって「施政権がへこむ」という論理であった。先の一〇月三〇日の予算委員会で今澄は、「講和条約三条の改定はなかなか困難でむずかしい。だからあなたは講和条約の改定などはやらないで、沖縄、小笠原を中〔防衛地域〕に入れて、国民に対しては施政権の一部返還と称し、アメリカに対してはその要望にこたえて、両方ともうまくこれでいこう」というのが岸の思惑ではないかと批判したが、この指摘は事の本質を突いたものであった。たしかに、岸の発想の前提にあったのは、ダレスが重光に課したところの、北東アジアにおいて共産主義に対抗できる相互防衛条約体制の構築であり、ブラウン記者への回答は、まさに米国の「要望」に応えるはずのものであった。

ところが皮肉なことに、こうした岸の思惑に敏感に反応したのが、マッカーサー駐日大使の側であった。早くも一〇月二九日には米大使館は外務省に対し、岸首相の「施政権がへこむ」論の意味するところを問い質した。これに応えて外務省の側は、条約地域に沖縄をふくめることによって「施政権返還をめざす意図はない」と伝え、岸自身も「施政権の現状変更を意味しないことを、十分に理解している」との認識を明確にした。要するに米国側が警戒したのは、沖縄を条約地域に入れるという議論が沖縄の返還問題を刺激することであった。(48)現に石橋も一〇月二三日の衆議院内閣委員会において岸の「へこむ」論に対し、「私どもは沖縄、小笠原は全面的にこの際施政権を返還してもらえ、こういう要求をこそ強く出すべきだ、こういう主張をいたしているわけであります」と、全面返還論を展開していた。

こうした情勢を踏まえてマッカーサーは一一月に入り、一〇月四日に岸に提示した新条約の草案で、条約地域として「太平洋」におけるいずれかの施政権下にある地域を挙げていた点について、「太平洋」も「三条地域」も落とし、「条約地域を日本本土に限定する」との意向を明らかにした。かくして、条約地域に「三条地域」をふくませることを検討していた外務省もこれを削除し、一一月末には問題は一つの〝決着〟をみるにいたった。(49)

「憲法が適用されることはない」

ところで、岸首相が打ち出した「施政権がへこむ」論は、少なくとも論理的には、沖縄の施政権の一部返還につながる道筋を孕んでおり、後述するように沖縄でも大きな反響を呼び起こし、それを支持する論調さえみられた。しかし岸の〝本音〟にあったのは、沖縄を軸とした日本の軍事的役割の拡大であり、それをとおしての憲法改正の実現であった。いわば沖縄は、改憲という岸の宿願を果たすための〝手段〟に位置づけられたのである。

こうした問題の本質がえぐり出されたのは、一〇月二三日の衆議院内閣委員会で石橋につづいて質問にたった社会党の飛鳥田一雄の議論であった。[50] 飛鳥田は、岸が憲法改正を唱えている問題と沖縄の関係について、「根本的な疑問が出てきました。まず沖縄には日本国憲法は適用になっているのでしょうか、なっていないのでしょうか」という、それこそ根本的な問いを発した。これに対して岸は、「実際の問題としてはアメリカが一切の施政権を持っておりますから、憲法がここに施行されているということは言えないと思います」「現在の日本の憲法があそこで適用されるとか働くとかいうことはないと思います」と、当然のことながら、沖縄が憲法の適用外であることを認めざるをえなかった。

そこで飛鳥田は、「日本国民でありながら憲法の適用を受けていない、こういう新しい国際法上の、あるいは法律上のカテゴリーが今あなたによってお述べになられたのですが、しかし沖縄の人々が切実に望んでいることは、そういう御答弁ではないと私は思います」「憲法改正云々なんという問題よりも先に、現行憲法を日本国民と名づくすべての人に享受せしめる努力があるべきではないだろうか、こう思うのです」と、さらに本質的な問いを提起した。

つまり、現行憲法を「戦争放棄条項を除去」する方向で改正することに血道を上げる前に、日本国民でありながら憲法の適用をうけることができない八〇万人もの人々がいる現実をこそ直視すべきではないかという、岸にとってもっとも痛いところを突いたのである。これには岸も、施政権の返還という「沖縄住民の悲願」を米国側に「十分理解」をしてもらうために努力していく、と答えるしかなかった。

　ここで飛鳥田は、講和条約三条ができて以来「非常に長期間を経過している」ことを踏まえると「アメリカの権利は、権利行使せざることにより失効をしているのではないか」、あるいは、国連加盟国には信託統治は適用されないという国連憲章七八条にもとづけば「当然平和条約三条は国際法的に改変せられている」といった「筋を立てた主張」をなすべきであり、こうした「一定の日本国の主張する正当な理論が流れた上で、相互理解が行われるという形が当然であろう」と論じた。つまり、「正当な理論」を主張することが、むしろ米国との「相互理解」を深めることに繋がる、という議論立てである。

　さらに飛鳥田は、「国連に加入すれば、当然国連憲章について政府は日本国の利益のために援用し得る規定ありやいなやを十分に検討し、そうしてそれが平和条約第三条とどういう関係があるかということを御検討になるのは、政府の当然の義務です」と指摘し、国連加盟国となった日本が果たすべき役割の重要性を強調した。

　以上にみてきた岸首相と飛鳥田一雄の立ち位置の相違は、対照的な二つの〝国際主義〟の現れと捉えることができるであろう。岸の場合は、北東アジアに米国が主導する共同防衛体制を構築し、そこに日本が沖縄を要石に位置づけて韓国や台湾とともに参加することをとおして施政権返還の道筋をつけていく、という構想である。これに対して飛鳥田の場合は、米国による沖縄支配の国際法上の根拠が失われているという問題を、米国はもちろん国連や国際社会に訴えることをとおして、国際的な枠組みのなかで沖縄の返還と地域の緊張緩和をはかっていく、という展望である。なお、岸の構想を進めていくには憲法改正が大前提となるのに対し、飛鳥田は、本土において〝押しつけ憲法〟を改正することによって、果たして沖縄は〝押しつけられた地位〟から脱することができるのか、改憲以前の問題として沖縄に憲法を適用できるように努力することが先決ではないのか、と主張する。

それでは、岸が構想するように沖縄を軸に日本の軍事的役割を拡大することによって施政権返還の道筋がみえてくるのであろうか。実は、石橋が指摘した米韓・米華条約にくわえ、第二章3節で見たように米比条約、ANZUS条約（米、オーストラリア、ニュージーランドの三国軍事同盟）も沖縄を条約地域に設定しており、そこに新安保条約も入るならば、沖縄が戦場となる可能性は一段と大きくなるであろう。つまり岸の構想は、極東における「脅威と緊張」のただなかに、あらためて沖縄が位置づけられることになり、「ブルースカイ・ポリシー」の論理と通底しあうことで、沖縄の返還が無期限に遠のく恐れを孕んでいたといえる。

「沖縄人だけ戦禍にさらす」

他方で、社会党や野党の議論の立て方も大きな問題をかかえていた。たしかに、岸の構想に対して沖縄の全面返還が〝すじ論〟として主張されたが、具体的な問題に入ると、いわゆる〝巻き込まれ〟論が強調されるようになる。たとえば、いよいよ安保改定が焦点となってきた翌五九年の衆議院外務委員会（三月一〇日）で社会党の松本七郎は、米・フィリピン・韓国・台湾との関係で沖縄の地位を論じるなかで、「沖縄が攻撃を受けるようなときには、〔中略〕もう必然的に日本は攻撃されるということになるわけです」と指摘し、日本が「巻き添え」を食らう危険性について政府側に問い質した。(51)

翌六〇年の安保国会では、さらに象徴的な議論が展開された。六〇年三月一六日、衆議院の日米安全保障条約等特別委員会において、二カ月前の同年一月に結党されたばかりの民社党に社会党から移籍した竹谷源太郎は、米国の軍事基地・核基地となっている沖縄がそのまま日本に返還される場合の問題性について、つぎのように論じた。(52)

つまり「アメリカが第三国と戦争をおっ始めるというような場合には、その戦争中に日本に〔沖縄を〕返せば、日本はいつでもすぐその戦争に強制的に参加させられる。だから、日本の領域下にあるところについて攻撃を受けた場合でなくても、問題が起こってくる」と深刻な懸念を示し、さらに、沖縄の全島が米軍の「要塞」になっている現実を踏まえつつ「日本の四つの島の国内と沖縄とは、現状が違うのだ。それを突如として返すことによって、全面的な軍事基地というものを返還してもらったらいい、返してもらったらいいという日本の気持に乗じて、日本が入りたくない戦争に無理やりに引きずり込もうとするときには、いつでもやれる、こういうことになるがゆえに、問題がある」「返してもらうについては、時期、方法がある」と指摘し、事実上、現状のままでの沖縄返還に反対する議論を展開した。

ちなみに、一九六〇年代の後半になって沖縄返還が現実味を帯びてくるなかで、『朝日新聞』の論説主幹を務めた笠信太郎が、「核付き」「基地の自由使用」の場合は「日本本土が沖縄化する」として、返還を「受入れるわけにはゆかない」との論陣を張った。(53) つまり、右の竹谷のような議論は、本土で相当の〝拡がり〟をもっていたのである。

ところで、岸首相によって打ち出された、安保改定にさいして沖縄を共同防衛地域に組みこむという構想については、実は沖縄では施政権の返還につながるものとして、地元新聞や社会大衆党、教職員会などが支持を表明していた。しかし、右にみたように国会において野党さえもが〝巻き込まれ〟論を展開するなかで、本土への批判が高まっていった。たとえば『琉球新報』は五九年一月一六日の紙面で、「日本社会党や自民党一部の、沖縄を安保条約に含めることに反対する底意は、戦争のおこった場合、火の中の栗になる沖縄のためにけがをしたくないということに外ならぬ。これははなはだおかしい。これを裏返していうならば、もし戦争になった場合は沖縄人だけ戦禍にさらして、日本国民は傍観しようではないか、ということである」と、社会党などの立ち位置をきびしく批判した。

もっともその後、沖縄が米韓・米比・米華条約の共同防衛地域になっていることが明らかになるにつれて、右の問題の是非で世論が分断されるよりは、施政権返還要求で結集をはかるべきとの声が強まっていく。こうして五九年一月には「安保改定よりもまず復帰」を掲げた祖国復帰県民大会が開かれ、翌六〇年の講和条約発効の日である四月二八日に、沖縄県祖国復帰協議会が結成されるにいたった。[54]

先に指摘したように、アイゼンハワー大統領は沖縄が「キプロス化」することを危惧して分離返還構想を進めようとしたが、結局のところ、軍部の反対ばかりではなく、「沖縄の返還に向けての日本側からの圧力が欠落している」ことによって断念せざるをえなかった。この日本側からの「圧力の欠落」という問題の背景には、岸首相が日米会談以降、事実上返還要求を〝凍結〟したという問題ばかりではなく、右にみたように、〝巻き込まれ〟論によって野党の側も即時返還を掲げることを躊躇した、という問題も挙げることができよう。

さらに、当時本土のメディアでも、たとえば『朝日新聞』は、五〇年代の半ばからは沖縄問題について世論を喚起するうえで大きな役割を果たしたが、五〇年代の末になると、その論調は「以前にくらべて穏和ないし「中立的」になった」と評される。その象徴的な例が、五九年六月三〇日に沖縄県石川市（現うるま市）の宮森小学校に米軍戦闘機が墜落し死者一七人、負傷者二一〇人を出した事件の報道ぶりである。犠牲者の大半が学童という実に痛ましいこの大事件について、米紙『ワシントン・ポスト』は社説で、沖縄における反米感情が再燃するのではないかと深刻な危惧を表明し、国務省も犠牲者への陳謝の念をあらわす特別声明を発した。ところが、『朝日新聞』は「天声人語」でふれただけで、この事件をとりたてて重視する報道も論説もおこなわず、他のメディアも「客観的」な報道に終始した[55]。

本土で沖縄問題が右のような位置づけをあたえられるという政治的、社会的情勢を背景に、結局のところ沖縄は、安保改定をめぐる論争のなかで、文字通り翻弄されることになった。しかし、六〇年代に入り沖縄の問題は、国際的な文脈においてあらためて重大な焦点に浮上することになる。

2　国連決議と三条の「死文」化

「植民地独立付与宣言」

一九六〇年一二月一四日、国連総会で「植民地と人民に独立を付与する宣言」（「植民地独立付与宣言」）が採択された。賛成は八九ヵ国、反対なし、棄権は九ヵ国であり、日本政府は賛成票を投じた。この宣言は冒頭で、総会は「いかなる形式や表現を問わず、植民地主義を急速かつ無条件に終結せしめる必要があることを厳粛に表明」すると謳い、この目的のために以下を掲げた。

それは、1外国による人民の征服、支配及び搾取は、基本的人権を否認し、国連憲章に違反し、世界平和と協力の促進に障害となっている、2すべての人民は自決の権利をもち、この権利によって、その政治的地位を自由に決定し、その経済的、社会的及び文化的向上を自由に追求する、3政治的、経済的、社会的又は教育的準備が不十分なことをもって独立を遅延する口実としてはならない、さらには、6国の国民的統一及び領土保全の一部また全部の破壊をめざすいかなる企図も国連憲章の目的及び原則と両立しない、などであった(56)。

この画期的な宣言が国連総会の名で発せられた背景には、一九六〇年が「アフリカの年」と呼ばれたように、アフリカで一挙に一七ヵ国が独立を達成するなど、脱植民地化にむけた大きな高揚があった。こうしたうねりの源流は、一九五五年四月にインドネシアのバンドンで開催された有色人種のみによる史上初の国際会議であるアジア・アフリカ会議（AA会議）において反植民地主義が打ち出されたことである。

ただ、右の宣言が国連で採択されるにいたった直接の契機は、おなじ国連総会でソ連のフルシチョフ首相が九月二三日におこなった演説であった。二時間におよんだ演説のなかでフルシチョフはまず、「全般的かつ完全な軍縮に関する条約の基本的条項」と題された軍縮計画を提示して〝平和攻勢〟をかけた。次いでフルシチョフは、植民地の即時独立を求める「国連宣言」草案を発表して、総会が決議するよう求めた。ここでフルシチョフは、アジアやアフリカ、さらには中南米、中東などにおける紛争や緊張が「植民地政策の結果」であると非難し、世界に残る全植民地の名前を挙げるとともに、「こうした大きな植民地や信託統治地域とは別に、いくつかの大国は世界の他の地域に強力な拠点を維持している」と指摘し、具体例として「西イリアン、沖縄、ゴア、プエルト・リコ」を名指しにしたのである。(57)

ニューギニア島西部の西イリアンは、日本の敗戦後にインドネシアが独立を果たして以降もオランダが植民地支配をつづけ、五〇年代に入って「独立」を付与してインドネシアからの分離を画策したため紛争に発展した。ゴアはインド西海岸の大河の河口にある島に位置し、一九四七年にインドが独立して以降もポルトガルが植民地支配を継続したため、インド政府が返還を求め紛争となった。カリブ海の島プエルト・リコは、米国の直轄領であったが第二次大戦後に独立運動が激化したため、米国は内政自治権を付与するにいたっていた。要するにフルシチョフの右の発言は、こうした植民地あるいは半植民地と〝同列〟に沖縄を位置づけたのである。

「米帝国主義」とハマーショルド国連事務総長への批判を前面に押し出しつつフルシチョフによって提起された、右のような植民地の即時独立を求める宣言案に対し、AA諸国は独自の共同決議案のとりまとめに動き出し、沖縄を名指しされた日本もそこに働きかけをおこない、ようやく一一月二八日にいたって四三カ国によるAA諸国決議案が提出された。これが、本節の冒頭でみた「植民地独立付与宣言」であり、沖縄はもちろん、他のすべての植民地についても具体名が省かれた内容であった。一二月一四日の総会における決議案採択では、まずソ連案が否決され、次いでAA諸国案が承認された。なお棄権にまわったのは、米英仏のほか、ポルトガル、スペイン、南アフリカ、ベルギーなど、植民地所有の国々であった[58]。

植民地の具体名が挙げられなかったとはいえ、植民地支配が国連憲章に反し、したがって独立が達成されねばならないことを明確に謳った宣言が採択されたことは、国際社会に大きな反響を呼び起こした。したがって、沖縄問題がこうした文脈に位置づけられる可能性が増大する状況が生まれた。

ところが、この間の日本政府の動きは、右のような国際社会の構造的な変動に対応するものではなかった。まず当時の日米関係であるが、六〇年七月には、国民的な「安保闘争」の拡大に抗して安保改定に踏み切った岸政権は下野し、池田勇人が首相の座に就いた。他方、翌六一年一月にはジョン・F・ケネディが米大統領に就任した。かくして、アイゼンハワーの訪日中止で傷ついた日米関係を修復するために、池田の訪米が準備されることになった。早くも三月には大統領の招請状が届けられ、六月二〇日からの訪米日程が固められた[59]。

こうして日米の外交事務当局のあいだで会談にむけた本格的な準備作業が進められたが、日本側の基本的な立場は、六月八日に朝海浩一郎駐米大使からマカナギー国務省極東担当次官補に手交された文書に集約されていた。「池田総理訪米資料」の「議題3」における沖縄の項目では、米国が沖縄の施政を遂行するにあたっては沖縄住民が日本の施政権下に復することを強く希望していることは「常に念頭においているものと思う」としたうえで、「沖縄の施政が軍事的要件によって、ある程度特異な性格を帯びざるをえないことはやむをえない」との判断を下している[60]。

ただ、「沖縄の施政がよろしきをうるや否やは、直ちに日米両国間の関係全般に影響するのである。

従って、米国政府が今後沖縄住民の生活水準の向上と福祉の増進についてさらに配慮するよう要請する」と述べ、具体的には、行政主席の公選などの「自治権の拡大」や「祝祭日に学校等に日本国旗を掲揚することを認める」などの「諸提案」が挙げられた。

ここに明らかなように、施政権返還の要求は完全に外されていた。本来ならば問題の焦点は、米国の沖縄支配の「特異な性格」とは何か、果たしてそれが「軍事的要件」という軍事の論理で正当化されうるものなのか、というところにあり、この本質的な問題について日本政府としての独自の見解が披瀝され、無期限支配の根拠が問われるべきものであったろう。

現に右の文書の「司法制度について」の項目では、つぎのような深刻きわまりない沖縄の現実が記されている。「現在沖縄における司法制度について、同地住民の間で非常に強い不満がある。その主な理由は、米軍人軍属による琉球住民に対する犯罪件数が相当の数に上っており、その中には住民の異常な関心をあつめたものも少なくないが、これ等の犯罪に対する処置が、すべて米司法当局のみによって行われ、沖縄人司法当局は全く関与できないからである」と。この指摘は、沖縄の人たちが人間としての基本的人権さえ踏みにじられていることを、外務省の当局者みずからが認識していたことを明瞭に示している。

さらに興味ぶかいことは、右の指摘につづいて、「この点については、日本本土の基地内外におけるこの種の問題について、日米関係当局の間に満足な取極が成立していることにもかんがみ、米国政府において現状の改善について十分の配慮を払われること」を要望していることである。「満足な取極」とは、安保改定によって行政協定が地位協定に変更されたことを意味しているのであろうが、不平等きわまりない地位協定の水準にあわせて沖縄の司法制度を改善してほしいと要望するほどに沖縄の現実が過酷であった、ということであろう。

いずれにせよ、事はあまりにも重大である。一九六九年版の『琉球統計年報』によれば、一九六〇年一二月一日段階での沖縄の総人口は八八万三一二二人であり、六二年一〇月には九〇万人を越えた。[61]これだけの人々が、いかなる憲法も適用されず基本的人権さえ無視されるという、異様な事態が眼前で生じているのである。とすれば、本来ならば日本政府は、「満足な取極」と〝自賛〟する地位協定を沖縄に適用すること、沖縄を安保条約の枠内に組み入れること、つまりは日本への返還を正面から要求するべきであろう。しかも今や、米国が沖縄を事実上の軍政のもとに無期限においている国際法上の根拠自体が、根本的に揺らいでいるのである。

ところが、この文書で外務当局は、日米関係に悪影響をおよぼさないように「沖縄の施政がよろしきをうる」こと、を米国に求めているにすぎない。これは要するに、先にみたところの「沖縄の情勢が平穏である限り、日本政府は施政権の返還を公然とは米国に求めない」という、五八年春以来の岸首相の方針に沿ったものといえるであろう。現に、池田政権が発足する半年前の六〇年一月一九日に発せられた岸首相とアイゼンハワー大統領の共同声明では、「新しい相互協力及び安全保障条約のわく内において今後両国が緊密な協力を持続して行くことを期待した。両者は、同条約が極東における平和と安全を大いに強化し、全世界における平和と自由を増進するものであるとの確信を表明した」と記されているように、安保改定にかかわる諸問題が挙げられているだけで沖縄問題については何一つ言及されず、あたかも沖縄は「全世界における平和と自由」の埒外におかれているかの扱いである。[62]

つまり、五七年六月の岸訪米の結果として、沖縄の返還要求を〝凍結〟するという路線が継続されていたのである。しかし、以下にみるように、訪米した池田がケネディとの会談で披瀝した見解は、返還要求を〝凍結〟するというレベルを明らかに越えるものであった。

「返還を求める意図は全くない」

訪米した池田首相とケネディ大統領は、六一年六月二一日の会談で沖縄問題について集中的な議論をおこなった[63]。冒頭、沖縄で祝祭日に公共施設で日本国旗を掲揚する問題について、事前におこなわれたラスク国務長官と小坂善太郎外相との話し合いが紹介され、大統領は〝前向きに〟に対処する旨を表明した。ちなみにパナマでは、一九五八年以来パナマ国旗の掲揚をめぐって騒乱状態が相次ぎ、六〇年九月にいたってアイゼンハワー大統領が掲揚を許可する決定をおこなっている[64]。

さて、池田首相は大統領に対し沖縄問題に関する「日本政府の立場」を説明したが、それは「施政権の返還を求めることも、あるいは、いかなる形であれ米国の統治に干渉する意図も全くない」というものであった。ちなみに、日本側の外交資料では、ここで池田が「現在の情勢において沖縄の施政権返還を要求することは適当でないと考えるので、これは申出さない」と発言した、と記されている[65]。「返還」ではなく池田が沖縄に関して求めたものは、「継続する米国の統治の枠内」において沖縄の人たちの経済的な状況を日本本土の貧困県とおなじレベルにまで改善する、ということであった。なぜこの対策が重要なのであろうか。米国側の資料によれば、この点について池田が明言したのは、沖縄における「施政権返還への要求を減ずることができる最良の方法」だから、というものである[66]。ちなみに、日本側の資料では右の発言は記されていない。

この発言をうけて大統領は、「琉球諸島における米国の唯一の関心事項は、東南アジアと韓国の安全保障上の立場を援助することである。沖縄は、例えばラオスでのあり得べき軍事作戦において主要な前進基地である。沖縄は極東における枢要な軍事拠点である」と、沖縄の軍事的重要性を強調した。その上で大統領は、仮に米国が軍事拠点としての沖縄の放棄を余儀なくされるならば、「はるかハワイにまで撤退せねばならないであろう」と指摘した。

大統領によれば、だからこそ沖縄の生活水準を向上させるために「最大限の努力」が払われねばならないし、この点で日本側の提案は大いに歓迎されるべきものであった。彼は池田とおなじく、沖縄の人たちの「生計を改善し、返還要求を避ける」ことにおいて日米両国は「共通の利害」を有している、との認識を示した。さらにケネディが強調したことは、沖縄において米国が求めているのは「植民地ではなく、純粋に安全保障上の考慮から発するものである」ということであった。

さて、右のケネディの議論は、明らかな〝論理の飛躍〟のうえに成り立っていると言わざるをえない。なぜなら、沖縄の施政権を日本に返還することと、米軍がハワイに撤退することとは、直接の関係がないからである。もちろんケネディは〝脅し〟をかけているのであろうが、たとえば岸政権の場合、日本側が主張しようとしていたことは、返還された沖縄から米軍基地の撤退を求めるということではまったくなく、全土基地化の日本本土と同様に、沖縄にも安保条約を適用したうえで米軍基地を維持する、ということであった。

仮にこうした議論にケネディが反論するとすれば、ラオスの安全保障を維持するためには沖縄の米軍は日米地位協定による〝縛り〟をかけられてはならない、ということを具体的に論証しなければならない。あるいは、「アジアの自由世界の立場を守る」ために沖縄の基地が不可欠であると主張するのであれば、その「自由世界」に沖縄が入っているのか否か、ケネディは答えねばならないはずである。しかし、ケネディが幸いであったのは、池田首相の側が、こうした根本的な問いを発するどころか、沖縄からの施政権返還の要求をいかにして減ずることができるか、いかにすれば回避できるかに傾注していたことであった。明らかに池田の立ち位置は、岸政権による返還要求の〝凍結〟というレベルを、はるかに越えるものであった。

このような基本方針が、さらにあからさまに示されたのが、つぎの核問題をめぐる発言である。池田は会談の最後に、「沖縄における米国のきわめて重要な安全保障上の要請を十分に評価している」と述べたうえで、「日本本土に核兵器を持ちこむことにはきびしい反対が予想されるので、核兵器の基地としての沖縄での米国の立場を維持することの必要性を十分に理解している」と述べたのである。なお、右の池田発言は、日本側の資料では「総理から米国の沖縄に関する必要と利益はよく理解できる、核兵器に対する反対運動も同様の性格のものであると答えられた」と記されている。この「同様の性格」とは、直前のケネディによる「その利益のために共産主義者が施政権返還を唱えるものと想像する」との発言をうけたものであり、要するに、核兵器への反対運動は沖縄の施政権返還を求める運動と「同様」に、いずれも共産主義者の「利益」のためのものである、との認識を披瀝したわけであった。(67)

いずれにせよ池田の立ち位置は、核基地としての沖縄の戦略的な位置を維持するためには、沖縄は本土から分離されていなければならない、したがって返還要求は抑えられねばならない、という論理に立つものに他ならない。この論理にしたがうならば、軍事戦略において核兵器が重要な意味をもつかぎり、半永久的に沖縄は米軍の支配下におかれねばならない、ということになるであろう。

右のような首脳会談を経て、翌六月二二日に池田・ケネディ共同声明が発せられた。[68] そこでは、「アジアの情勢の不安定な局面について関心を表明し、〔中略〕今後さらに緊密な協議をおこなうことに意見の一致をみた。アジアの情勢についての両者の会談においては、中共に関連する諸問題も検討された。両者は、また、両国と韓国との関係についても意見を交換した」と、アジア情勢の不安定さが指摘される。そして沖縄問題については、最後の項で「米国の施政権下にあるが、同時に日本が潜在主権を保有する琉球及び小笠原諸島に関連する諸事項に関し、意見を交換した。大統領は、米国が琉球住民の安寧と福祉を増進するため一層の努力を払う旨を確信し、さらに、この努力に対する日本の協力を歓迎する旨述べた。総理大臣は、日本がこの目的のため米国と引き続き協力する旨確言した」と記された。

両者の会談内容からも明らかなように、ここでは施政権の返還についてはー切ふれられておらず、代わりに「琉球住民の福祉と安寧を増進する」ために日米が協力し合うことが強調された。後にみるように、たしかにこの分野ではてこ入れが図られることになったが、その狙いは、池田の発言に示されているように、あくまで「施政権返還への要求を減ずること」にあった。

「返還を強く主張」

さて、右の池田・ケネディ共同声明に対しては、沖縄の各界やメディア、あるいは沖縄自民党からも施政権返還にふれられていないことに批判が出され、南方連絡事務局も「復帰運動が平和運動の性格を帯びる」ことへの懸念を示した。[69] しかし翌六二年になって、他ならぬ沖縄軍政のトップの発言をめぐり、池田・ケネディ会談に孕まれた問題が、あらためて焦点として浮上する。

六二年二月二八日、キャラウェイ高等弁務官は記者会見で「日本は沖縄について潜在主権を持っているが、施政権にたいしての責任はない。沖縄の最高責任者は高等弁務官でその権限は絶対である。場合によってはこの権限を最大限に行使する」と述べた。その後軍政当局はこの発言をめぐり説明資料を各新聞社に配布した。その資料では、沖縄での日本の潜在主権を認めるが極東における脅威と緊張がつづくかぎり米国は沖縄での現在の地位を持続するとのアイゼンハワー元大統領の声明にふれたうえで、「〔この声明部分は〕一九六一年六月池田・ケネディ会談で再確認された」と明記されていた。[70] つまり、池田・ケネディ会談で「ブルースカイ・ポリシー」の方針を池田首相があらためて受け入れた、ということである。

この問題はただちに国会でも取り上げられた。三月八日の参議院予算委員会で社会党の矢嶋三義はキャラウェイ発言にふれつつ、「総理は池田・ケネディ会談で暗に米国の沖縄保持を容認するような少なくとも印象をケネディ大統領に与えられたのではないか」と問うた。[71] これに対し池田首相は、「私は、日本に潜在主権があるのだから、施政権を早く返してくれるように強く主張いたしました。しかして、ケネディは、今の情勢では返すわけにはいかないというので、議論が分かれております。しかして、こちらの要求は通りませんし、向こうが主張いたしましても、単にこれだけの事実です」と答えた。すでにみたように池田はケネディに対して「施政権の返還を求める意図は全くない」と述べていたのであり、右の発言は明らかな〝虚偽発言〟であった。そして後述するように、二年後の六四年七月の自民党総裁選にさいして、池田への対抗馬として立候補した佐藤栄作が、この〝虚偽性〟の問題を突いて、沖縄の返還問題を争点に掲げることになる。いずれにせよ、時あたかも日本本土が高度成長を謳歌しつつある時代に、沖縄はこうした〝虚偽性〟のもとに捨て置かれつづけた。

ところで、六一年六月下旬の池田・ケネディ会談から三週間ばかりを経た七月一一日、国務省極東局のスナイダー日本課長がまとめた報告書によれば、この会談は「琉球の地位を現状のまま維持する」という合意が日本政府とのあいだで形成されたという点で「有益なものであった」と評価されている。しかしスナイダーは、「我々の軍事的要請と住民の復帰願望との間で現状の均衡を維持しようとすれば、琉球情勢についての配慮は骨の折れる仕事となる。この状況下で思わぬ落とし穴となるものは多い。とりわけ、琉球におけるアメリカの立場を「植民地主義」とする攻撃である」と指摘していた。つまり、米国の関係当局者自体が、植民地問題としての沖縄問題に神経を尖らせていたのである。(72)

こうしたスナイダーの危惧を裏付けるように、二カ月ばかりを経た六一年九月二七日、ソ連は第一六回の国連総会にむけて、前年一二月に採択された「植民地独立付与宣言」の履行を求めて、植民地の廃止に関する覚書を送付した。これは、翌六二年を植民地主義廃絶の年として宣言するように提案したものであり、ポルトガル、英仏両国、ベルギー、オランダなどの植民地大国を批判したばかりで

はなく、プエルト・リコ、沖縄、太平洋諸島などを挙げて米国が植民地国家であるとして非難した。(73)

「植民地の概念には入らぬ」

このように、沖縄問題が国連の場であらためて議論の対象に据えられる可能性が生まれてきた情勢に直面して、政府・外務省の側の対応は混迷を深めることとなった。六一年一〇月一〇日の衆議院外務委員会で社会党の戸叶里子が、池田・ケネディ会談で沖縄の施政権返還を求めたのか否かという問題を再度とりあげたが、これに対し小坂外相は、そもそも施政権返還の問題は日米間において「水のながるるような自然の形で日本に施政権が返ってくる」ということになっていると述べたうえで、前提となる法的根拠についてつぎのような見解を披瀝した。(74)

つまり、「条約上に何か根拠があるようなお話で伺いましたが、条約上には実はないのであります。〔中略〕条約上にはアメリカ政府を唯一の施政権者とする沖縄の信託統治を、アメリカが提案した場合にはそれを認める。それに至らぬ場合には、アメリカが立法行政、司法の三権の全部あるいは一部を行使するということを認めておるだけでございまして、条約にはそれ〔根拠〕はないのであります」と。この小坂外相による講和条約三条の解釈は、米国は沖縄を無期限に支配できる法的根拠を有しており、逆に日本には返還を求める法的根拠がない、というものであって、そもそも沖縄で三権を行使するという「米国の権利は、その性質上暫定的なもの」という、岸政権時代の首相や外務省による解釈を正面から否定するものであった。

こうした答弁を放置しておくならば、米国は沖縄を植民地のように永続支配するのではないかというソ連や国際社会からの批判に対応できないことは明らかであった。そこで、外務省の北東アジア課は一〇月二三日付の「植民地独立宣言と沖縄に関する国会答弁資料（試案）」で、つぎのような〝答弁モデル〟を作成した[75]。つまり、六〇年一二月に国連総会で決議された「植民地独立宣言」で規定された植民地とはちがい、「そもそも沖縄はわが国固有の領土であり、わが国は現在も潜在主権を有し、施政権を有する米国に対しても屡々その返還を求めており、また沖縄立法院も毎年日本復帰を決議している。従って沖縄は他日わが国に復帰することの期待される地域であって、植民地独立宣言にいう「独立を達成していない地域」に該当するものではない」と。

この「国会答弁資料」の特徴はまず、これまで無視をつづけてきた沖縄立法院の日本復帰決議をあえて持ち出して、沖縄は「独立」ではなく「復帰」を求めているのであるから「植民地独立宣言」は適用されない、というものであった。しかし、そもそも同宣言の眼目は「すべての人民は自決の権利をもち、この権利によって、その政治的地位を自由に決定」するというところにあるのであって、「復帰」か「独立」かを問わず、この自決権が尊重され実現される状況にあるか否か、こそが問題の核心である。

さらに「国会答弁資料」で注目されるべきは、「米国に対しても屡々その返還を求めており」という一節である。くり返し指摘してきたように池田政権の立場は、米国に対して「返還を求める意図は全くない」というものであり、そもそも返還を要求する法的根拠もない、というものである。ところが、植民地問題を正面から突きつけられる事態になると、返還を求めているという〝ポーズ〟をとらざるをえなくなったのである。逆に言えば、返還要求を凍結したり放棄すれば、植民地との批判に直面するであろうと外務省の当局者自身が認識していた、あるいは認識せざるをえなかった、ということである。
このように外務当局が「植民地独立宣言」への対応をめぐり四苦八苦しているなかで、小坂外相が重大な発言をおこなった。六一年一二月四日の衆議院外務委員会で社会党の帆足計が、右の宣言を「植民地解放宣言」と位置づけたうえで、あらためて沖縄にこの宣言が適用されるか否かを問うた。これに対して小坂は、宣言の一項が植民地について「外国による征服支配及び搾取」と規定していることをとらえて、「沖縄においては外国による搾取が行われているという事実はございませんから、完全にこの宣言にいいます植民地の概念には入らぬ、かように思う次第でございます」と答えた。[76]
ところが小坂はつづいて、先の「国会答弁資料」にしたがい、「政府は米国政府に対して、機会をとらえて沖縄をすみやかに日本の施政権のもとに復帰せしめるように要望して参りました」と〝虚偽答弁〟をおこなったうえで、「沖縄施政権の返還が実現できれば、このことは沖縄における外国の支配が解消し、住民の自由な要望に沿うて母国たる日本のもとへ戻るわけでありますから、植民地独立付与宣言が意図しておることと考えます」と述べるにいたった。帆足はただちに、「経済的搾取が行われている、植民地においてはおおむねそのような状況がありますけれども、それが根本ではなくして、一国の住民の人権が制限され、そして他国の政府の支配を受けておるというところに植民地の本質がある」と畳みかけた。
小坂外相の発言が迷走することになったのは、沖縄では「搾取」がおこなわれていないから植民地の概念には「完全」には入らないという理屈で〝逃げる〟つもりが、「外国の支配」という現実を否定することはできず、その意味では「植民地独立付与宣言」の対象になると認めざるをえなくなった、ということである。

いずれにせよ、沖縄が厳然たる「外国の支配」のもとにあるにもかかわらず「返還を求める意図は全くない」と米国側に言明し、「植民地独立付与宣言」の具体化に直面すると「屢々その返還を求めており」との〝虚偽〟の説明をして逃げようとする、この救いがたいジレンマにはまりこんでいたのが、講和条約の締結から一〇年も経過した時期の日本政府の姿であった。

「二・一決議」

さて、本土の政府が「植民地独立付与宣言」をめぐり支離滅裂の対応に終始するなか、翌六二年二月に沖縄からきわめて重要なメッセージが発せられた。それが、二月一日の琉球立法院の決議であった。決議は、一六年にもおよぶ米国による沖縄統治が、「領土の不拡大及び民族自決の方向に反し、国連憲章の信託統治の条件に該当せず、国連加盟国たる日本の主権平等を無視し、統治の実態もまた国連憲章の統治に関する原則に反するものである」と、米国による沖縄支配をきびしく批判したうえで、池田首相やケネディ大統領に対して、速やかな沖縄返還にむけて動くことを要請した。

しかし、右の決議の最大の眼目は、六〇年一二月に「植民地独立付与宣言」が採択されたことをとりあげ、「日本領土内で住民の意思に反して不当な支配がなされていることに対し、国連加盟諸国が注意を喚起されることを要望し、沖縄に対する日本の主権が速やかに回復されるよう尽力されんことを強く要望する」との要望書を、「国連加盟国（一〇四ヵ国）国連本部あて」と記されているように、すべての国連加盟国と国連本部に送付することに乗り出したことであった。つまり、これまで沖縄の立法院や各種団体・組織は日本政府や米国政府にむけて陳情団を派遣するなどをくり返してきたが、右の国連決議を踏まえて、広く国際社会に訴える方向に踏み出したのである(77)。

この「二・一決議」に対し池田政権はただちに、日本は「施政権を有する米国に返還を要求している」、あるいは「沖縄が米国の搾取のもとに置かれている地域であるとは考えられない」といった主旨の「公式見解」を発表した(78)。他方、外務省アジア局の宇山厚審議官の二月六日付のメモによれば、米国務省は駐日大使館に対し、「日本政府がこの決議の国連加盟諸国へ送付されることなき様何等かの措置をとることを要望する」との訓令を送った。つまり米国としては、「二・一決議」が国連加盟諸国に送られ、沖縄が植民地問題として国連の場で議論の対象になることを阻止しようと動いたわけである。

これに対して宇山は米大使館のサタリン書記官に、日本政府がすでに右の「公式見解」を琉球政府に送ったことを伝えたうえで、「決議の発送を阻止する点は沖縄の施政に当る米側の問題である」とし、たとえばキャラウェイ高等弁務官が「同決議中の植民地独立宣言の取扱い方は米国政府の見解と異なることを発表する」などができるのではないかと、米国側に対応を求めた(79)。

ところで、琉球政府の大田政作《せいさく》行政主席は二月一四日に、「二・一決議」をキャラウェイ高等弁務官に送り、国連や加盟諸国への送付を求めたが、この措置は、五七年の米大統領行政命令の規定により、琉球政府からは「直接あて先に交付できない」からであった。それでは、キャラウェイはいかなる対応を示したであろうか。彼は高等弁務官に就任して一周年にあたる翌二月一五日の記者会見で、

「二月一日の立法院決議を疑問だとする考えに変わりはない」「弁務官はすべての立法案を拒否できるが、決議伝達にこれを援用できるかどうかは疑問とされている。伝達を拒否しないとすれば決議はいったん米国防総省に送られ、ついで沖縄の外交権を持つ米国務省の手に移される。したがって決議が実際に国連諸国に届くまでにはまだ関門があるわけである」と述べた。(80)

琉球政府の主席が「二・一決議」を交付先に直接送ることができず高等弁務官に託さざるをえなかったこと、さらには右のキャラウェイによる「関門」に関する説明をみるならば、米国と沖縄の関係は、実質的に宗主国と植民地との関係そのものという以外にない。

キャラウェイの記者会見から四日後の六二年二月一九日、小坂外相は朝海駐米大使に「沖縄問題に関する件」という書簡を送った。そこで小坂は、「最近国会において殆んど連日沖縄問題が取上げられおるところ」と現状を嘆いたうえで、政府としては池田・ケネディ会談以来、国旗の掲揚、労働立法の改正、教育内容の充実のための本土からの協力などの成果を挙げて「政府の方針が日本の国益にかなうものである所以を強調している」と、野党や世論への対応を説明した。

とはいえ小坂はつづいて、「しかしながら、沖縄が米国の施政権下にある状況が続く限り、事態改善のための政府の努力が手ぬるいとの議論が国民感情に訴える力は極めて強いことはこれを認めざるを得ない」と述べ、返還要求を事実上放棄した池田政権が直面する困難さを吐露した。そこで小坂が朝海に指示したことは、「池田、ケネディ会談のフォロー・アップとしてのケイセン報告」を米国側として推進するように要請することであった。(81)

ケイセン報告とは、ケネディが池田との会談で「米国が琉球住民の安寧と福祉を増進するため一層の努力を払う」と約したことを具体化するために、安全保障担当特別補佐官のカール・ケイセンが率いる調査団を沖縄に派遣し、その調査結果をまとめたものである。六一年一二月に提出された最終報告では、沖縄の経済的・社会的発展を促すための日米両政府による援助レベルの大幅な引き上げ、日常行政に関する権限を可能なかぎり琉球政府に委譲すること、などが強調された。とはいえ、このケイセン報告は、米国が無期限にわたって沖縄の排他的管理を維持すべきことが前提におかれていた。[82]

この報告をうけたケネディ大統領は、「二・一決議」から一カ月半ばかりの六二年三月一九日に、沖縄に対する「新政策」を発表すると共に、ケイセン報告にもとづいて五七年の大統領行政命令を改正したことを明らかにした。声明のなかでケネディは、沖縄への経済援助の増大、必要のない行政機能を琉球政府に委譲することの検討、「琉球住民の個人的自由を不必要に制限していると考えられる諸統制」について検討すること、などを強調した。

ただ、この声明の眼目は、沖縄が「日本本土の一部」であることを認め、日本の主権下に復帰することを待望している旨を明らかにしたことである。とはいえ、ケネディは同時に、日本から東南アジアにいたる地域において有事が発生した場合に、米国が「援助に赴く意思だけでなくその能力もあることを保障する」ためのものとして沖縄の基地がもつ重要性を強調した。したがって、大統領行政命令の改正として、高等弁務官の下に文官の民政官をおくなどの改善がなされたが、弁務官のもつ広範な拒否権はそのまま維持された。[83]

以上に明らかなように、ケイセン報告やケネディの「新政策」は、池田・ケネディ会談で示された、「返還要求を減ずる」ことを狙いとするものであった。だからこそケネディは、翌六三年二月二八日におこなわれた統合参謀本部との会議でも、「沖縄を放棄する意思は全くない」との立場をあらためて明確にしたのである。(84)

「死文」と化した三条

「植民地独立付与宣言」と「二・一決議」は、以上にみてきたように日米両政府を、対応に苦慮する事態に追いこむこととなった。従来であれば、米軍部が主導する強硬な「軍事の論理」が沖縄の内外で深刻な軋轢を引きおこしても、日米二国間の枠組みのなかで、飴と鞭の手段を駆使してなんとか〝糊塗〟することができた。しかし今や問題は、国連を舞台とした国際的な枠組みにおいて、米国による沖縄支配の国際法上の根拠が正面から論じられる可能性が生まれてきたわけであり、日米間でしか通用しない論理と対処法が破綻の危機に瀕することになったのである。

問題のありかを象徴するのが、「植民地独立付与宣言」の第五項である。それは、「信託統治地域及び非自治地域、又は、まだ独立を達成していない他のすべての地域において、これらの地域の住民が完全な独立と自由を享受しうるようにするため、なんらの条件又は留保もつけず、その自由に表明する意思及び希望に従い、人種、信仰又は皮膚の色による差別なく、すべての権力をかれらに委譲するため、早急な措置が講ぜられなければならない」というものである。

先にみたように政府は、「施政権の返還を求めている」「搾取が行われている事実はない」「沖縄は植民地ではない」といった答弁をくり返すことによって、右の宣言は沖縄に適用されないと主張してきた。しかし、日本政府も支持したこの宣言の第五項は、実に、講和条約三条の前提を崩壊させる意味をもっていた。なぜならそれは、信託統治制度に〝止めを刺す〟ことを意味していたからである。しかもそれは、同制度の推移を明確に反映したものであった。

国連の発足以降、信託統治下におかれた地域は一一あったが、一九六〇年の「アフリカの年」に前後して八つの地域が独立を果たした。五七年に西トーゴランド、六〇年にソマリアと東トーゴランド、六一年に東西のカメルーンとタンガニーカ、六二年にルアンダと西サモアである。これ以降、独立ないし自立に時間を要することになったのは、太平洋南西部の珊瑚礁の島ナウル、パプア紛争をかかえたニューギニア、そして米国の戦略的信託統治下におかれたミクロネシアである。

つまり、ケネディが沖縄を確保しつづける目的で「新政策」を発表した時期には、信託統治は制度として、事実上の終焉を迎えていたのである。とすれば、米国が国連に信託統治を提案することを前提とした講和条約三条は、その根幹を失うことになる。そして、この問題をもっとも鋭く問うたのが「沖縄諸島日本復帰期成會」であった。この「期成會」は、元首里市長の仲吉良光《りょうこう》が代表委員を務め、早稲田大学総長の大濱信泉《のぶもと》や東京沖縄県人会長の神山政良などが名を連ねていた。

首里市長として沖縄戦に生き残った仲吉は、新聞記者としての長いキャリアを背景に、早くも日本本土が降伏する前の四五年八月はじめに沖縄の米軍当局に対し、将来の講和条約で沖縄が日本の一部としてとどまることを要請する意見書を提出していた。翌四六年八月には直接GHQに訴えるべく東京に移住し、外務省にも働きかけをおこなうなかで、右の「期成會」を結成したのである。国連の「植民地独立付与宣言」を沖縄問題に関連させるという着想も仲吉のものであり、こうした仲吉の行動が立法院による「二・一決議」を生み出すことになった。(85)

さて「期成會」は、一九六一年一〇月に「国連の植民地廃止宣言即時実施に協力方御決議御願い」と題する文書を国会に提出した。この文書は、六〇年一二月の国連による「植民地廃止宣言に、賛成投票された日本」がその「即時実施」に乗り出すならば「沖縄・小笠原の日本復帰が、促進されます」と述べ、国会に「御協力」を要望するものであったが、具体的にはつぎのような議論を展開した。(86)

まず、国連の宣言が「外国による他国支配は、国連憲章違反と、うたつて居ります。米国の、沖縄・小笠原支配もまた憲章違反と解すべきが、妥当と考えます」と述べたうえで、「米国は、アジアに、脅威と緊張情勢が存する間、これら諸島支配を、無期限につゞけると声明して居りますが、国連宣言は無条件解放を求めて居ります」と指摘し、沖縄の日本復帰を東アジア情勢の動向と関連づける「ブルースカイ・ポリシー」の立場を明確に否定した。

つづいて文書は、「最後に、最重要な点は、沖縄・小笠原を、日本から隔離している、問題のサンフランシスコ平和条約中の、これら諸島に関する条章が、まさに死文化する運命に瀕しているのでありますす」と問題の核心を抉り出す。つまり講和条約三条は、米国が沖縄を信託統治にすることを国連に提案し可決されるまで沖縄を「自ら管理するとの条約」であるが、「しかるに、国連の植民地廃止宣言で、あらゆる信託統治領は解放されますし、且つ、また、「民族同権」強化で、今後信託統治は、一切認められないのは、確実であります」と指摘する。

さらに、「かく、国連に受け容れられず、滅び行く信託統治制を沖縄・小笠原に適用せんとする条約条文そのものが、既に存在の意義を失い、生ける屍であります。これは、米国の意図如何に拘わらず、廃れるもので、従って、これに基づく、米国管理権も、失効寸前にあり、その結果、沖縄・小笠原の、日本復帰の道が坦々と開かれます」と、三条の前提が崩壊していることを喝破した。

右の議論の展開と結論は、講和条約三条の孕む本質的な問題を、もっとも的確に指摘したものといえよう。かつて一九五〇年代はじめにダレスが講和条約三条をまとめた当時は、信託統治制度は国連の重要な任務と位置づけられ、本格的に展開されていた時代であった。したがって信託統治の概念は、領土不拡大原則に抵触することなく事実上沖縄を支配しつづける巧妙なレトリックとして、その機能を果たした。

しかし、五〇年代後半から六〇年代にかけて信託統治地域が次つぎと独立を果たし、国連の「植民地独立付与宣言」が、信託統治地域の解放のために「なんらの条件」もつけることなく「早急な措置」が講ぜられるべきと謳ったことにより、信託統治はその役割の終焉を宣告された。つまり、「期成會」の文書が指摘するように「廃れるもの」となったわけであり、かくてダレスの巧みなレトリックも、その有効性を喪失するにいたった。

このことは、米国が沖縄を支配する国際法上の根拠が名実ともに崩れ去ることを意味していた。まさに講和条約三条は、「死文化」し「生ける屍」となったのである。仮に、こうした「期成會」による重要な指摘が国会やメディア、世論に浸透し拡散していたならば、その後の沖縄返還の歩みは、もっと違ったものになっていた可能性がある。

ところが、たとえば「期成會」が右の文書を国会に提出したのとおなじ六一年一〇月の衆議院外務委員会（一〇月一〇日）や翌六二年二月一四日の同委員会では、社会党の議員などが講和条約三条の法的根拠について政府を追及したが、国連憲章の七七条や七八条など、相も変わらず五〇年代とおなじように、信託統治制度を規定した条項を前提とした議論の展開に終始したのである。[87] つまり野党の側も、新たな国際情勢の到来を十分には認識しえていなかったということであり、ここに、後にふれるように、七二年の沖縄返還にむけて米国が主導権を握る背景があったといえよう。

だからこそ、先にみた一九六五年九月七日の佐藤政権による「沖縄の法的地位に関する政府統一見解」における「国連憲章七八条と信託統治」の項で、「信託統治制度は、加盟国となった地域には適用しない」と規定する同条について、「国連加盟国の領域の一部が信託統治制度の下におかれることを排除するものではない」と、十数年前の講和条約発効の時期に西村条約局長が展開していた答弁をそのまま踏襲して憚らない、という事態が生じたのである。

「ダレスが避けたかった情勢」

逆にいえば、かくも〝時代錯誤〟の見解を表明する以外にないということは、米国の沖縄支配が、いかに国際法上の根拠を喪失していたかを鮮明に示していた、ということであろう。そして実は、沖縄がかかえるこうした本質的な問題については、日本政府よりもむしろ米国側のほうがよく実態を把握していた、といえるのである。

たとえば、池田政権や外務省は先にみたように、「沖縄は、外国による搾取が行われていないから植民地ではない」という答弁をくり返したが、『キイストーン――米国の沖縄占領と日米関係』を著わしたニコラス・サランティクスは、こうした見方を真っ向から否定する。彼は、米空軍戦争大学や米陸軍指揮幕僚大学、米海軍戦争大学などで教鞭をとってきた、沖縄やアジアをめぐる外交史・軍事史の専門家であるが、「米国は琉球諸島を実質的に植民地として支配した」と断ずる。その意味するところは、「米国は沖縄の支配から経済的に何も得ていない」「軍事基地を維持する以外のいかなる目的もない」「沖縄は事実上軍事目的を果たすための米国の植民地であった」ということである。つまり沖縄は、かつてのアフリカやアジアや中南米における経済的搾取のための植民地ではなく、ひたすら米国の軍事目的に資するためだけの「軍事植民地」であった、というのがサランテイクスの結論である。[88]

だからこそ、先にふれたように、一九五三年一二月、奄美返還を目前に控えた国家安全保障会議で当時のニクソン副大統領は、沖縄を永続的に支配することはアジアの数多くの国々から「米国は植民地主義を支援している」との非難をうけるであろう、との懸念を表明したのである。そこで、こうした懸念を背景に一九五七年六月に、沖縄の「事実上の憲法、あるいは基本法」と位置づけられたアイゼンハワーによる大統領行政命令が発せられたが、それから四カ月後の一〇月一五日、極東担当国務次官補のロバートソンはダレス国務長官に送った覚書で、「琉球諸島は米国が植民地主義との非難をうける世界で唯一の場所である」と指摘した。[89]

さらに、一九五七年から五九年まで沖縄の総領事を務めたオルコット・デミングは帰米後に認めた長文の覚書のなかで、「世界の大部分の人たちから見れば、沖縄における米国の地位は植民地主義も同然である」「植民地主義の基本的な哲学に世界中で最も強く反対する米国が、自ら外国の領域と住民を支配するということは異常である」と、問題の本質を突いた。ちなみにこの覚書は、その後数年にわたり国務省の内部で回覧されたという。[90]

このデミングの危惧は、六〇年一二月の国連「植民地独立付与宣言」によって現実のものとなった。翌六一年秋の国連総会で、右の決議の履行について提言をおこなう目的で一七人委員会の設置が決議され、六二年一月二三日にはそのメンバーが確定した。これをうけて半月後の二月八日、ラスク国務長官は駐日大使館にあてた書簡で、沖縄問題が同委員会で取り上げられる「明確な可能性があり、我々はそれに備えなければならない」とし、「予期される「反植民地主義者」による批判」に対処するため、沖縄と日本とのかかわりを深めることや自治の拡大など「最善の方策」を採るよう指示を出した。[91]

以上に明らかなように、米国の側は沖縄問題を植民地主義の問題として認識し危機感を深めていたのに対し、日本政府の側はそれを否定することに躍起となっていたのである。こうした状況において、沖縄の立ち位置の深刻さが、いよいよ鮮明となっていった。右のラスクの書簡から半年後の六二年八月八日、米下院歳出小委員会でエイルズ陸軍次官は沖縄問題について、あからさまにつぎのように述べた。

「琉球人はある意味で国家を持たない人たちです。米国が彼らにアメリカ共同体への参加を求めているわけではありません。といって、現在琉球は日本の一部でもありません。米国が琉球に施してきた措置は、基本的には軍事占領でした。軍事的必要性は割合に短期間であろうとの前提がありました。しかし今や、米国は琉球統治の見とおしの問題に直面しています。つまり、相当の期間にわたってこれらの諸島を管理する軍事的必要性があるのです」と。[92]

かつて一九五七年四月に米紙『ニューヨーク・タイムズ』が、「沖縄の人たちにとって最大の問題は、日本国民でありながら同時に米国の被保護民であるという変則的な政治的地位にあるようだ。ある米軍高官は、彼らを〝国旗をもたない人々〟と表現した」と指摘した根本的な問題が、五年を経て解決に向かうどころか、いよいよ深刻さの度合いを深めようとしていたのである。[93]

先に挙げたサランティクスによれば、六〇年代の前半期になって、パスポートの発行問題、漁船の船籍や掲揚する船旗の問題、さらには主席公選の問題など、まさに沖縄の「主権」のありかにかかわる具体的な諸問題が噴出し、沖縄の人々の「強いナショナリズムの感情」が先鋭化したという。つまり、「米国はいまや、ダレスが避けたかった情勢にまさに直面することになった」のである。[94]

これが、一九六〇年代の半ばを迎えようとする時期の沖縄をめぐる情勢であった。こうして、ダレスが編み出した講和条約三条という巧みなレトリックが、名実ともにその〝寿命〟を終えようとするなかで、いよいよ沖縄返還が具体的な日程に上ることになってくる。

「沖縄住民の政治的特徴」

とはいえ、返還への道のりは容易なものではなかった。一九六四年、当時琉球大学の助教授であった宮里政玄は月刊誌『中央公論』の誌上でつぎのように論じた。[95]「私は施政権返還をかちとるまでの道が決して近くないと思う」「施政権返還をかちとるためには、われわれがまず現実を直視すると同時に自分の誤りを知ることからはじめねばならないと思う」と述べたうえで、「施政権の返還を阻むものの分析」を展開した。

宮里は「返還を阻むもの」として、まず「アメリカの政策」を挙げ、「沖縄において軍事行動の完全な自由をもっている」ところのアメリカは「軍事行動が制限されるのを恐れている」ために、復帰運動を抑えこもうとしていると指摘する。次いで宮里は「本土政府の政策」を挙げ、同年八月に訪沖した臼井荘一総務長官による「基地がアメリカ側でも必要であるとともに、日本としても戦後かちえた日本国民の貴重な自由を確保したいということから、基地は現在の状況において止むを得ないものと考えます」（傍点—宮里）との発言を、「政府の本心」と喝破する。

宮里が「返還を阻むもの」として最後に挙げたのが、「沖縄住民の政治的特徴」であった。宮里は、日米両政府の対沖縄政策が「沖縄住民が従順である」ということを前提に進められてきたと述べたうえで、この「従順」さが生み出される背景として、「沖縄住民の政治的特徴は事大主義なのである」と、きわめて率直に問題のありかを示す。

さらに、より具体的に「まず事大主義のあらわれとして権力追従があげられる」と指摘する。この「権力追従」は宮里によれば、「米民政府によって任命された行政主席」を中心として沖縄の主要政党が結成されてきたことに示されており、これによって、「米民政府の影響力」がいかに大きなものであるかを読み取ることができるという。

おそらくこの問題は、米軍支配下の沖縄の戦後史に登場する、いわゆる「三条貴族」の存在とも密接に関わっているのであろう。『占領者の眼——アメリカ人は〈沖縄〉をどう見たか』を著わした宮城悦二郎によれば、「三条貴族とは、平和条約第三条で沖縄が本土から切り離されたおかげで、外部からの競争のない米軍保護下の温室で、政治・経済的に有利な立場を築いた人たち」のことである。[96]一般に植民地支配や占領体制にあっては、支配する側は「占領協力者」を育成して円滑な管理運営を目指すが、沖縄の場合は「三条貴族」がこれに当たるのであろう。[97]

宮里はさらに、「事大主義は自主性の欠如を生み出す」と指摘する。それはなによりも、「沖縄住民は外部の、とくに本土の世論に極端に弱い」というところに現われている、という。「沖縄住民の政治的特徴」として最後に宮里が挙げるのが、「沖縄住民が現実から逃避する傾向をもっていること」である。これは具体的には、日米両政府の施策や声明などによって「すべての問題が解決されるかのような幻想にとりつかれる」ということ、つまり「現実を厳密に分析し、それを打開していくというよりも願望の世界に逃避する傾向」のことである。

以上の分析を踏まえて宮里は、「沖縄住民が事大主義を克服して自己を日米両政府に主張できるときこそ施政権返還への道が開けるときである」と断ずる。他方で宮里が強調するのは、「アメリカは沖縄の基地から得る軍事的利益よりも、沖縄基地を持つことによって生ずる政治的不利益が大きい場合に、はじめて譲歩するであろう」ということであった。

宮里による「沖縄住民の政治意識」分析については評価が分かれるであろうが、いずれにせよ、アジアをめぐる新たな情勢が、「沖縄民衆の意識は大きく変わり始めた」と指摘されるような転換をもたらすことになった。それが、ベトナム戦争であった。[98] 一九六四年八月の「トンキン湾事件」を奇貨として、米国は北ベトナムに事実上の宣戦布告をおこなって翌六五年から「北爆」に踏み切り、本格的なベトナム戦争が開始された。

こうして米国は、B52戦略爆撃機やF105戦闘爆撃機、KC135空中給油機などを大挙沖縄に飛来させ、第二補給司令部を米本土から移駐させるなど、「無制限の軍事行動の自由」が保証されている沖縄をベトナム戦争の「出撃基地」「兵站基地」と位置づけ、文字通り戦争と〝直結〟させた。この結果沖縄では、昼夜を問わぬ騒音や農耕地の新たな接収、米兵による犯罪の多発など、住民生活への影響が深刻さをきわめることとなった。

そこで米国側は反基地運動の高揚を抑えるために、六五年一一月の立法院議員選挙で保守派を勝たせるべく、ライシャワー大使が本土の自民党を経由して「二五万ドル（当時のレートで約九〇〇〇万円）以上」ともいわれる秘密選挙資金の工面をはかったり、最多得票者をふくむ四名の立候補者の失格を宣言して公民権を剥奪するなど、なりふり構わぬ介入に乗りだした。

しかし、こうした米国側の露骨な介入は祖国復帰協議会によって、日本国憲法の基本権や国連憲章、世界人権宣言に反するものと見なされ、さらには米軍基地の存在そのものを問う機運を高め、沖縄において反基地と即時復帰の運動が急速な高まりをみせることになった(99)。それではつぎに、沖縄返還の具体的なプロセスにかかわる問題を検討していこう。

3 「政府統一見解」と沖縄返還

〝虚偽発言〟から「密約」へ

一九六四年七月、佐藤栄作は自民党の総裁選挙に出馬するにあたって打ち出した政権構想のなかで、外交政策に関してつぎのように述べた。「ソ連には南千島の返還を、アメリカには沖縄の返還を要求する。領土問題が片づかないと「戦後は終わった」とか、日米パートナーシップの確立とか、ソ連との平和外交の推進とかはいえない。池田内閣が沖縄の返還を正式にアメリカに要求したのを聞いたことがないが、私が政権をとれば、いずれアメリカに出かけてジョンソン大統領に対し正面からこの問題を持出すつもりだ」と(100)。

ここで佐藤が皮肉をこめて強調したかったことは、池田勇人が国会においてケネディとの会談のさいに「施政権を早く返してくれるように強く主張いたしました」と述べたことは〝虚偽発言〟であって、みずからは米国に対して「正面から」沖縄返還を要求していく、ということであった。こうして佐藤は、病にたおれた池田を継いで政権を握ると、翌六五年以降精力的に沖縄問題に取り組み、六九年一一月のニクソン大統領との共同声明を経て、七二年五月に「核抜き・本土並み」の一括返還をなしとげた。外務省主流派はもちろん与野党にあっても「困難な課題」と見なしていた沖縄返還を実現させたことは、政治家としての佐藤の力量の現われであろう。

ところが、実に皮肉なことに、池田の〝虚偽発言〟を批判した佐藤が、返還にあたって「核密約」「財政密約」といった重大な「密約」を取り交わしていたことが、その後明らかになってきた。いわゆる「西山裁判」や岡田克也元外相の指示で開示された資料など、この「密約」問題については、膨大な資料を分析した数々の研究成果が上梓されてきたが(101)、こうした研究を踏まえるならば、仮に沖縄返還協定が締結された当時に、これらの「密約」が暴露されていたならば、佐藤内閣は退陣に追いこまれていた可能性も否定できないであろうし、もちろんノーベル平和賞もなかったであろう。

いうまでもなく、「密約」が存在するということは、国民に対して〝虚偽〟の説明をしていたことを意味する。池田の場合は国会での答弁というレベルであったのに対し、佐藤の場合は首脳同士や行政担当者間で交わされた「密約」であり、国の安全保障のあり方、沖縄の位置づけ、あるいは行政協定の取り決めや財政負担の問題などなど、国民に重大な影響をおよぼす諸問題がかかわる以上、事はあまりにも重大かつ深刻である。

それでは、なぜ佐藤首相はこうした事態にはまりこんでしまったのだろうか。この問題についてはさまざまな要因や背景が挙げられるであろうが、ここで指摘したいことは、そもそも何を「根拠」に米国に対して沖縄の返還を求めるのか、という根本問題である。「根拠」としてまず挙げられるのが、日本が沖縄に「潜在主権」を有している、ということであろう。

すでに指摘したように、ダレスは講和条約の策定にあたり、日本に主権を残すかたちにしておくほうが戦略的に多くのメリットがあるとの判断を固め、講和会議で「潜在主権」という概念に言及したのであった。したがって、その後日米共同声明などでも確認されることになったこの概念が、沖縄の返還を求めていく足がかりになったことはまちがいない。

ところが、この「潜在主権」の前面に立ちはだかったのが、他ならぬ講和条約三条である。前述したように、佐藤政権は六五年九月七日に「政府統一見解」を発したが、そこでは、「米国が、信託統治の提案を行わないことをもって、同条〔三条〕違反であるとか、米国による施政権行使の根拠が失われたとかいうことはできない」との見解が示された。(102) これでいけば、講和条約三条は、米国による沖縄の事実上の〝無期限支配〟を法的に根拠づけたものとなる。

この見解は、かつて岸首相や外務当局自体が、三条にもとづく「米国の権利は暫定的」と述べた立場と背反するものである。否、それ以前の問題として、「国連に受け容れられず、滅び行く信託統治制を沖縄・小笠原に適用せんとする条約条文そのものが、既に存在の意義を失い、生ける屍であります」との、前節でみた「沖縄諸島日本復帰期成會」の指摘に、正面から反論することはできないであろう。

右の「政府統一見解」では国連との関係について、「沖縄問題は、本来国連に付託すべき日米間の紛争という性格のものではなく、日米友好関係を背景とする日米間の相互信頼に基づき解決を図るべき問題である。したがって、沖縄問題の国連付託は、問題の解決に資する所以ではない」と指摘された。しかしこの見解も、かつて岡崎外相が三条の解釈問題について、日米間で交渉するとともに「国連当局と話し合うべき問題」でもある、と述べた認識と相反するものである[103]。

ちなみに、沖縄と似た地位におかれていたパナマは、一九七二年にエチオピアのアジスアベバで開かれた国連安全保障理事会でパナマ国連大使が、アフリカにおける植民地主義とパナマ運河地帯のそれは同一であることを強調する演説をおこない、翌七三年に入ると国連事務総長にパナマで安全保障会議を開催することを申し入れた。米国はパナマ運河問題は二国間の問題であると反対したが、結局開催が実現し、パナマ大統領はこの会議をとおして、植民地主義への批判と自決権の尊重を国際社会に訴えた。こうして、翌七四年に米国とパナマは、一九〇三年以来の植民地的な諸条約の廃棄と、相互尊重にもとづく正当で平等な新条約を締結していくことで合意にいたった[104]。当時のパナマの政治体制も含め、日本とパナマでは政治的文脈を異にするが、二国間問題を国際的な舞台に押し上げて突破口を開こうとしたパナマの外交路線は、きわめて興味ぶかいものがある。

さて、ここであらためて「政府統一見解」における、「米国が、信託統治の提案を行わないことをもって、同条違反であるとか、米国による施政権行使の根拠が失われたとかいうことはできない」との主張を検討してみよう。この論理にもとづけば、信託統治に関して米国が〝無作為〟であっても「施政権行使の根拠が失われたとかいうことはできない」のである以上、米国は事実上〝無期限〟に施政権を行使できる法的権限を有している、ということになる。

しかし、すでに詳細に検討してきたように、講和条約三条が〝失効した〟と主張できる局面はいくつも存在した。まず、一九五三年末の奄美返還にさいしてダレスが、信託統治の提案を事実上放棄し「極東に脅威と緊張の状態が存する限り」沖縄において米国は権限と権利を行使するとの声明を発し、翌年一月の年頭教書でアイゼンハワー大統領が沖縄の米軍基地の「無期限」の維持を宣言した時期である。つまり、いわゆる「ブルースカイ・ポリシー」が打ち出された局面である。こうした米国の態度表明については当時、三条の「文脈の破壊」であり、「条約になにも言及されていない」ところの「条件を、ほしいままに条約テクストに読み込む」ことは許されない、とのきびしい批判がなされた。[105]

次いで、一九五六年末に日本が国連に加盟した局面である。これもすでにみたように、「信託統治制度は、加盟国となった地域には適用しない」と規定する国連憲章七八条の問題や、あるいはあらためて、沖縄が信託統治とされる場合に憲章七七条のどの条項に根拠を求めることができるのか、という根本的な問題が国会で議論され、追及された岸首相は「施政権の返還の問題もまた法律的根拠において主張する」ことについて検討する、と答弁せざるをえなくなった。[106]

さらに、一九六〇年一二月に国連で「植民地独立付与宣言」が採択され、これをうけて六二年二月に沖縄の立法院が「二・一決議」を挙げ、国連で沖縄問題が植民地問題として議論される可能性が生まれてきた時期である。[107] こうした事態に直面して、日本政府や外交当局は「沖縄は植民地でない」ということを説得的に説明する根拠をめぐって、文字通り迷走した時期である。しかも、「植民地独立付与宣言」は信託統治制度に〝止めを刺す〟という影響力を有していたのであり、これによって講和条約三条が前提においていた信託統治が、制度として終焉を迎えることになったのである。

以上のように、講和条約三条は失効、あるいは「死文」と化したと宣言できる局面はいくつも存在したわけであり、岸首相ではないが「施政権の返還の問題もまた法律的根拠において主張する」ことは、いくらでも可能であった。ところが、岸の答弁から実に八年以上も経過し国際情勢も大きく変容したにもかかわらず、日本政府の三条に関する見解は、〝時代錯誤〟ともいうべき旧態依然たるものであった。

何を「根拠」に返還を求めるのか

それではあらためて、米国による沖縄支配は法的根拠を有しているとの「政府統一見解」を前提とする場合、日本は何を「根拠」に米国に返還を求めるのであろうか。佐藤首相は政権発足から二カ月ばかりの一九六五年一月一二、一三の両日に訪米してジョンソン米大統領との会談に臨んだが、そこで「沖縄が米国の施政権の下におかれて以来すでに二〇年を経過し、施政権の返還が沖縄住民のみならず、日本国民全体の強い願望であることを理解されたい」と述べて、沖縄の返還を求めた。[108]

この発言は、池田がケネディに「返還を求める意図は全くない」と述べたことに比すならば一歩前進であろうが、実はかつて一九五七年六月に岸首相がアイゼンハワーとの会談で「施政権の日本への返還についての日本国民の強い希望」を表明したレベルに立ち戻った、ともいえる。さて、右の佐藤の要請に対してジョンソンは一月一三日の「共同声明」に記されているように、「施政権返還に対する日本の政府及び国民の願望に対して理解を示し、極東における自由世界の安全保障上の利益が、この願望の実現を許す日を待望している」と述べた。このジョンソンの返答は、六二年三月にケネディがその声明において、「自由世界の安全保障上の利益が、沖縄が完全に日本の主権の下へ復帰することを許す日を待望している」と述べたこととおなじであった。要するに、「ブルースカイ・ポリシー」の再確認である。(109)

あらためて指摘しておくならば、佐藤がジョンソンに返還を求める「根拠」として挙げたのは、沖縄住民と日本国民の「強い願望」であり、これに米国が応えてくれることを要請したのであった。しかしこうした〝構図〟は、講和条約の締結時点と基本的になんら変わっていない、といわざるをえない。すでに述べたように、講和会議の開催を前に吉田茂は、沖縄が返還されるか否かは「米国の好意」に依る、との立場を表明していたのである。(110)

この「米国の好意」に依るという問題の立て方は、先の「政府統一見解」における、沖縄問題とは「日米友好関係を背景とする日米間の相互信頼に基づき解決を図るべき問題である」との立場と通底するものであろう。しかし、「友好関係」とか「相互信頼」といった美辞をくり返すだけでは、国家と国家の交渉におけるパワー・ポリティクスのリアリズムを見いだすことはできない。

仮に、「沖縄住民の強い願望」を真に交渉のカードとして使うというのであれば、その「強い願望」

がなぜ、どこから生まれてきているのかを、その本質問題からえぐり出さねばならない。いうまでもなく問題のありかは、九〇万もの人々が憲法もなく国籍もなく、外国軍によって植民地も同然の状況で長期にわたって支配されつづけているという現実そのものであった。しかも、こうした異常な状況を根拠づける国際法的前提が、すでに事実上失われてしまっているという、世界的にも希な事態が継続していたのである。

こうした現実を前にするとき、米国と交渉するにあたって、米国は講和条約三条にもとづいて沖縄を無期限に支配する法的根拠を有しているが、しかし沖縄住民の「強い願望」があるから返還してほしいと要請するか、あるいはまったく逆に、三条の前提はすでに失われているという立場で臨むか、根本的なちがいがあるであろう。後者の場合、すでに指摘してきたように、米国の沖縄での存在は植民地主義という以外にない。

現に、佐藤・ジョンソン会談から年を越えた翌六六年五月に在日米大使館のザヘーレン参事官はライシャワー大使に送った報告書で、「同盟国の領土を我々が統治することには矛盾」があるとし、必要な基地を「制約」なしに使用できることを前提に沖縄の施政権を返還すれば、「アメリカに対するネオ・コロニアリズム批判を清算できる」と主張した。(三) つまり、ここでは明確に、沖縄の状況が植民地主義そのものである、との認識が前提におかれていたのである。

さらに興味ぶかいことは、翌六七年五月下旬に開かれた日米間の安全保障に関する特別小委員会で牛場信彦外務次官が、「沖縄問題が国際的関心を集め国連で提起されることがあるだろう、〔中略〕そうなると日米関係は悪化する」との警告を発していたことである。また枝村純郎《すみお》北米課長も米国側に、

「沖縄問題が国際化すること」についての考え方を質したのに対し、ライシャワーの後任のU・アレクシス・ジョンソン駐日大使は、「沖縄の地位は国連でなく日米二国間で問題とすべき」と答え、「国際化」への危惧を表明した。(112)

つまり、外務省のレベルでも、「植民地独立付与宣言」を背景に、沖縄問題を国連に訴え国際化するとの選択肢があることを米国側に議論として提起していたのである。こうした問題提起は当然ながら、講和条約三条が成り立つ前提を問うものである。しかし、この〝国連カード〟が現実の対米交渉において、明確にカードとして位置づけられることはなかった。

さらにいえば、実は当時、米国がもっとも危惧していたことは、ライシャワー駐日大使の警告にもあるように、一九七〇年に安保条約の期限を迎える「七〇年問題」を前に、「保守派のナショナリズムと左翼の反米主義」とが結合して、六〇年安保改定の場合のような、大きな国民的な運動が展開されることであった。しかも、今回は六〇年の場合とはちがって、他ならぬ沖縄が運動の拠点として加わるのである。すでに沖縄の祖国復帰協議会は、基本的人権の保障と植民地主義を廃するために「講和条約三条の撤廃」を掲げていた。(113) こうした反米運動が盛り上がるであろうとの議論立ては、「弱者の恫喝」ではないが、〝国連カード〟とともに、日本がもつ重要なカードになりうるものであった。

「ブルースカイ・ポリシー」へのコミット

しかし佐藤首相は、六七年一一月のジョンソン大統領との二度目の会談で、沖縄の返還にむけてまったく別のカードを切った。一一月一五日に発せられた日米共同声明では、沖縄問題について佐藤が

「両国政府がここ両三年内に双方の満足しうる返還の時期につき合意すべきであることを強調した」のに対し、大統領は「本土復帰に対する日本国民の要望は、十分理解しているところである」と応えた。

つまり、ようやくにして「両三年内」という期限が設けられて返還に進む道筋が示され、しかも、一九五七年の岸・アイゼンハワー会談以来、日米間の共同声明や米国側の公式声明ではかならずふれられてきた「ブルースカイ・ポリシー」への言及も消えることになった。

なぜ、こうした新たな展開が画されたのであろうか。その理由は、同日のナショナル・プレスクラブでの佐藤の演説に示されている。そこで佐藤は、「わが国の国益からみて極東の安全保障は死活の重要性をもつものであり、われわれは、沖縄が日本をふくむ極東の平和と安全に果たしている役割については十分に認識しており」「沖縄が日本本土に復帰することと、沖縄の基地がその機能を有効に果たすこととは決して矛盾するものではない」と言い切ったのである。(114)

つまり、「ブルースカイ・ポリシー」への言及が消えたことと、右の佐藤の立場表明とは、実は裏腹の関係に他ならない。要するに、「極東に脅威と緊張が存在する限り」米国は沖縄を支配しつづけるという基本政策の前提を、日本が〝引き受ける〟ことによって返還への道筋をつけよう、という構図である。こうして「ブルースカイ・ポリシー」は新たなレベルで、日本・沖縄・米国の関係を規定していくことになる。

一九六九年一月にニクソン政権が発足して以降、沖縄問題をめぐる交渉はきわめて複雑な経緯をたどったが、同年一一月二一日の佐藤・ニクソン共同声明において、「一九七二年中に沖縄の復帰を達成する」ために協議を促進することで合意した。ただ、その前提として佐藤首相は、韓国と台湾の安全が日本の安全にとって「緊要」であり、また「きわめて重要な要素」であるとの認識を表明し、さらにベトナム戦争にかかわって、沖縄の返還がベトナムでの「米国の努力に影響を及ぼすことなく実現されるように」することで、両首脳は一致した旨が明記された。[115]

右の共同声明における立場表明は、佐藤首相がナショナル・プレスクラブでの演説で、韓国や台湾での有事にさいして事前協議制を〝弾力運用〟すること、さらに、ベトナムでの「米国の立場に深い理解」を表明したことによって〝補強〟された。要するに日本政府は、「東アジアの安全保障のためにアメリカと一緒に行動するということを、初めて政治的に約束した」のである。[116]

かくして佐藤は、先に指摘したように、「ブルースカイ・ポリシー」に積極的にコミットする、つまりは、沖縄が返還された後も、米軍の軍事拠点として沖縄が占領期と同様に機能することを日本が保証するような枠組みで沖縄の返還を図る、という路線で突き進んだわけである。

しかし他方で、佐藤は沖縄の住民の「強い願望」を背景とする以上、「核抜き・本土並み」という公約を掲げる以外にはなかった。ここに、「密約」が生み出される背景があった。「有事の核持ち込み」の「密約」はすでに広く知られたところではあるが、米国側の真の狙いは、この〝核カード〟を存分に活用して、基地の自由使用を確保することにあった。それが具体化されたのが、七二年五月一五日の沖縄返還時に日米間で取り交わされた「五・一五メモ」である。

このメモは、沖縄返還にあたって米軍に提供する「施設及び区域」の使用目的、使用期間、使用条件などを定めた日米合同委員会の施設分科委員会のメモであるが、使用条件が白紙となっている基地が数多く存在するように、米軍に最大限の自由使用を保証するものであった[117]。奄美返還にさいして「行政協定を越える諸権利」を事実上米軍に付与した「秘密議事録」が記されたが、それとは比較にもならないような重大な〝取り決め〟が密室で取り交されたのである。さらに深刻な問題は、一連の「財政密約」であった。

これは、占領期に沖縄に「投資したすべての財産を回収する」という米国側の方針と、沖縄を「金で買い戻した」という印象をあたえないために佐藤首相が「沖縄はタダで返ってくる」という「無償返還」を強調したこととの根本的な矛盾から生まれたもので、協定上は米側が支払うとされながら実際は日本が肩代わりをして負担をするという「密約」が交された。その典型が、米側が「自発的に支払う」とされていた土地の原状回復費の四〇〇万ドルを日本側が負担するというもので、この「密約」が国会やメディアで暴露されて、いわゆる「西山事件」に発展することになった[118]。

それでは、沖縄の返還を実現するために、右にみたような〝底知れぬ密約〟を米国と取り結ぶことは、不可避の選択であったのだろうか。問題のありかは、当時外務省条約局の要職にあって実質的に日米交渉を担い、「密約問題」にも深くかかわった栗山尚一《たかかず》の「証言」に見いだすことができる。

栗山によれば、米国は一九六〇年の安保改定以降、「東アジア、西太平洋の安全保障について、「日本はどれだけの責任をもってくれるんですか、分担してくれるんですか」という問い」を日本に突きつけてきたが、それに対して「十分な答えができないまま推移」するなかで、「沖縄返還のときにある意味で初めて、それに対する答えを、部分的にせよ出さざるを得なくなった」という。

それでは、なぜ安全保障の「分担」の問題と沖縄返還が関わらざるをえないのであろうか。それは、

「答えを出さなければ沖縄が帰ってこないという状況に迫られた」から、というのである。[119] この「沖縄が帰ってこない」という発言には、先に述べた、何を「根拠」に沖縄の返還を求めるのか、という根本問題に立ち返ることとの決定的な重要性が浮き彫りにされているといえよう。

つまり、米国の沖縄支配には国際法上の〝正当性〟があるという前提にたつならば、日本側は返還を〝御願い〟するしかなく、当然ながら米国の軍事的・外交的・財政的な要求を受け入れ、数々の「密約」を取り交わさざるをえない立場に追いこまれることになる。逆にいえば、佐藤の「公約」を実現していくためには、日本側も然るべき〝交渉カード〟をもたねばならなかったはずである。

その重要な〝交渉カード〟とは、牛場外務次官が語った、沖縄問題が「国連で提起されること」という〝国連カード〟であったろう。そして、そこで問われるのは、いみじくも佐藤首相が先にみた六九年一一月二一日のナショナル・プレスクラブでの演説で謳いあげた「自由平等、人権尊重、社会正義の実現などの民主主義の諸基本的理念」そのものである。[120] つまり、米国の沖縄支配が、「民主主義の諸基本的理念」にもとづいて国際社会の場で問いなおされる、ということである。牛場は、沖縄問題が「国連で提起される」ことになると「日米関係は悪化する」と懸念するが、実は「民主主義の諸基本的理念」は、佐藤が指摘したように「日米に一致するところ」の理念そのものであり、米国がベトナムを始め東アジアで実現を目指していた理念に他ならないはずであった。

しかし結局のところ佐藤政権は、「沖縄が帰ってこない」という問題の根本を問い詰めることもなく、持ちうる〝交渉カード〟のすべてを駆使するという〝パワー・ポリティクスの常道〟を踏むこともなく、結果的に数々の「密約」の深みにはまりこんでいくこととなった。

「共通の認識」という陥穽《かんせい》

さて、以上の「密約」問題と密接に関わりつつ、沖縄返還の本質がえぐり出されるのが、佐藤・ニクソン共同声明における「相互信頼と国際情勢に対する共通の認識の基礎に立つて安保条約を堅持する」という一節である。つまり、変動する国際情勢に対し、日米両国が「共通の認識」をもって対応することを確認しあった、ということである。

ところが、右の共同声明にもとづいて一九七一年六月一七日に沖縄返還協定が調印されたが、それから一カ月も経ない七月一五日、ニクソン大統領は劇的な「米中和解」を発表した。これがいわゆる「ニクソン・ショック」であって、佐藤首相には直前まで知らされず「戦後日本外交最大の屈辱」と評された。[121] さらに、中国の国連代表権問題でも佐藤は最後まで台湾の議席維持に固執し、事実上米国に〝梯子を外される〟という大恥をかくことになる。

「共通の認識」をもって国際情勢に対応することが謳われていたにもかかわらず、なぜ日本外交はこうした〝失態〟を演じることになったのだろうか。それは、佐藤首相が安易に「ブルースカイ・ポリシー」にコミットし過ぎたからであろう。

すでにみたように、かつて岸首相は極東情勢の判断について、「アメリカ一個が判断する」ことは「適当でない」との立場を表明していた。[122] つまり、「日本独自の判断」があって然るべき、ということである。ところが、岸自身も後継の池田・佐藤の両首相も「日本独自の判断」を事実上放棄し、安易に日米「共通の認識」を受け入れてしまった。この問題は、これもすでに指摘したように、「ブルースカイ・ポリシー」の根幹にかかわってくる。

それは、一九五七年一〇月に野党議員が、「極東に脅威と緊張が続く限り」という前提に立つならば、論理的にはソ連や中国や共産主義がなくならないかぎり「半永久的」に沖縄は軍事拠点にならざるをえないという結論にいたるのではないか、と問い詰めた問題である。(123) これに対して藤山外相は、「平和共存」による緊張の緩和にむけて米国に「日本人の考え方をいれていく」ことの必要性を強調したが、仮にこうした「日本人の考え方」をもって中国やアジア情勢に対応していたならば、右にみたような悲劇的な「屈辱」を味わうことはなかったであろう。

さらにこの問題は、あらためて講和条約三条の本質問題に立ち返ることをうながす。つまり、これもすでに指摘したように、そもそも「ブルースカイ・ポリシー」という「条件」は「条約になにも言及されていない」のであって、こうした「条件」を勝手に条約に「読む込む」ということは国際法のうえで「許されぬこと」である。したがって日本政府は、政治的文脈は別としても、三条に関する右の原則的な立場を、常に米国の側に明確にさせておくべきであった。こうすることによって、安易に「ブルースカイ・ポリシー」の論理にはまりこむことを避けるべきであった。

三条に立ち返ることとは、米国が主張する「投資したすべての財産を回収する」との基本方針に対応するさいにも、なにより重要である。なぜなら、米国は九〇万もの人口を擁する沖縄を「無憲法・無国籍・植民地」という、世界的にも希な状況のままで長期にわたって排他的な支配下におき、みずからの軍事戦略のために文字通り自由に〝使って〟きたのであり、計り知れない利益を享受してきた。逆にいえば、沖縄なしに米国の世界戦略は成り立ってこなかったのである。しかも三条に照らせば、米国がこうした支配をつづけることの国際法上の根拠自体が失われていた。

とすれば、これほどの他に比することのできない〝最大限の貢献〟を米国に果たしてきた沖縄について、本来ならば「投資したすべての財産を回収する」といった論理が通用するはずがない。そうであれば日本政府は、三条に関する原則的立場を踏まえつつ、米国に対して右の論理が受け入れがたいことを、少なくとも基本的な主張として打ち出すべきであったろう。ところが現実には、こうした立ち位置をとることができなかったために、巨額の「財政密約」を迫られることになった。

沖縄返還の過程については、すでに数多くの研究成果が生み出されてきたが、以上に検討してきたように、「講和条約三条」論という切り口から、そもそも何を「根拠」に返還を求めるのかという根本問題に踏みこんでいくことは、今日的な課題からしても、きわめて重要であろう。

終章　「閉塞状態」の打破に向けて

1 沖縄から問われる日本の近代

「帝国日本」の再検討

戦後の始まりとともに、GHQと日本政府は、本土在住の旧植民地住民と沖縄住民を一体として、本土からの移動の自由を禁止する政策を実施した。これは結果的に、戦後沖縄の歴史の出発点を形成したが、講和条約三条による沖縄分離の時点では、いわゆる「全面講和」の立場からはいうまでもなく、その後の三条論のなかでも、おもに「潜在（残存）主権」の問題などが論じられ、それ以前に本土から沖縄県民が分離されるにいたった経過は無視された。しかもこの見方は、在日の旧植民地住民をも無視することにつながった。

さらには第一章で述べたように、沖縄県民の国籍、主権、領土問題の淵源を解明してみると、そこには戦前戦中の「帝国日本」の「遺産」ともいうべき制度を垣間見ることができる。この点をあらためて沖縄の戦後と本土のそれとの関係から見なおすと、つぎのことが指摘できる。

戦後は昭和天皇の「聖断」により八・一五から出発した、とする認識がすべてを制した。それは、沖縄戦の敗北を経験した結果、「皇統の維持と日本人の子孫を護るため」という昭和天皇の決断から「終戦」へとむかったことに示されるように、沖縄戦という悲惨な教訓から戦後が始まった、という戦後観が完全に無視されたことを意味する。また四カ月後に改正された衆議院議員選挙法改正法では、沖縄県民と在日の台湾・朝鮮人の選挙権が停止された。この判断は、GHQと日本政府が、本土のみを民主主義改革の対象としたことを意味し、「戦後民主主義」あるいは「非軍事化と民主化」政策は、実は沖縄を無視したものであったのだ。

日本国憲法はその前文で、「全世界の国民が恐怖と欠乏から免れ」、と平和的生存権を唱えているが、それは本土の日本国民のみを対象とするものであり、さらには渡航の自由が奪われた沖縄県民が選挙権を停止されたにもかかわらず、本土ではあたかも「全国民の代表」であるかのように代議士が選出されてきたのである。

沖縄と憲法

ここ数年、本土のマスメディアにおいても、日本は米軍基地の七〇パーセント強を沖縄に押しつけてきた、といわれるようになった。すなわち、基地が沖縄に偏重してしまう時期は、返還後であると認識されているかのようである。しかし歴史を再検討してみると、本土による沖縄の差別は、長い歴史の集積の下につくられており、返還前の歴史が返還後もなんら認識として修正されないままに、これまで過ごしてきたことになる。

視野を広げて米軍基地を世界からみると、米軍基地はアメリカの冷戦政策のなかでつくられ、第二次大戦の敗戦国の基地支配の一環として配置された。アメリカは海外に五八七カ所の基地を有しているが、その第一はドイツ（一七七カ所）、第二は日本（一一六カ所）、第三は韓国（八四カ所）であり、第四はイタリア（五〇ヵ所）である（二〇一四年現在）。なんと上位四ヵ国は、すべてかつての枢軸国、もしくは枢軸国の植民地であった国である。[1] しかもアジアに目をむければ、かつて米軍基地がおかれていた台湾も日本の植民地であり、フィリピンは日本に占領統治された国である。つまり、米軍基地がおかれている沖縄とは、そうした地域に囲まれた「要石」でもあることに気づく。

GHQがつくった憲法案の第九条には「戦争の放棄」とは書かれていたが、「平和」は書かれていなかった。沖縄にあれほどまでの残酷な戦争を強いたのであるから、そしてまた憲法前文では「政府の行為によって再び戦争の惨禍が起ることのないやうにすることを決意し」と述べているのであるから、沖縄の地上戦の経緯を前文に盛りこんでもよかっただろう。さらには、憲法の起草に沖縄の代表も県民も参加できなかったのであるから、かつて西ドイツの基本法（憲法、一九四九年）がその前文で、東ドイツの住民が参加できないことにふれていたように、日本国憲法も沖縄の現状に言及するべきであった。これこそ分断された「国民国家」のなすべき任務であったろう。

しかし、それはできなかった。理由はすでに述べてきたが、一言でいえば、憲法で沖縄の現状に言及することは、マッカーサーとGHQの基本戦略に反したからである。一方日本政府も、沖縄の選挙権の停止についても、GHQの憲法案で沖縄についてふれていないことについても、GHQに対してまったく抗議も要望もしていない。さらには講和条約の三条については、講和特使のダレスに対してほとんどなにも要望していない。つまり日本政府には、沖縄県民に対して国民としての当然の権利保障をする義務があるとの決意はなかった。

あらためて、日米安保条約の問題性

日米安保条約は「基地条約」とよくいわれるが、その意味をあらためて考えてみたい。本来安全保障条約とは、いかなる安全保障方式を内容とするかを条文化するものであって、その方式にとって基地が不即不離の関係にあるわけではない。日本の安保条約にあたる韓国の「米韓相互防衛条約」(一九五四年)には、第四条で「アメリカ合衆国の陸軍、空軍及び海軍を〔中略〕大韓民国の領域内及びその付近に配備する」との規定があり、条約で「軍隊配備」(事実上の「基地」)規定を定めているが、それはむしろ例外とみていいであろう。

近隣のフィリピンの場合は、すでに述べたように「米比相互防衛条約」(一九五一年)とは別に「米比軍事基地協定」(一九四七年)を定めている。つまり、安全保障(防衛)条約と基地条約(協定)は別であるという考えにもとづいている。

逆に米国からみると、日本や韓国の安全保障(防衛)とは基地の設置である。それはまた、安全保障は基地によって守られている、基地がなくなると安全保障がなくなるということでもあろう。「安全保障」は軍事基地を制度実現の一手段としているが、実はそれがすべてではない。したがって安全保障条約と基地協定は別個にある場合が通例だ。さらには、基地協定を結び、個々の基地について締結するか否かという「選択」ができるということは、近代法の、契約の原則に適っていると考えることができる。

そもそも基地という土地を提供するわけであるから、近代国家は、国民の土地(不動産)を確保する場合は、その重要性に鑑みて「登記」をする。その土地の安全(所有権)を守るため、他者がその土地を侵した場合は対抗できるようにするため、「登記」の制度をつくったのである。日本も明治初期に「登記法」（明治四年）を制定している。これに対し戦後日本の場合は、米軍への土地の提供を安全保障条約のなかに定め、個々の基地の提供は両国間で定めるのではなく、アメリカ側が日本側に必要な基地をどこでも要求できる（全土基地方式）。植民地とおなじこの土地の簒奪《さんだつ》は近代法に反し、勝者と敗者という構図が残っているとしても、日本は近代主権国家が当然もつべき土地＝領土に対する考え方をもっていないのではないか、という疑問が湧いてくる。

一方日本は、沖縄、朝鮮、いわゆる「満州」のそれぞれの地域で個々の土地所有権が確立していなかったなかで、土地の取り上げをおこなった。日本政府が朝鮮や「満州」などにつくった国策会社「東洋拓殖株式会社（東拓）」などがその典型であろう。したがって、外国との領土関係においても、いまだに「我が国固有の領土」という言葉に象徴されるように、まるで日本の領土は「神州」であるかのように、「昔からあるものは、日本の土地である」という前近代的な観念が強く、関係国との合意（契約）が必要だという観念が乏しい。そうした土壌の上にこそ、戦後七〇年以上を経ても依然として、近代国家ではありえない基地使用を許容する感覚が残っているのではないか。

外国の基地の特殊性

軍事基地用地には、米軍と自衛隊の基地用地があるが、基地の形態は外見的には同様にみえるものの本質的にはまったく異なる。たとえば軍事基地を取得する場合、明治憲法下では土地収用法によって、それは皇室の陵墓とともに収用の対象であった。

しかし軍隊を否定した日本国憲法の下では、土地収用法は根本的な改正を迫られる。一九五一年につくられ、その後改正はされたが現在も有効な土地収用法には、四九の事業が挙げられているが、そのなかには軍事基地、具体的には自衛隊の基地は含まれていない。同法はその目的を「公共の利益となる事業に必要な土地等の収用又は使用に関し、〔中略〕公共の利益の増進と私有財産との調整を図」ると述べている。したがって一見おなじようにみえる民間飛行場の場合は、「航空法による飛行場又は航空保安施設で公共の用に供する」土地は、たとえば成田空港の収用のように、土地所有者が収用に反対した場合は、強制収用の対象になったが、自衛隊基地は対象になっていない。自衛隊が基地（土地）を設置あるいは拡張する場合は、国有地は別として、私有地を入手するさいには民法上の売買手続きによる外はない。もちろん土地所有者との合意がなければ、防衛大臣は基地建設をおこなうことはできない。

これに対して米軍基地の場合は、前述したように、土地取得はまったく異なる。日米安保条約とそれにもとづく日米地位協定（正式名称は「日本国とアメリカ合衆国との間の相互協力及び安全保障条約第六条に基づく施設及び区域並びに日本国における合衆国軍隊の地位に関する協定」）により、米国は日本のどこの土地でも、日本政府に基地用地の提供を要求することができる。それにもとづき、日本政府は、本来は「公共の利益になる」ためにつくられた土地収用法を米軍のために適用し、強制手続きによって基地を提供することができる。法律名は通称「駐留軍用地特措法」（正式名称は、「日本国とアメリカ合衆国との間の相互協力及び安全保障条約第六条に基づく施設及び区域並びに日本国における合衆国軍隊の地位に関する協定の実施に伴う土地等の使用等に関する特別措置法」）である。

それによれば、米軍は、必要な基地用地の提供を日本政府に申し入れ、日本政府（防衛当局）は、土地収用法の手続きによって収用し、土地所有者の賛成が得られなければ、強制収用することができる。本土では一九五〇年代にみられたが、米軍基地の約七〇パーセントが集中する沖縄では復帰後、後に紹介する公用地法ができた後に登場することになる。

日米地位協定とは、日米安保条約六条で米軍が日本に駐留することが「許された」ことにより、その配備条件を定めたものである。したがって、条文の内容はきわめて具体的・詳細であるが、そこには日米安保条約の本質とも思われる規定が多く含まれている。たとえば、米軍人・軍属（米国籍で、米軍に雇用されている者）とその家族は、日本が定めるパスポートなどの規制をうけず、外国人登録から除外されており、日本の運転免許証は課されず、公用の車両は日本の番号は不要であるばかりか、日本に最初に持ちこんだ車や家具などは輸入税を課されず、日本で購入した財産は無税とされる、等々の他、ＰＸ（軍隊内の売店）などを設置でき、しかも税金は課されない等を定めている。

しかし、これら以上に重大な問題となっているのは、とくに沖縄での犯罪事件から生じる裁判権問題である。そして最大の問題は、以下の条文である。

第一七条　五（c）日本国が裁判権を行使すべき合衆国軍隊の構成員又は軍属たる被疑者の拘禁は、その者の身柄が合衆国の手中にあるときは、日本国により公訴が提起されるまでの間、合衆国が引き続き行なうものとする。

つまり、日本の警察は米兵などを逮捕できるが、その後の被疑者の取り調べ等は米軍側がおこない、日本の検察が裁判にかけることを決めるまで（つまり、「公訴が提起されるまでの間」）は、身柄は米軍側にあるという規定である。それであれば、日本の警察は取り調べができない。この規定は、地位協定ができてから今日までまったく変わらないが、地位協定以前の旧安保条約の下でつくられた日米行政協定以来の規定であるから、一九五二年以来、六五年以上にわたる不変の条文である。

一九九五年九月、沖縄で米兵による少女暴行事件が発生した。沖縄県は一一月大田昌秀知事の下で、日本政府に地位協定見直しを要請した。要請文のなかには「日本国が裁判権を行使すべき合衆国軍隊の構成員又は軍属たる被疑者の拘禁が、どのような場合でも、日本側ができるよう明記すること」が含まれていた。その後、非自民が与党となった「民主、社民、国民新党」の三党、あるいは「民主、国民新党」の二党政権下でも地位協定の見直しを提案したが実現していない。

そうしたなかで、日米両政府は協定そのものの改正はおこなわずに「運用改善」で切り抜けることとし、二〇一一年に日米合同委員会で、米国側が犯罪を起こした軍属を起訴しない場合は、日本政府は三〇日以内に裁判権の行使に同意するよう「要請」でき、米国側は「好意的考慮を払う」という内容で口頭合意した。こうした制度的不公平は、欧州などの米軍基地ではありえないが、国内的には米軍基地の約七〇パーセントが沖縄に集中していることを考えると、沖縄に日本に対する安保条約の負荷の約七〇パーセントが課されていることになる。これは沖縄に対する「構造的差別」であろう。

「施設及び区域」と呼ばれる米軍基地

軍事基地は一般には「基地」といわれているが、外国の軍事基地は従来の基地と様相を異にしている。日米地位協定上も「基地」という表現をもちいず、すべて「施設及び区域」（facility and area）としている。米軍基地が「基地」あるいは「駐屯基地」と呼ばれる自衛隊基地と異なり、このような名称をもちいる理由は、滑走路、格納庫などの軍事施設のみならず、日常生活上の施設をも有しているためである。というのも軍事の高度化にともなって軍人のみならず、事務官、医官、技官などさまざまな軍属とその施設が必要になり、さらに米軍という外国の軍隊が長期滞在することにともなう施設が必要となる。しかも軍人の多くは家族をともなう。家族には子供はいうまでもなく、時にはペットも含まれる。

そこから、単身者あるいは家族の住宅、銀行、郵便局、病院、食堂、幼稚園から大学までの学校、教会のみならず、スーパー、ゴルフ場、バーなどあらゆる生活に必要な施設がおかれることになり、軍属、家族もかなりの数に上ることになる。「嘉手納基地」は東洋一の基地といわれるが、沖縄県が公表しているホームページの二〇一六年までの「本県の米軍基地の状況」によると、二〇一二年から一六年までの「軍人・軍属・家族」の数は示されておらず、二〇一一年の数は四万七三〇〇人（内訳は不明）、嘉手納町の人口はわずか約一万四〇〇〇人である。ちなみに二〇一〇年までは、嘉手納町自体が細かい数字を公表しており、二〇〇四年の嘉手納町を概説したパンフレット『嘉手納町と基地』によると、県内の米軍の軍人が約二万五〇〇〇人、軍属が約一四〇〇人、家族が約二万二〇〇〇人と、軍人と軍属・家族がほぼ半々であった。

いずれにしても、施設の数も収容人口も優に「町」を形成する規模である。またそうしなければ「基地」は存在しえないことを示している。上述の施設は、それぞれ嘉手納町あるいは町民がもてない特権をもっているので、バラ線（有刺鉄線）で囲まれ、周囲と隔絶した生活をしていることはいうまでもない。

これは小さな植民地であろう。考えてみれば、日本もみずから「植民地」とはいってこなかったが、事実上の小さな植民地をつくったことがある。当時はそれを「租界」と呼んだ。一九世紀中葉から二〇世紀にかけて、英国と米国は、ともにThe International Settlement of Shanghai（日本名「上海共同租界」）を設置している。その後日本も、中国で「租界」を設置するのである。そもそも「租界」という日本語は、中国政府が租界行政をおこなう組織として「共同租界工部局」を設置したことによっているようだが、それは「土地章程」（Land Regulations）と称される中国側の法規によって運営された。「租界」とは、「治外法権や行政権がある外国人居住地」とされ、英語ではsettlementである。(3)

東洋外交史家の植田捷雄《としお》は「今日（一九五八年）の沖縄を見て、われわれは曽《かつ》ての中国に存在した租借地を想起せざるを得ない(4)」と述べているが、その後こうした沖縄認識は残念ながら育たなかった。基地を設置すること自体、軍事力、なかでも兵器が強化されたことによって大きな変貌を遂げてきたが、それ以上に「外国の基地」を多数かかえる沖縄が、基地という「施設」に飲みこまれ、「租界」という名の植民地と同様の運命にあるといえよう。

外国軍隊の入国の禁止

平和憲法があれば、基地のない平和が訪れるとはいえないことは、戦後の経験が教えている。しかし平和憲法がなくとも、いわゆる「平和国家」を標榜していない国でも、憲法で外国の軍事基地を禁じている例はある。といっても、禁じている対象には「外国の基地」も含まれるとはいえ、基本的には「外国の軍隊」が規制対象の中心である。

たとえば、ギリシャ憲法（二〇〇一年）は第二七条二項で「外国の軍隊（military forces）は、議会の総議員の絶対多数によって成立した法律による場合を除いて、ギリシャの領土にとどまることも、通過することも、受け入れられない」と定めている。ベルギー憲法（一九九四年）は第一八五条で「外国軍隊」（foreign troops）を禁じている。フィリピン共和国憲法（一九八七年）も第一八条二五項で、「外国の軍事基地、軍隊、または施設（foreign military bases, troops, or facilities）」を禁じている。もっとも、こうした憲法上の規定にもかかわらず、現実には、これら三ヵ国にはいずれも米軍が駐留し、事実上の移動の自由を享受している。とはいえ、理念として外国の軍隊の存在を憲法で禁じていることは、いまなお米軍が占領軍のように存在し、わがもの顔で行動している日本の現状をみるとき、きわめて重要な示唆をあたえてくれているのではなかろうか。

破壊される地域の安全

米軍基地という外国の基地は、前述のように、自国の基地である自衛隊基地とは、「地域」との関係で根本的なちがいがある。二〇〇四年八月、沖縄国際大学に米軍ヘリコプターが墜落し、激突して爆発したうえ、炎上した。当時、同大学で事故を目撃した黒澤亜里子教授はこう証言している。ヘリコプターのパイロットが無事脱出に成功すると、「米軍はにわかに墜落現場を立ち入り禁止区域に指定。あちこちに黄色いテープを張りめぐらし、部隊による実力阻止線を設定する。学長をはじめとする大学職員や一般住民のみならず、報道陣やそれまで協力して消火、救助活動に当たっていた地元の消防隊員も排除し、事故後の火災調査を阻止した。駆けつけた県警も同様に現場検証を拒否された。報道規制に抗議するカメラマンや学生が、フィルムを取り上げようとした米兵と激しくもみ合いになる場面もあった[5]」。

しかし米軍にとってこうした行為は、米軍のみに認められた特権法制に守られているのだ。それが「米軍基地基本法」ともいうべき地位協定である。そこには無数の特権が定められているが、今後、基地が返還された場合に生ずるであろう「原状回復」について、第四条一項と二項は、つぎのように定めている。

1　合衆国は、この協定の終了の際又はその前に日本国に施設及び区域を返還するに当たって、当該施設及び区域をそれらが合衆国軍隊に提供された時の状態に回復し、又はその回復の代りに日本国に補償する義務を負わない。

2　日本国は、この協定の終了の際又はその前における施設及び区域の返還の際、当該施設及び区域に加えられている改良又はそこに残される建物若しくはその他の工作物について、合衆国にいかなる補償をする義務も負わない。

軍事基地であるのだから、格納庫や掩体壕《えんたい》など、敵の爆撃にも耐えうる頑強な建築物があり、あるいは長年使い古した重油タンクの場合もあろう。戦前の帝国陸海軍の基地ですら、長年にわたり格納庫や掩体壕を爆破もできず、重油の跡地は使用不可能な場合が多い。戦後の米軍基地の場合、そこにある工作物の強度や廃棄物の量は、戦前の日本軍の基地の比ではないであろう。それが返還されたとしても、そのままで、しかもそれによる損害賠償も米国が負わないなかで、どのように旧に復するというのだろうか。しかも、それは沖縄だけの問題ではなく、全国の米軍基地が返還されたさいに生じる問題である。なかでも地方自治法と、憲法第九五条に規定されている地方自治特別法との関係に注目したい。

憲法九五条と公用地法

日本国憲法は、そもそも地方自治を重視している。日本国憲法の章別編成をみると基本的に明治憲法と酷似しているが、そのなかに、明治憲法にはなく日本国憲法ではじめて加えられた章がある。第二章の「戦争の放棄」と、第八章の「地方自治」である。それらが戦後民主主義を象徴する章となってきたことはいうまでもない。しかし、沖縄の場合はそのどちらの条文の適用についても、米軍占領下はもとより本土へ復帰した後も、本土から無視されつづけている。そのひとつ、第八章第九五条「地方自治特別法」に関する条文はつぎのとおりである。

一の地方公共団体のみに適用される特別法は、法律の定めるところにより、その地方公共団体の住民の投票においてその過半数の同意を得なければ、国会は、それを制定することができない。

議会制民主主義を基本とする日本国憲法のなかでは、「住民投票」を定めた異色の条文である。本来、普通の法律案は衆参両院で可決したとき法律となるが、この特別法の場合は、衆参両院の議決の後に「住民の投票においてその過半数の同意」が必要になる。そこで、その手続きを定める地方自治法は以下のようである。

第二六一条　一の普通地方公共団体のみに適用される特別法が国会〔中略〕において議決されたときは、〔中略〕議長〔中略〕は、当該法律を〔中略〕内閣総理大臣に通知しなければならない。

② 前項の規定による通知があったときは、内閣総理大臣は、〔中略〕総務大臣に通知し、総務大臣は〔中略〕五日以内に、関係普通地方公共団体の長に〔中略〕通知する〔後略〕。

③ 前項の規定による通知があったときは、関係地方公共団体の長は、その日から三十一日以降六十日以内に、選挙管理委員会をして当該法律について賛否の投票を行わしめなければならない。

条文中に「地方公共団体」とあるが、それらは多くの場合「地方自治体」あるいは「自治体」を呼称としているので、ここではそれをもちいる。また、同条文中の「普通地方公共団体」とは、「都道府県・市町村」の自治体の総称である。

特別法が施行・実施された事例は、一六件ある。最初におこなわれたのは、一九四九年の広島と長崎であった。それはたしかに原爆投下によって壊滅的な被害をうけた自治体である両市が、市独自で復興建設をすることは不可能であり、そのためには国レベルの法律による復興再建が必要で、その意味では地方自治特別法こそ必要であったろう。それぞれの法律は「広島平和記念都市建設法」「長崎国際文化都市建設法」と呼ばれ、住民投票の投票率は、広島市で六五・〇パーセント、長崎市で七三・五パーセントという高率であった。

ところがその翌年には、観光都市が名乗りを上げ、「別府国際観光温泉文化都市建設法」「熱海国際観光温泉文化都市建設法」とつづく。住民投票の投票率は別府市が七九・八パーセント、熱海市が六〇・四パーセントであった。その後も、観光や温泉がすべてではないが、かなりの観光・温泉市が名乗りを上げ、翌々年の一九五二年までつづくが、これを最後にその後はまったく制定されず、一九七二年の沖縄返還まで「忘れられた法律」であった。

なぜ公用地法が登場したのか

沖縄返還の一九七二年以前は、軍用地は米軍による命令によって強制使用されていたが、返還後は日本の法律が適用されることになり、元の土地所有者に返されることになる。所有の形態は、国有地、公有地、私有地が各三分の一ずつであったようである。国・公有地は米軍が引き続き使用する場合が多かったようであるが、私有地はそうはいかない。長年にわたって米軍によって安い賃料で強制使用されてきたのだから返還してほしい、という土地所有者（地主）がいても不思議ではない。

一方、日本政府には、日米安保条約上で米政府が必要とする軍用地を「提供」する義務がある。そこで政府は返還前の軍用地を地主と交渉して引き続き米軍が使用可能の状態にしなければならない。返還当初は、私有地を有する地主は約二万五〇〇〇人であったが、そのうち返還直前の時点で約三〇〇〇人が政府との契約を拒否する意思をもっていたという。(6) 政府にとってこれは一大事であり、米国に対し日米安保条約上の義務が果たせなくなる。そこで沖縄だけに適用される公用地法、正式には「沖縄における公用地等の暫定使用に関する法律」が登場する。「公用地」法とはいえ、公用地はほんのわずかで、米軍用地が九九パーセントであったという。公用地法では、沖縄返還後も日本政府が米軍用地を一方的に継続使用できることとし、地主との契約が成立しない場合にも、日本政府が五年間強制使用することを可能にする法律として登場することになった。

地方自治特別法に対する政府の憲法解釈

さきの一九五二年までに成立した地方自治特別法の後にも、特別法のための法案はいくつか上程された。しかし、これらの法案はいずれも成立しなかった。法案審議の過程で政府が示してきた九五条の「地方自治特別法」の法解釈は、おおむねつぎのようであった。

まず、特別法の対象になるのは、単に漠然とした「地域」ではなく、「地方公共団体」(地方自治体)であること。つまり、都道府県・市町村という地方自治体が対象であり、いまだ地方自治体として政府に認められていない、あるいは単なる「地域」にすぎない場合は含まれていないこと、である。

つぎに、国・政府が特定の地方公共団体に対する組織・運営に特例を設ける必要があると判断した場合であること、である。「組織・運営」とは、自治体として特別な組織改編をし、それにもとづく運営をおこなう必要がある場合である。たしかに、すでに制定されている法律は、いずれも国が地方自治体に対して特別な利益・恩恵をあたえる法律であったことからもわかるように、特別法を提起する主体は国であり、自治体の住民は投票することを受け入れ、利益や恩恵をうけうる対象であった。そのために、上記の地方自治法二六一条からもわかるように、特別法は政府の手続きを経ておこなわれ、特別法を実施する主体は政府であり、自治体を経由して住民がその賛否を表明するのであり、住民投票はその客体であるにすぎないと判断された。

さらにそのさいの特別法は、地方自治体の組織あるいは権能に制約をあたえるものでなければならないとしている。つまり、単に自治体という地域、あるいはその住民に関わるのでなく、「地方公共団体の組織あるいは権能」に関わる対象でなければならないということである。

こうした政府解釈を前提にすると、沖縄の公用地法は、たしかに沖縄県の地方自治体に関わるが、その自治体の「組織あるいは権能」に関わるものではなく、軍用地地主に関わるものであり、特別法に該当しないということになる。憲法学者の佐藤功《いさお》は、公用地法と憲法上の地方自治特別法との関係をつぎのように述べている。公用地法は「沖縄県という地方公共団体そのものを対象とし、その組織・権能・運営について特例を定めたものではなく、沖縄県という地域を押さえてその地域における国の行政・施策についての特例を定めるものであるからであ」り、したがって「特別法に該当するものではない(7)」。

政府解釈に対する批判

憲法九五条があるにもかかわらず、国会で公用地法がさしたる反対もなく通過した背景には、単に沖縄を差別するなどということ以前に、憲法制定以降の地方自治への無理解・無頓着があったといわざるをえない。憲法九五条は、憲法の「第八章　地方自治」の四ヵ条のうちの一条を構成している。地方自治法はその冒頭で、地方自治体は「住民の福祉の増進」と「行政を自主的かつ総合的に実施する」役割を担うと定めており、地方自治の目的は、自治体の「住民自治」と「団体自治」であるとしている。

そうであれば、地方自治特別法は、自治体が法案を起草し、一定の条件の下で国会に上程され、国会の承認を得て、住民投票にかけられるという手続きを踏むべきであったといえよう。なぜなら現行の地方自治法では、住民が投票をつうじて反対しそうな法案は、地方自治特別法として提出できないからである。地方自治とはそもそも、当該住民の意思を尊重するという理念にもとづいているはずである。

これはまた、日本の民主主義のあり方に対する根源からの問いかけともいえよう。憲法学者の加藤一彦は、「日本国憲法が、代表民主制を基本としつつ例外的に直接民主主義的制度を設けているが、地方自治の場面で国が直接民主制を積極的に利用し、地方自治を確立させようとする意図は、今日まで認められない。むしろ内閣は、地方公共団体がそれぞれ地方自治法に従い地方自治を国の法律の枠組みの中で運営されることに限定化し、国の業務部面においては、国の支配力を留保させてきた」(8)と指摘している。

つまり、憲法の「第八章　地方自治」の理念からみれば、そもそも憲法の理念にもとづいた地方自治法の改正と政府解釈の変更が求められたことは当然であった。日米安保条約も、安全保障政策も基地用地の提供も、すべては「国の権限」であることは疑うべくもないが、それは基地全般を意味するのではなく「基地用地の提供」に限られる。したがって、基地のかかえる問題すべてが「国の権限」であるわけではない。住民の健康や安全な生活、環境の保持、それらが地域住民の権限であることは当然であろう。

公用地法とその後の法制度

公用地法は五年を期限として強制的な「暫定使用」を政府に認めてきた。政府はこの間、政府が土地を使用することを認めない三〇〇〇人の反戦地主に、政府の使用を認めさせるために、軍用地の使用料（土地代）の値上げをおこなって、地主が政府側に「寝返る」方策に全力を挙げた。たしかに、地代はこの五年間で約六倍近く値上がりしたといわれる。政府は金で「安全保障」を買ったともいえよう。

それによって、政府に土地使用を認めて「寝返る」地主が現われたことは確かだった。それはまた「寝返る」ことによって隣近所どうしが、あるいは家族どうしが諍いを起こし、いがみ合い、仲たがいし、家族と地域の分裂を深めさせたことはいうまでもない。ここでは「安全保障」によって、住民に対して安全保障の対極にある不安と不信を植えつけたことになる。

それでも、期限の一九七七年までに、かつての反戦地主の六分の一、つまり約五〇〇人の反戦地主が政府との合意を拒否した。(9)そこで政府は、期限が切れる一九七七年までに公用地法に変わる新法をつくらなければ、米国に軍用地を提供できなくなる。こうしてつくられたのが「地籍明確化法」であった。

これは、本土ではおよそ考えられない法律である。沖縄は沖縄戦の後、住民の土地が廃墟と化したばかりか、上陸してきた米軍によって軍用地にされ、周囲をバラ線で囲まれ、自分の土地がどこにあるか、地籍〔位置境界〕が明確化できない状態になったまま、本土復帰までの二七年間を過ごした。地籍を明確化することは、住民にとっては必須のことであった。そこで政府は、その地籍明確化法の附則で公用地法をさらに五年間、一九八二年まで延長することを定めたのである。

しかしそれでも反戦地主はなくならなかった。そこで、一九八二年に「駐留軍用地収用特措法」を沖縄の米軍用地に適用することにした。しかしこの特別措置法は、本土では六〇年代以降一度も使われてきていない。だが沖縄では、公用地法による「暫定使用」はもはや「暫定」とはいいがたく、再延長は不可能となったために、この特別措置法が事実上沖縄のみで実施され、強制使用されつづけることになったのである。特別措置法による使用は、収用委員会が決定した期限はあるが、更新をつづければ無期限である。最終的には日米安保条約で日米いずれか一方が「終了通告」をおこなえば「終了」するが、「通告」をしなければ、当然無期限使用ということになる。

この沖縄の現状を、沖縄在住の憲法学者の仲地博は「一国二制度」と捉え、つぎのように指摘した。「安保条約も地位協定も形式的には「本土」と「沖縄」に平等に適用されながら、一国二制度と表現されるような現状を生み出している。米軍土地特措法〔通称〕もまたそうである。沖縄のみに適用されるという形式をとってはいないが、事実上沖縄でのみ発動される法律である。この法律によっていわゆる反戦地主の土地を国は強制的に使用している」[10]。これは、沖縄というひとつの地域、ひとつの県に対する、日米同盟による共同の犯罪行為といえないだろうか。

2 「共通敵」なき時代の沖縄

「理念」なき日米安保

今日の沖縄では、安倍政権が辺野古の新基地建設を飴と鞭の露骨な手法で世論を切り裂きつつ、強引に推し進めようとしている。また、「米軍が「運用上の必要性」を盾に、わが物顔で沖縄の陸、空、海を動き回る状況は、復帰後45年を経ても改善されていない」とのきびしい指摘もなされる[11]。つまり、「軍事的必要性がすべてに優先する」という「ブルースカイ・ポリシー」がなお実質的に貫徹している、ということである。

こうしたポリシーが展開される背景には、北朝鮮や中国の脅威に象徴される東アジアの「緊張」が持続し深まっている、という情勢があるだろう。この脅威の問題については後に詳述するが、まず指摘されるべきは、深刻な脅威に対応するはずの日米安保体制それ自体が、表面的な「日米同盟の強化」や「深化する日米同盟」といったスローガンとはうらはらに、今や大きな転換点を迎えている、ということである。沖縄のオルタナティヴの道を探るためには、この転換の本質を把握しておくことが不可欠である。

大きな転換はいうまでもなく、トランプ米大統領の登場によってもたらされた。問題のありかは、二〇一七年一月の大統領就任演説に鮮明に示されている。そこでトランプは「米国第一」をくり返し叫ぶだけで、自由や民主主義や人権という、米国が伝統的に掲げてきた理念や価値観にいっさいふれることはなかった。『読売新聞』は、「自由、民主主義、法の支配への言及は皆無に近かった。米国の価値観の揺らぎは避けられまい」と深刻な懸念を表明した。[12] こうした懸念の表明は、トランプの米国が価値観外交や理念外交から離脱することによって、実は安保条約の存在理由そのものが根底から揺らぐのではないか、という危機感の現われであろう。

なぜなら、安保条約はその前文で「民主主義の諸原則、個人の自由及び法の支配を擁護すること」を目的に掲げているように、少なくとも建前としては、自由や民主主義や人権といった価値観を防衛するために締結されており、だからこそ自他共に「自由主義陣営」の同盟条約と位置づけられてきたからである。ところが、トランプ大統領がこうした価値観から離脱したとすれば、そもそも安保条約はなんのために存在するのか、その根本が問われることになる。

安倍首相は常套文句のように、「日米両国は共通の普遍的な価値観で深く結ばれた関係である」とくり返し、日米同盟の「不変性」を強調する。それでは、トランプ大統領とのあいだで結ばれる「共通の普遍的な価値観」とは、いかなるものであろうか。二〇一七年二月におこなわれた初のトランプ・安倍公式会談について『日本経済新聞』は、「やり残した大事な宿題がある。自由や人権といった民主主義の価値を語り合い、共有する努力だ。これがなければ、強い同盟は生まれない」と評した。[13]

問題の深刻さは、同年四月に「「アーミテージ・ナイ報告書」（二〇〇〇年、二〇〇七年、二〇一二年）のいわば日本版」として安倍首相に提出された、「より強固な同盟を目指して」と題する政策提言にも示されている。「アーミテージ・ナイ報告書」とは、レーガン政権時に国防次官補だったリチャード・アーミテージやジョセフ・ナイを軸とした米国の超党派の「知日派グループ」が冷戦終焉後の日本外交の行方に危惧をいだき、二〇〇〇年一〇月に「米国と日本――成熟したパートナーシップに向けて」とのタイトルで発表した特別報告である。ここでは、「日本が集団的自衛権を禁じていることが両国の同盟関係を制約している」と指摘されていたが、以来一貫して日本に対し〝内政干渉〟のように集団的自衛権の行使を求めつづけてきた。(14)

こうしてアーミテージたちは「ジャパン・ハンドラー」として日本の内政・外交に大きな影響力を発揮してきたが、二〇一六年の大統領選挙で反トランプの立場を鮮明にした結果、トランプ政権の誕生により彼らの存在感はほぼ消滅するにいたった。そこで、「アーミテージ・ナイ報告書」が提起した課題を日本で実現する役割を長年にわたり担ってきた日本側の有識者たちが、日米関係の深刻な事態を前に、「日本版」の政策提言をまとめ上げることになった。

この政策提言は、「富士山会合特別タスクフォース」によって提起されたもので、そのメンバーは政策研究大学院大学長・田中明彦、東大名誉教授・北岡伸一、元防衛大臣・森本敏など一二名によって構成されている。そして提言では冒頭から、米国でのトランプ大統領の登場をいかに評価するかが最大の焦点に据えられている。

つまり、「トランプ政権の誕生は、自由と民主主義にコミットし、第二次大戦後一貫して自由な政治秩序を支えてきた米国で政治理念にほとんど言及せず「米国第一」を断言するリーダーが選ばれた点で、冷戦終結後の世界秩序に最大の不確実性をもたらす出来事となった。世界中の人々や国々は、トランプ大統領が米国の根幹的な理念をも変更してしまうのではないかと固唾《かたず》を呑んで見守っている」と。(15) 事はまことに深刻である。共通の理念や価値観があるからこそ、安定した同盟関係が形成され維持される。仮に「米国の根幹的な理念」が変更されるならば、米国が取り結んできた同盟諸国との関係は崩壊の危機にさらされるであろう。より具体的にいえば、同盟関係が形成されるためには「共通敵」の存在が前提となるが、「政治理念」の放棄は「共通敵」の不在をもたらすことになる。

「共通敵」不在の背景

たしかにトランプ政権の外交は、基軸となる理念や戦略的な構想を欠いたまま揺れ動いているかのようである。たとえば、シリアのアサド政権であれNATO（北大西洋条約機構）であれ、あるいは北朝鮮の金正恩であれ、その評価が一八〇度変わる事例は枚挙にいとまがない。また、「場当たり的」な外交の一つの象徴である「エルサレム首都認定」については、米誌『ニューズウィーク』が「支持率のみを気にして、まったく利己的な理由から重大な決定をしてしまう」とさえ評した。(16) いずれにせよ、トランプ外交にあっては、同盟関係を成り立たせる前提としての「共通敵」そのものが存在せず、そこで重視されるのは、なによりも「取引」（deal）であり、パフォーマンスに偏した「損得外交」である。

それでは、トランプ外交に示される「共通敵」の不在という問題は、トランプのきわめて個性的な性格によってもたらされたものであろうか。問題の本質は、より歴史的で構造的なものであろう。翻ってみれば、一九八九年の米ソ冷戦の終焉と湾岸戦争を経た九〇年代から二一世紀にかけての時期は、学界においてもメディアにおいても「帝国論」が一世を風靡した。つまり、冷戦に勝利した米国が支配する世界を、古代ローマ帝国を越える史上最大の帝国とみなし、その歴史的位置づけや「帝国システム」のメカニズムなどが論壇を賑わした。

しかし、古代ローマとは異なり「アメリカ帝国」の寿命は長くはつづかなかった。二〇〇一年に開始されたブッシュ・ジュニア大統領によるアフガニスタン戦争につづく〇三年のイラク侵攻は、安保理でのフランスの拒否権行使に示されたように「西側陣営」でも亀裂を生みだし、ブッシュによる「十字軍」発言が触媒となって国際情勢は「文明の衝突」の様相を呈し、やがてアフガン・イラク両戦争は泥沼化するにいたる。かくして、軍事的にも財政的にも国際世論においても「アメリカ帝国」の基盤が急速に失われていく事態となった。

他方で、冷戦の終焉以来進みはじめたグローバリゼーションの流れは、負の側面をかかえつつも、新興諸国のいちじるしい経済成長を促すこととなり、これら諸国の発言権も重さを増すこととなった。こうした趨勢を象徴するのが、国際社会におけるG7の存在感の喪失とG20の重要性の増大である。さらに、国際情勢にもっとも大きな影響をおよぼすことになったのが、中国の急速な「大国化」であろう。「世界の工場」から「世界の市場」へ、さらには「世界進出」へと中国は急激なテンポで駆け上がり、二〇一七年一〇月の共産党大会では、将来的に「総合的な国力と国際的影響力で世界の先頭にたつ国家になる」と宣言するにいたった。こうした世界レベルでの拡大にともない、周辺領域では領土や主権の問題で強硬路線をとって摩擦を引き起こす一方で、「グローバルな空間では各国と協調関係」を築くように努力するという、「中国の対外姿勢の空間的な相違」がもたらされた。[17] この「空間的相違」が主要諸国の対中評価の多様化をもたらすことになる。

以上の検討を踏まえてあらためてトランプ外交をみるならば、それが孤立主義か介入主義かといった議論以前の問題として、トランプ外交をなにより特徴づけるものが「共通敵」の不在にある、と捉えるべきであろう。そして、この「共通敵」の不在は、右にみたように決してトランプの個性だけから発するものではなく、歴史的で構造的な背景を有している。とすれば、米国社会の深刻きわまりない亀裂と分断を背景にトランプが登場した以上、彼が失脚して新たな大統領が就任することがあっても、問題の本質は大きく変わることはないであろう。

ここで重要なことは、実は安倍首相の外交自体も、右のような問題を孕んでいることである。その典型的な例が彼の対露外交であろう。そもそも安倍外交の一枚看板は、「力づくで国際秩序を変えることは許されない」「法の支配に基づく国際秩序」というものである。ところが、二〇一四年三月にロシアはクリミア半島をロシア兵制圧下の住民投票によって強引に編入する宣言をした。この編入は明らかに、既存の国際秩序を力づくで変更したものである。だからこそ、安倍首相は「ウクライナの主権・領土の一体性を侵害した」ときびしく非難し、日本や欧米諸国は「国際法違反」と断じて経済制裁に乗り出したのであった。

ところが安倍はプーチン大統領を「信頼できる指導者」と呼び、先進諸国の首脳のなかでももっとも頻繁にプーチンと会談を重ね、二〇一六年一二月の首脳会談では、北方領土における共同経済活動の推進で合意するにいたった。この合意は実質的には、クリミア併合を不問に付すものであり、現にアレクサンドル・パノフ元駐日ロシア大使はこの首脳会談について、「経済分野での数々の合意に達したことは、ロシアにとって大きなプラス。これは、日本が対ロシア制裁のレジームから抜け出たことの証明」と、安倍首相が〝制裁破り〟に踏みきったことを高く評価した。[18] 国際秩序を力づくで変更する行為を「既成事実」として黙認する右のような日本の対露外交を、おそらくは密かにほくそ笑んで凝視しているのは、他ならぬ中国であろう。

目を転じて欧州諸国からすれば、クリミア併合は「ロシアの脅威」をまざまざとみせつけるものであった。バルト三国は軒並み国防費をGDPの二パーセントに増大させ、スウェーデンは二〇一〇年に廃止していた徴兵制を復活させることを決定した。いずれも、ありうべきロシアの侵攻に備えるための対応策である。これら諸国や欧州からみれば、北方領土問題をかかえているとはいえ、なぜ〝秩序破壊者〟のロシアを「共通敵」として位置づけないのか、という強い批判を日本に向けざるをえないであろう。

沖縄の立ち位置

さてあらためて、沖縄の今後を展望するにあたっては、以上にみてきたような「共通敵」の不在という今日の国際情勢の特質を踏まえておくことが肝要であろう。ところで、本節の冒頭で述べたようにトランプの大統領就任演説では、自由や民主主義や人権という、米国が掲げてきた基本的な価値観や理念はまったく語られることはなかった。しかし考えてみれば、これはある意味、問題の本質が浮きぼりにされたといえよう。

長い冷戦時代を振り返ると、実は米国は中東でもアフリカでも中南米においても、およそ自由や民主主義や人権とは無縁の独裁体制や抑圧体制であっても「反共」であれば支援してきた。アジアでは、米国が同盟関係を結んだ韓国もフィリピンも台湾も、さらには東南アジアの多くの国々も、独裁体制であった。そして沖縄である。右の独裁諸国は事実上米国の庇護下にあったとしても、一応は主権国家であるが、沖縄は憲法も国籍も奪われた軍部支配の植民地であった。つまり、自由や民主主義や人権が米国の掲げる顕教であるとすれば、抑圧体制や独裁体制の支持は密教であった。とすれば、トランプの大統領就任演説は、いわば〝虚飾〟としての顕教をかなぐり捨て、米国外交の隠された本質を露わにしたものといえよう。くり返すならば、戦後の沖縄の歴史とは、まさにこの米国の密教が展開された歴史であった。

ただ、今日の沖縄を捉えなおすにあたって、沖縄世論の動向を注視することは重要である。たとえば、復帰四五年となる二〇一七年五月一五日を前にＮＨＫがおこなった世論調査によれば、「沖縄に米軍基地があること」について、復帰後生まれの四五歳未満の世代では、「必要だ」「やむをえない」を合わせると六五パーセントで、「必要でない」「かえって危険」の三〇パーセントを大きく上回った。ちなみに、四五歳以上の世代では、それぞれ四二パーセントと五三パーセントであった。(19)

沖縄の復帰後世代の多数が米軍基地を〝容認〟する背景としては、生まれてから当然のごとく生活の身近にある〝存在〟そのものという側面とともに、政治的な問題として考えられることは、これら世代にとっては、米軍基地がもたらす「脅威」よりも、北朝鮮や中国の脅威のほうが差し迫ったものと捉えられているのかもしれない。連日にわたって内外で喧伝される北朝鮮や中国の脅威に対応するためには、軍事的・地政学的に沖縄に存在する米軍基地が「抑止力」として重要な意味をもっている、と認識されているのではなかろうか。

そうだとすれば、沖縄の今後を展望する場合、北朝鮮や中国の脅威とはいかなるものであるかを掘り下げて検討しておくことは、不可欠の作業であろう。それはまた、日米両政府が沖縄を軍事拠点として維持しつづけるにあたって東アジアにおける脅威と緊張の存在を最大の口実として使っている以上、なにより重要な課題であろう。

北朝鮮の脅威

それではまず、もっとも差し迫った脅威とされる北朝鮮のミサイルと核の脅威について検討していこう。北朝鮮は二〇一七年九月に広島原爆の一〇倍超にも達する「水爆実験」を実施し、同年一一月には米国全土を射程内におく新型大陸間弾道ミサイル（ICBM）の発射実験をおこなった。かくして米政権にあっては、北朝鮮は二〇一八年にも「米本土を狙うICBMを実戦配備する」との判断を固めている。[20]

それでは、なぜ北朝鮮は核開発・ミサイル開発に血道を上げるのであろうか。その「意図」をめぐり具体的な諸問題に立ち入る前に、まず明確にしておくべきことは、おそらく北朝鮮の国家体制は、戦後世界でもっともおぞましい体制の一つであり、仮に恐怖政治の象徴のような金正恩政権が崩壊し強制収容所の実態が明らかになれば世界は震撼することになるであろう、ということである。とはいえ他方において、北朝鮮は一六〇カ国以上の国々と国交を結び、現に国連加盟国である。そこで、こうした現実をも踏まえ、一つの「主権国家」として、北朝鮮の行動原理を検討することとする。

これはまた、金正恩を「狂人」(トランプ大統領)として扱わないことを意味する。なぜなら、仮に金正恩を、自爆攻撃も辞さず「失うものは何も持たない」ようなイスラム過激派とおなじレベルと見なすならば、核抑止も含めていっさいの抑止論は成り立たないからである。そもそも抑止(deterrence)とは「脅して止めさせること」であって、相手側が脅しを脅しとして判断する「理性」をもっていることを前提とする。したがって、「理性」をもつ以上は交渉の対象になりうるのである。[21]

さて、そもそも北朝鮮は核開発の大前提として、いわゆる「六者」において自国だけが〝核の空白〟であるという意識に苛まれてきた、ということができる。つまり、「六者」のなかで米露中の三カ国は、いうまでもなくNPT体制のもとで核保有が認められた国々である。また、日本と韓国は米国の「核の傘」のもとにある。要するに、これら五カ国はみずからの安全保障を、最終的には「核の抑止力」によって担保している。

とすれば、なぜ北朝鮮だけが「核抑止」によってみずからの防衛を確保しようとすることが阻まれねばならないのか、という論理になる。つまり、北朝鮮に完全な〝核の放棄〟を迫るのであれば、日本や韓国も米国の「核の傘」から離脱せねばならない、という論理である。

そのうえで北朝鮮に核開発の重要性を再認識させることになったのが、二〇〇三年三月のブッシュ・ジュニア米政権によるイラク攻撃であった。この米国の侵攻であえなくフセイン体制が崩壊したのは「核を保有していなかったからだ」という重要な〝教訓〟を北朝鮮は引き出すことになった。さらに、同年末にリビアの指導者カダフィは「核兵器・化学兵器計画放棄」を宣言したが、金正日が死去する二カ月前の二〇一一年一〇月にカダフィは反政府勢力によって殺害されるにいたった。「リビアは核開発を放棄したから体制崩壊した、との思いが金委員長には強い」と指摘されるように[22]、金正日を継いだ金正恩にとっては、体制維持のためにも核開発を急ぐことは至上の命題となった。

それでは、核実験をくり返し、さまざまなレベルでのミサイル実験の頻度を上げている背景には、いかなる具体的な目標があるのだろうか。北朝鮮問題の専門家である金東葉《キムドンヨプ》・北韓大学院大学教授は、「米国との対話にむけて米国が望む枠組みに引きずられることなく、主導権を握りたいとの意図が見える」と指摘する[23]。「米国との対話」とは、一九五三年の休戦協定を平和協定とし、米朝間での不可侵体制を構築していくための交渉を意味している。金正恩にあっては、この交渉で「主導権」を握るためのもっとも重要なカードこそが、核搭載可能なＩＣＢＭの開発である。

ここで金正恩が依拠しているのは「最小限抑止」の論理であろう。この論理は、一九五〇年代末から核開発を進めたフランスのドゴール大統領が依拠したもので、相対的に小規模でも非脆弱的な核戦力さえ保持していれば、大国であっても中小国を攻撃することを躊躇するので抑止力が機能する、という論理である。具体的には、たとえばソ連がフランスに攻撃を仕掛けようとした場合、フランスがわずか数基であってもモスクワなどソ連の主要都市を確実に破壊できる核戦力さえ保持していれば抑止力が効いてソ連の攻撃を抑えることができる、ということである[24]。

北朝鮮がなりふり構わず獲得しようとしているものこそ、この「最小限抑止力」であろう。考えてみれば、〝敵対関係〟にある米国が北朝鮮そのものを壊滅させるＩＣＢＭを多数配備している以上は、対抗するＩＣＢＭを獲得しようとするのは「軍事的合理性」からして当然の結論であろう。しかし米国からすれば、北朝鮮によるＩＣＢＭの獲得は、レッドラインに位置づけざるをえない。

それでは米国は、北朝鮮に先制的な軍事攻撃をかけ金正恩体制を崩壊させるという道を選択するであろうか。皆無とはいえないが、第二次朝鮮戦争ともなるこの軍事的な選択に踏みきれば、最終的な勝利はまちがいないであろうが、戦場になる韓国や攻撃対象となる日本も含め、「信じられない規模の悲劇」（マティス国防長官）を覚悟せねばならない。しかも、この「悲劇」には、「文明生活の破壊」をもたらすとも指摘される電磁パルス攻撃さえ登場することも予想される。まさに、北朝鮮による究極の「弱者の恫喝」に他ならない。

なぜパキスタンなのか

以上のように見るならば、何らかのかたちでの米朝「極秘」交渉がおこなわれ、何らかの〝妥協〟が図られる可能性も否定できないであろう。この点について、韓国の国立外交院院長を務めた尹徳敏《ユンドクミン》教授は、「北朝鮮が「ＩＣＢＭを放棄できる」と話し、（開発を）凍結する一方で「我々の核能力をそのまま黙認してほしい、米国とは戦略的関係で平和協定を締結しよう」という取引を提案するシグナルを送れば、トランプ大統領が交渉を開始する可能性がある」と指摘する。(25)

核開発の歴史を振り返れば、こうした「取引」は、北朝鮮をイスラエルやインド・パキスタンとおなじ地位におくことを意味している。現に、米ハドソン研究所政治軍事分析センター所長のリチャード・ワイツは北朝鮮の〝挑発的行動〟の狙いについて、「北朝鮮の望みはインドやパキスタンのように核兵器保有国として受け入れられること」と指摘する。おなじく、右の尹徳敏教授も、「北朝鮮は、米本土まで攻撃できる核・ミサイル能力を放棄する代わりに、パキスタンのように既存の能力は黙認してほしいという立場をとり、米国と平和協定を結ぼうと要求するだろう」と、パキスタンを例として挙げる。(26)

それでは、なぜここでパキスタンが問題となるのであろうか。実はパキスタンは一九九八年五月下旬、相次いで六回の核実験を強行したが、その理由は、その二週間前におこなわれたインドの核実験に対抗する「自衛の手段」を確保する、ということであった。これに対し、安保理は翌六月、全会一致で両国への非難決議を採択し、米国や日本は経済制裁に踏みきった。ところが、二〇〇一年に入りブッシュ・ジュニア政権が発足し、九月一一日の同時多発テロに直面すると、タリバンが支配するアフガニスタンへの戦争を遂行するうえで「安全保障上の利益にならない」との理由で、同政権は同月二二日にインド・パキスタンに対する制裁の解除に踏みきった。このさい、とくにパキスタンは米国によるアフガン侵攻の拠点として軍事的にきわめて重要な位置を占めていたため、米国は日本の小泉純一郎政権に圧力を加え、結局日本も、同月下旬には制裁を解除し、パキスタンには経済援助さえ実施することになった。

こうした経緯を経て国際社会は、NPT（核不拡散条約）に加盟していないインドとパキスタンの核保有を、事実上認めることになった。これは、一九七〇年にNPT体制が発足した時点から、体制外であるにもかかわらず〝黙認〟されてきたイスラエルの核保有につづくものであった。ちなみにイスラエルは、「核施設を国際原子力機関の保障措置のもとにおくこと」を求めた一九八一年六月の安保理決議を一貫して無視してきたのであり、それがイランの核開発を促すことになった[27]。

つまり北朝鮮は、NPT体制がかかえこんできた以上のような矛盾を正面から突いているのである。それでは国際社会は、「パキスタンのように核保有国として黙認して欲しい」との北朝鮮の要請に、いかに応えることができるであろうか。言うまでもなくパキスタンは、カーン博士のもとで世界中に核兵器の製造技術や関連物資の拡散がおこなわれた「核の闇市場」の拠点であり、北朝鮮の核開発をも援助したとされる。さらに国内にはタリバンなどテロ組織が跋扈し、テロリストによる「核の入手」がもっとも懸念される国となっている[28]。とすれば、こうしたパキスタンの核は容認されるが北朝鮮のそれは許されない、という理由をどこに求めることができるのか、という問題になってくる。

以上のようにみてくれば、尹教授が指摘するICBMの凍結と米朝平和協定という「取引」の可能性を排除することはできない。しかしこの「取引」は具体的には、「米本土に届かない短距離弾道ミサイルに載せる核は黙認することを意味」しているわけであり、韓国や日本にとって悪夢そのものである[29]。それでは、米国が北朝鮮を事実上の「核保有国」として認知する場合、日本はいかに対処すべきであろうか。果たして、ミサイル防衛体制のさらなる強化や敵基地攻撃能力の獲得といった、数年もの時間を要する対応策が効力をもつのであろうか。日本が取るべき基本戦略については、後にくわしく論じたい。

「尖閣問題」とは何か

中長期的にみて、東アジアにおいて中国の脅威をいかに捉えるかは、もっともむずかしい問題である。たとえば、二〇一七年一月のダボス会議にはじめて参加した習近平主席が保護主義に反対して「経済のグローバル化」を推進していく必要性を強く訴えたり、あるいはパリ協定を全面的に履行していく立場を表明したり、さらには同年一一月のAPEC（アジア太平洋経済協力会議）では「多国間貿易システムの支持」を強調するなど、今や中国はトランプの米国に代わって、あたかも世界のリーダーの役割を引き受けたかのような印象を内外に生み出している。だからであろうか、新植民地主義との批判も絶えず、「民主主義抑圧の拡散」とも警戒される中国の一帯一路構想について安倍首相でさえ、「洋の東西、そしてその間にある多様な地域を結びつけるポテンシャルを持った構想だ」と評価し、条件が整えば「協力」していく姿勢を表明した。(30)

以上のように、中国が国際的な存在感を高めているとはいえ、日本をはじめ東アジア諸国のあいだで中国脅威論がきわめて根ぶかいことも現実である。問題のありかを図式的に描くならば、中国は長く大陸国家であったが、一九七〇年代末以降の改革開放路線によって急激な経済成長を遂げた結果としてのエネルギー資源の需要増大、成長にともなう内部矛盾のはけ口としての領土ナショナリズムの鼓舞、米国による中国包囲の海洋戦略の打破、などの諸要因を背景として「海洋強国建設」の道に踏み出したが、海をめぐる国際社会のルールに〝習熟〟していないために、周辺諸国と摩擦を引き起こすにいたった、ということであろう。こうした中国の海洋進出において、日本が直面するもっとも深刻な脅威は、いうまでもなく尖閣問題である。しかも、この尖閣諸島をめぐる日中間の緊迫した情勢が、沖縄への〝軍事的しわ寄せ〟の格好の口実とされている。

さて尖閣諸島については、トランプ政権が、米国の日本防衛義務を定めた安保条約第五条の「適用範囲」であると言明し日本政府が「ひとまず安心」と胸をなで下ろした、という評価が一般的である。しかし、こうした応答は、問題の表層にすぎない。問題のありかを端的に指摘すれば、尖閣問題とは日本外交の「敗北」を意味している、ということなのである。

そもそも米軍が沖縄を支配していた時期に、尖閣諸島は久場島と大正島が射爆撃の演習場に設定されたように、米軍によって沖縄の一部と位置づけられていた。ところが六〇年代末に尖閣諸島の周辺に海底資源があるとの国連機関の報告書が出されると、中国や台湾は突如みずからの領土であるとの主張を始めた。そのため米国は、台湾との安全保障関係や米中和解の前夜といった状況を背景に、尖閣諸島の日本返還を認めるが「主権のありかについては当事者間で解決すべきであり、米国はいかなる国の主張も支持しない」という〝中立の立場〟を打ち出したのである。

つまり米国は沖縄返還にあたって、尖閣問題とは「領土問題である」との立場を鮮明にした。これは、「固有の領土」という日本の前提を真っ向から否定するものであり、本来なら日本政府はこうした米国の立ち位置を撤回させるために総力を注ぐべきであった。なぜなら中国や台湾は、米国の右のような立場を最大の拠りどころとして、自己の主張を展開しているからである。

しかし、結局のところ日本側は米国を「説得」することに失敗してきた。あるいは、より正確にいうならば、田中角栄政権以来の歴代の日本政府は、この〝現実〟を受け入れて尖閣問題を事実上「棚上げ」にする、という立場を取ってきたのである。ところが二〇一二年にいたり、石原慎太郎・東京都知事が突如として「東京都が民間所有の尖閣諸島を買い上げる」との方針を、都議会ではなく、米国のタカ派のシンクタンクにおける講演でぶち上げた。「日本固有の領土」を声高に叫びながら、米軍管理下にあって日本人の立ち入りが禁じられている久場島は買い上げ対象から外すという〝腰砕けぶり〟をさらしながらも石原が企図したものは、「支那が怒る」ような事態を生み出し、日中間で「軍事紛争」を引き起こし、そこに米国を〝巻き込む〟という構図であった。(31)

この石原のパフォーマンスは日本世論に「領土ナショナリズム」の機運を盛り上げることになり、結局のところ当時の野田佳彦・民主党政権は、尖閣諸島の「国有化」という道を選択するにいたった。これを奇貨として、中国の側は「反日ナショナリズム」を煽りたて、日中関係は最悪の状況を迎えることになった。二〇一二年九月におこなわれたこの「国有化」がターニングポイントであったことは、それ以前の一年間に中国船が尖閣諸島の領海を侵犯した日数がわずか三日であったのに対し、その後の一年間で二〇倍に跳ね上がった、という数字に鮮明に示されている。

かくして、この「国有化」を機に日中関係は尖閣諸島をめぐって今日にいたるまで緊迫した事態に直面しているが、問題の〝元凶〟はどこにあるのだろうか。「国有化」がおこなわれてから八日を経過した二〇一二年九月一八日、米紙『ウォール・ストリート・ジャーナル』は、「今日の日中両国の対峙状況は、日本の指導的ナショナリストである石原・東京都知事によってもたらされた」「彼は尖閣の購入が北京に対する挑発となることを知っていた」と鋭く指摘した。

また、ブッシュ政権下で東アジア担当の補佐官を務めたマイケル・グリーンも、オバマ政権下で東アジア担当の国務次官補を務めたカート・キャンベルも、問題の「引き金」に先に指をかけたのは日本側である、と認識していた。だからこそ、内部告発サイト「ウィキリークス」が公開した記録によれば、「国有化」当時の国務長官ヒラリー・クリントンは二〇一三年二月に職を辞した後の非公式の講演会で、尖閣問題について「中央政府に行動を強いた日本の国粋主義者によって悪化した」と発言していた。つまり、「中央政府」（野田政権）に尖閣諸島の国有化という「行動を強いた」のは「日本の国粋主義者」の石原慎太郎であり、これによって「中国を直接的に挑発」し緊張を高め事態を「悪化」させた、というのがクリントンの認識なのである。[32]

以上のようにみてくるならば、「米国第一」のトランプならずとも、人も住まない岩礁のために中国と戦うことに踏みきる米国の政権など、事実上ありえないであろう。とすれば日本が取るべき道は、「唯一無二の同盟国」であるはずの米国でさえ、日本の「固有の領土」論を認めず尖閣問題は「領土問題」であるとの立場にたっていることを踏まえ、中国とのあいだで資源や漁業問題はもとより危機管理問題で具体的な交渉に入ることであろう。こうして、「挑発者」によってもたらされた危機を乗り越える方向に踏み出すことこそが、沖縄の「軍事負担」を減少させるという「負担軽減」策のもっとも重要な道筋であろう。[33]

仲裁裁判所の判決の意味

中国が「ルールに基づく秩序を阻害している」（マティス米国防長官）ことによって地域全体の脅威と目されているのが南シナ海の問題である。南シナ海では、中国、台湾、フィリピン、ベトナム、マレーシア、ブルネイがそれぞれ一定数の島や岩礁を実効支配して領有権を争ってきた。中国とブルネイを除く四つの国々は、かねてよりみずからが実効支配する岩礁の埋め立てをおこない飛行場なども造ってきたが、いわゆる「九段線」を掲げて南シナ海全域への主権の存在を主張する中国は、二〇一四年頃から南沙諸島にある七つの岩礁の本格的な埋め立てを開始した。

これに対しフィリピンは、中国の主張と埋め立てに法的根拠がないと常設仲裁裁判所に訴えを起こしたが、二〇一六年七月に判決が下された。まず「九段線」については、中国の権利主張は海洋法条約に反しているとの判断が示されたが、右の判決の眼目は、同条約にもとづいて「島」をめぐる解釈を詳細に検討していることにある。この検討を経て判決は、南沙諸島には「島」が存在しないとの結論を打ち出し、中国はもちろん関係諸国はいずれも、二〇〇海里の排他的経済水域を主張できなくなった。たとえば、台湾が実効支配する太平島には千メートルを越える滑走路があり二〇〇人近い警備要員が常駐しているが、「独自の経済的生活」を維持できないとの理由で「島」とは認められなかった。[34]

こうした「島」に関する判断は、実は日本にも深刻な影響をおよぼしかねない。それはいうまでもなく、沖ノ鳥島の問題である。同島では、満潮時にも水没しない露岩は北小島、東小島の二つだけであり、明らかに「人間の居住」も、ましてや「独自の経済的生活」も不可能である。つまり、右判決にしたがえば、「沖ノ鳥島のような地形をEEZ〔排他的経済水域〕等が認められる「島」と性格付けることは容易ではありません」という結論となり、少なくとも法的には、沖ノ鳥島を拠点とした広大な排他的経済水域を主張する根拠が失われかねない。[35]

ところで、右の判決にもかかわらず中国は、埋め立てた「人工島」の軍事的要塞化を強力に推し進めている。これは明らかに「海のルール」を無視したものである。したがって関係諸国は、中国の行動を批判し地域レベルで圧力を加えていかねばならない。ところが、「力づくで国際秩序を変えることは許されない」との主張を掲げる安倍政権であるが、ロシアによるクリミア併合を事実上認めてしまっているため、説得力を欠くことは否めない。あらためて確認をしておくならば、中国がみずから実効支配していた岩礁を埋め立てて「人工島」をつくり軍事拠点化をはかることは断じて認められるものではないが、ロシアは大戦後の欧州においてはじめて、「他国」(ウクライナ)に属していた地域(クリミア)を武力を背景に併合してしまったのであるから、その強引さは極まれり、というものであろう。

他方米国は、オバマ政権の後半期になって、南シナ海における中国による「現状変更」を脅威と見なしてくり返し「航行の自由作戦」を展開したが、トランプ政権も軍部の要請がある場合には同様の作戦を時に実施している。ところが、こうした米国の立場を決定的に弱めている問題がある。それは、世界一六〇ヵ国近くが加盟している海洋法条約を、他ならぬ米国自身が先進諸国のなかで唯一批准していない、という問題である。なぜ批准しないのか。批准に抵抗している米上院の論理は、同条約は「米国の主権への受け入れがたい侵害」であること、さらに米海軍が「単独行動をとることが阻害されるから」というものである。[36]

この論理に示されているのは、戦後米国が享受してきた「例外主義」「行動の自由」などの「特別の立場」が維持されねばならない、という主張である。しかし、中国が米国の覇権に挑むほどの大国として登場してくると、米国の唱える「例外主義」や「行動の自由」は、逆に中国によって〝援用〟される恐れが出てきており、それがまさに現段階の問題なのである。とすれば、米国が中国に対して「海のルール」「普遍的な国際社会のルール」を守れと圧力をかけていくにあたっては、その前提として、米国みずからが伝統的な「特別の立場」を放棄し、「普遍的なルール」に服するという姿勢を明確にさせねばならない。

ところで、トランプ大統領の補佐官で対中強硬派として知られるピーター・ナヴァロはその著『米中もし戦わば』（文藝春秋、二〇一六年）において、海洋戦略を推し進める中国と米国とのあいだの戦争の可能性について、多角的かつ詳細に論じ大きな反響を呼んだ。しかし、トランプの現実の対中外交は、後でくわしく述べるように、なによりも「損得」を軸に動いている。[37]

ちなみに、二〇一七年の中国共産党の党大会で改正された党規約に一帯一路構想の推進が盛りこまれた。そもそも対外関係をともなう政策を党規約に明記することは異例であるが、ここには「ユーラシアを制する者が世界を制する」という古典的な命題を追求する中国の執念が見いだされる。つまり、英紙『フィナンシャル・タイムズ』も「中国は東方に関心を向けているというより、西への関心を深めている」と指摘するように、中国の大戦略は台湾問題をかかえつつも「西に向かう」ところに照準を定めているのである。[38]

東アジアをめぐる軍拡競争

以上のような国際情勢の不安定化と緊張の高まりを背景に、軍拡競争に拍車がかかっている。まずなによりもトランプ政権は二〇一七年三月に、二〇一八年会計年度の予算案として、前年比一〇パーセント増の六〇三〇億ドル（当時で約六七兆円）という「歴史的な国防費拡大」「米国史上最大の軍備増強」を打ち出した。この国防予算は、二位の中国以下一〇カ国の合計に匹敵する巨額である。

しかし、米シンクタンクの外交専門家が「確固たる戦略があるようには見えない」「真の意味で米国を強くするとは思えない」と指摘するように、明確な軍事・外交戦略にもとづいた国防費増大というよりも、軍需産業の利害と雇用の問題が大きな比重を占めているのであり、サウジアラビアとのあいだで一二兆円規模の武器売却の契約を結んだように、兵器輸出の飛躍的な拡大こそがトランプ政権の主たる目標といえるであろう。(39)

東アジアでは、北朝鮮と対峙する韓国の文在寅《ムンジェイン》政権が「自主国防」を掲げ、「任期中に国防予算を対GDP比で二・四%から二・七−二・八%に引き上げ、将来的には三%水準を目標とする」と防衛予算の大幅拡大を計画しており、原子力潜水艦を保有するために高濃縮ウランを獲得すべく、米国との原子力協定の改正に取り組む方針である。

他方で安倍政権は、国際的な共同開発を含む兵器輸出国にむけて本格的に歩み出し、二〇一四年四月の「防衛装備移転三原則」の閣議決定にさいして「紛争当事国」の定義を不明瞭なものにして、北朝鮮以外の国であれば事実上どこの国にも兵器や関連装備を輸出できる体制を整えつつある。(40)しかし、いま日韓両国を襲うのは、北朝鮮の迫り来る脅威を奇貨としたトランプ政権による兵器輸出の嵐である。

二〇一七年一一月のトランプ大統領による初のアジア歴訪は、その格好の舞台となった。トランプは訪問先の韓国で、「米国は素晴らしい軍事装備品を持っている。(韓国は)数十億ドル分の兵器を買うだろう」と言明した。韓国は、すでに導入がおこなわれているTHAADに加えて、地下施設の破壊も可能な地中貫通型爆弾「バンカーバスター」の購入を検討していたが、さらに最新鋭の偵察機や海上哨戒機なども上乗せされる見通しである。

しかし、トランプにとって最大のターゲットは日本であった。一一月六日の安倍首相との共同記者会見でトランプ大統領は、「首相は大量の（米国製）軍事装備を購入するだろう」「米国は世界最高の軍事装備を保持している。F35戦闘機でもミサイルでも（米国から買えば）米国で多くの雇用が生まれ、日本はより安全になるだろう」と述べたのに対し安倍は、「防衛装備品の多くを米国から購入している」「日本の防衛力を質的にも量的にも拡充していきたい。米国からさらに購入していくことになるだろう」と答えた。[41]

実は防衛省は、一八年度にむけて過去最大の五兆二〇〇〇億円を越える概算要求をおこなったが、そこではすでに、ミサイル迎撃態勢の強化にむけた「イージス・アショア」や改良型のSM3とPAC3をはじめ、無人偵察機グローバルホーク、最新鋭ステルス戦闘機F35、事故多発のオスプレイ輸送機など、米国からの大量の兵器購入が予定されている。もっとも、財源の問題もあるし、なにより防衛省内では「米国からの調達が増えれば国内の防衛産業が先細りとなり、装備の開発力も低下しかねないとのジレンマ」に直面するとの見方もあるという。[42]

ところで、トランプは右の会見のなかで、米国製のミサイルなどの高度な防衛装備品を安倍首相が購入すれば、北朝鮮のミサイルを「上空で簡単に撃ち落とせるであろう（easily shoot them out of the sky）」と強調した。[43] 実はこの発言にこそ、脅威が煽られる問題と軍需産業の利害という問題との関係が、鮮明に示されているといえよう。

そもそも、米国のミサイル防衛システムが北朝鮮のミサイルを「上空で簡単に撃ち落とせる」というのであれば、なぜトランプは北朝鮮のミサイル開発を、米国の安全にとってきわめて深刻な脅威と喧伝せねばならないのであろうか。仮に北朝鮮が米国本土に到達するＩＣＢＭ（大陸間弾道ミサイル）を実戦配備したとしても、「簡単に撃ち落とせる」はずなら、およそレッドラインの設定など議論の外の問題であろう。

あるいは、右の発言はトランプ一流のレトリックにすぎず、現実には「簡単には撃ち落とせない」というのであれば、それほど不確実なミサイル防衛システムを、なぜ日本は莫大な税金を投じて購入せねばならないのであろうか。現に、北朝鮮のＩＣＢＭを迎撃する米国の地上発射型迎撃ミサイル（ＧＢＩ）の迎撃実験の成功率は五五パーセントにすぎない(44)。

このように見てくるならば、問題の本質は、「当るも八卦、当らぬも八卦」といった高額の兵器を売りまくるという、軍需産業の利害にあると言わざるをえないであろう。だからこそトランプは北朝鮮の脅威を煽りに煽り、日本や韓国に大量の兵器を購入させ、米国の軍需産業の儲けを最大限にして雇用を生み出すことに、最大の目標をおいているのであろう。まさに、大統領による壮大な兵器ビジネスの展開である。

ところで、こうした米国製高性能兵器の日韓両国への売却は中国の反発を招き、地域の不安定さが増大することになるであろうが、トランプ政権は、「北朝鮮だけでなく、中国の軍事的挑発への抑止力を高めることにもなる」との判断という。これに対して中国も、独自の宇宙ステーション構想を掲げて「宇宙強国」をめざす計画を練り上げ、さらには「海洋支配」を求めて新たな空母の建造を急ぐばかりではなく、ストックホルム国際平和研究所によれば兵器輸出において、二〇一六年までの五年間の輸出量がそれ以前の五年間にくらべて七四パーセントも増加し、ついに世界第三位に躍り出た。しかも輸出先の約七割がアジア・オセアニア地域で占められているのである。[45]

かくして、軍備増強の勢いは南シナ海の緊張激化をも背景に、当然ながら東南アジア諸国を巻きこんでいく。インドネシアは同海南端のナトゥナ諸島での滑走路整備や軍港拡張に乗りだし、ロシアからの戦闘機購入に動こうとしている。シンガポールは米軍の対潜哨戒機の配備を受け入れるとともに、ドイツから潜水艦二隻を購入する契約を結んだ。フィリピンは日本からの巡視船の供与をうけ、ベトナムはロシアから潜水艦を六隻購入したが、タイは中国から三隻の潜水艦を購入する予定である。ストックホルム国際平和研究所によると、東南アジア主要五カ国は二〇一五年までの五年間で軍事費を二ケタ増大させ、翌一六年の武器輸入ランキングでは上位四〇カ国に東南アジア七カ国が入り、全体の九パーセント超を占めた。[46]

「トランプ・ショック」への危機感

以上にみたように、各国が軍備拡張に乗りだし、それがまた新たな軍拡を招くという事態が生じているが、ここであらためて、当面する北朝鮮危機の背景にある東アジアの構図を整理しておこう。つまり、覇権国家の米国に対し、中国がその覇権に挑戦する大国として急速に台頭し情勢が不安定さを高め、日本をはじめ米国の同盟諸国は、米国兵器の購入や軍備増強、軍隊派遣など、さらなる「軍事貢献」「軍事的役割分担」を求められている。しかし、トランプ政権に特徴的なように、理念や価値観にこだわることなく「現実的な取引」が成立すれば、米中両国は提携関係を取り結び、米国の同盟諸国は〝梯子を外される〟という事態に直面することになる。つまり東アジアの国々は、米中両大国の狭間にあって〝翻弄〟されつづける、という構図が浮かび上がってくる。

こうした事態の典型例が韓国であろう。米国は朴槿恵《パククネ》政権以来ミサイル迎撃システムであるTHAADの導入を強く求めてきたが、韓国側は情勢の悪化をうけて導入方針を固めた。これに対して中国が強く反発し、韓国製品の不買運動や韓流ビジネスへの厳格な制約の導入、中国人観光客の韓国訪問の大幅な制限など、韓国への「報復」に乗り出した。二〇一七年一〇月以降、両国関係は「改善」にむかったが、そのさいに中国は、THAADの追加配備、米国のミサイル防衛網への参加、日米韓の軍事同盟化という三つの政策はおこなわないとする「三不（三つのノー）政策」を韓国に押しつけた。しかし米国はそれをきびしく批判し、かくして韓国は米中間で〝板挟み〟状態にはまり込んだのである。[47]

ところが、米中両国は対立点をかかえながらも北朝鮮問題をめぐり首脳会談をはじめ緊密な協議を重ねることとなった。かくして韓国では、韓国を排除したままで朝鮮半島の運命が米中両大国のあいだで決められるならば、それはかつての「ヤルタ会談」とおなじではないかと事態を懸念する声が高まり、「朝鮮半島の運命を米中に全面的に任せるな」という主張が打ち出されることになった。[48] こうした主張は、韓国が米中間で文字通り〝翻弄〟されているのではないか、という強い危機感の現われに他ならない。

ちなみに、首都ソウルは三八度線（南北境界線）からわずか四〇キロばかりに位置しており、韓国国防部によれば、仮に戦争が開始されるならば、北朝鮮は二万五〇〇〇発もの長距離砲や多連装ロケットなどをソウルに撃ちこむことができるという。つまり、THAADではまったく対応できない。そもそも、ソウルから三八度線までのあいだに韓国人口の半分にあたる約二五〇〇万人が居住しており、この重要領域の防衛になんの役にも立たないTHAADの導入を米国から強いられたことによって、韓国の外交も内政も揺れ動いている。

もっとも、米中間で〝翻弄〟されるという問題は韓国にとどまらない。他ならぬ日本も、似たような構図にはまりこむ危険性に直面している。安倍政権はトランプ政権の発足以来、米中接近という「トランプ・ショック」によって日本外交が「孤立」する危険性に対して身構えてきた。実は、先にみた「日本版アーミテージ・ナイ報告」（本書二九四頁参照）はその提言において、こうした事態への危機感を如実に示している。提言の「アジア政策」における「中国」の節の二項目では、「対中政策に関する日米間の意思疎通を一層活発化することが求められる」と述べたうえで、より具体的に以下のような〝必死の要請〟をおこなっていた。つまり、「米国の対中政策関係者や中国研究者が訪中する際には、その往路か復路、あるいはその両方において、東京を経由して意見交換を行うメカニズムを確立することが望ましい」と。(49)

そもそも、ある主権国家の関係者が外国を訪問して交渉や交流をおこなうにあたり、なぜ往路も復路も「第三国」に立ち寄って、「意見交換」という名目で〝チェック〟を受けなければならないのか。否、この提言の筆者たちは「第三国」ではなく「同盟国」の場合である、と主張するのかもしれない。とすれば、日本が対中交渉を展開するさいにはかならずワシントンで〝チェック〟を受けてきた以上は米国も同様に振る舞ってほしい、という主旨であろうか。

いずれにせよ、「米国第一」を掲げるトランプ政権であれば、こうした提言を〝一蹴〟するであろう。要するにこの提言は、いまや日米関係の構造が大きく変動している現状を把握できず、アーミテージやナイが影響力を保持していた〝古き良き時代への郷愁〟が如実に現われたものという以外にないであろう。

ところで、二〇一七年一二月一八日にトランプ大統領は同政権にとって初となる国家安全保障戦略を発表したが、そこではロシアとともに中国を、国際秩序を力で変更しようとする「現状変更勢力」と規定して繰り返しその脅威に言及するなど、対中強硬路線がうちだされた。しかし、米国の有力誌が、大統領は同戦略を「認めていないようである」と指摘するように、発表にあたっての演説でトランプが中国にふれたのは一ヵ所のみであり、「競合勢力」と位置づけながらも、「大いなるパートナーシップを構築しようとしている」と述べたのである。

どうやらトランプの対中姿勢は、同年一一月九日の北京における米中首脳会談で、習近平主席による二八兆円にものぼる商談と引き換えに、「米中関係という主題ほど重要なものは他にない」「両国の問題だけではなく、世界の重大な危機と安全保障の諸問題の解決にむけて、共に取り組んでいくこれからの長い年月を楽しみにしている」と〝米中提携〟を示唆する発言をしたように、あくまで「取引」が主軸におかれているといえよう(50)。

「等距離外交」の展開

ところで安倍首相は、日米印豪の四ヵ国を軸に基本的価値の普及や法の支配などを掲げる「自由で開かれたインド太平洋」構想を打ち上げ、中国を包囲する戦略を推し進めようとしている。しかし、「通商協議」にしか関心のないトランプは別としても、中国との緊張が高まるインドであっても、「実利的なモディ（インド首相）外交は国益がかなうなら西とも東とも協力する」と指摘されるように、その基本的な外交スタンスは全方位外交にある。(51) オーストラリアの場合も、米国と同盟関係を維持しつつも「豪中包括的戦略パートナーシップ」を深化させ、「建設的な米中関係の構築に向け、豪州が協力する」こと、つまりは米中間の〝橋渡し役〟になることに戦略的な狙いをおいている。

さらに、東南アジア一〇カ国で構成されるASEANも、米国と中国の狭間で巧みな舵取りをおこない、存在価値を示しているが、なかでも人権問題で批判を浴びるドゥテルテ大統領のフィリピンは、米国との同盟関係を維持し合同軍事演習もおこなう一方で、その外交戦略の基本は、「旧宗主国である米国の影響力を抑え外交政策で自立をめざす。アジアに軸足を移して日中と良好な関係を築き、安定的な経済支援を得る」ことにある。つまりは、「日米と中国をてんびんに」かけることによって「自立」を探ろうとしている。(52)

つまり、東アジアの多くの国々が、いわば「全方位外交」というスタンスをとり、米中という超大国のあいだに立って「等距離外交」に努めているのである。こうした外交のあり方について、二〇一七年六月にシンガポールで開催された、アジア太平洋地域や欧米諸国の防衛担当者が一堂に会する「アジア安全保障会議（シャングリラ会合）」でフィリピンのダビド総参謀長は、「我々は、中国とも米国とも友人でいる必要がある」と、単純明快にその核心を述べた。

このダビド総参謀長の外交指針を〝裏打ち〟するのが、興味ぶかいことに、ジョセフ・ナイのつぎの発言である。つまり、「アジアは多くの国から成り、中国に支配されることも、アメリカに支配されることも望みません。基本的には、できる限りの行動の自由を自分たちで持つことを望んでいるのです」と。(53)

とすれば、米中両国と「友人」でいることの必要性は、両国に「支配」されず「行動の自由」を獲得するため、ということになろう。とはいえ、先に指摘したように現実には、比較的まとまりのあるASEANという地域組織にあっても、各国が米国や中国から競って兵器を購入するなど、たがいに軍拡競争の波に飲みこまれようとしている。日本や韓国の場合は、言を俟たない。

「東アジア軍縮同盟」という構想

考えてみれば、二〇一七年の党大会であらためて明確になったように、中国はつねに数十年先まで見据えた長期戦略を練って新たな「中華帝国」の構築を夢想し、他方米国は、トランプが「米国再建」を強調するように「相対的な衰退」を指摘されつつも、なお超大国として圧倒的な位置を維持しつづけるであろう。つまり、東アジアの国々は今後相当の長期にわたって、対決や提携をくり返す米中両大国の狭間にあって、あるときは軍拡を迫られ、あるときは〝梯子を外される〟といったかたちで翻弄される可能性を孕んでいる。

とすれば、東アジアの国々は米中関係の〝従属関数〟から脱して「自立」する道筋を、共同して模索せねばならないであろう。そのためには、ある種の「運命共同体」にあるこれらの国々は、なんらかの共通の目標を定める必要がある。先に、今の時代は「共通敵なき時代」と位置づけたが、共通の目標にむけて行動を共にするためには、〝建設的〟な意味において「共通敵」を設定すべきであろう。

それでは、この新たな「共通敵」とは何であろうか。それは、際限なき軍備拡張であり緊張の激化である。軍拡と緊張の激化はたがいに作用し連鎖しあって、情勢のさらなる悪化を招く。東アジアの国々が立ち向かうべきは、まさにこの「共通敵」ではなかろうか。そして、この「共通敵」と戦うために協働する枠組みとして構想されるのが、「東アジア軍縮同盟」であり「緊張緩和同盟」である。この「同盟」は、もちろん軍事同盟ではない。米中両国によって「支配」され翻弄されることを望まない東アジアの国々が、右の「共通敵」に対処するための共同行動を模索する緩やかな提携関係である。実はこの構想は、米中両国を排除せず「友人」関係を維持しつつ、「できる限りの行動の自由を自分たちでもつ」ことを目指すものであって、先のジョセフ・ナイの指摘を具体化しようとするものに他ならない。

「共通敵」として軍拡を設定し、「共通目標」として「軍縮」を掲げる緊要性と正当性は、軍拡が新たな軍拡を生み出し際限をみない、という現実に求めることができる。その格好の例として、日本のミサイル防衛を挙げることができるであろう。先にふれたように安倍政権は、陸上配備型迎撃システム「イージス・アショア」やSM3とPAC3の改良型などの導入方針を固めたが、これは、現在のミサイル防衛体制がいかに〝脆弱〟なものであるかを内外に示すものである。振り返ってみれば、すでに日本は二〇〇四年以降、ミサイル防衛体制の構築のために一兆五〇〇〇億円を投じてきたが、それでも防衛できないとすれば、「これまでつぎ込んだカネは何だったのか」という批判を免れることはできないであろう。(54)

それでは、「イージス・アショア」などを導入して日本の安全は確保されるのであろうか。そもそも、実際の配備には数年もかかるとされ、配備されても、北朝鮮が八〇〇発の「スカッド」と二〇〇発の「ノドン」を同時に発射する場合（「飽和攻撃」）には「お手上げ」とならざるをえない。いうまでもなく、中国やロシアの核戦力に対応できるはずがない。いみじくも防衛省幹部が指摘するように、「どれだけミサイル防衛を強化しても穴は残る。終わりが見えない」のである。[55]

このようにミサイル防衛の限界が明らかになるなかで、政府や防衛省、自民党などから、「ミサイル発射の前に、自衛のために敵の基地を攻撃する」という敵基地攻撃論が高まってきた。原発の稼働をつづけるという〝致命的な脆弱性〟を放置したまま敵基地攻撃能力の獲得が論じられること自体、〝漫画的〟という以外にない。しかも現実の道筋をみると、元航空自衛隊幹部によれば「どんなに早くても態勢構築に五年はかかる」とのことである。[56] この間に北朝鮮に攻撃されれば、いかに対応するのであろうか。

そもそも世界最強の敵基地攻撃能力をもつ米国をも翻弄する北朝鮮であるから、日本の〝ささやかな攻撃能力〟など問題の外であろうし、なにより、その能力を獲得できたとしても、今日の安保体制のもとでは、日本は米国の〝許可〟なしに勝手に敵を攻撃する「権利」をもっていない。要するに、日本が敵基地攻撃能力をもとうとすることは、巡航ミサイルや偵察衛星や無人偵察機や早期警戒管制機の導入など総額一兆円を越える支出で軍需産業を潤し軍拡競争を煽りたてる一方で、獲得した攻撃能力はみずからの判断では使用できないという、文字通りの〝絵空事〟になろう。

東南アジア非核地帯条約

東アジアで軍縮を目指す場合、喫緊の課題はいうまでもなく核軍縮の問題である。この問題は実は、米国が北朝鮮を「核保有国」として認知する場合に日本がいかに対応するか、という課題と密接に関わっている。ミサイル防衛も敵基地攻撃論も現実には期待できないとすれば、あらためて強調されるのが、米国の「核の傘」に依存しつづけるという、これまでの歴代政権の立ち位置である。

ところで、一九九六年の国際司法裁判所の勧告的意見は、「核兵器の威嚇または使用は武力紛争に適用される国際法の規則、特に国際人道法の原則・規則に一般的には違反するであろう」と、核兵器の使用を基本的に違法と判断した。ただ、「国家の存亡そのものが危険にさらされるような、自衛の極端な状況における、核兵器の威嚇または使用が合法であるか違法であるかについては裁判所の最終的な結論を下すことができない」として、結論を留保した。

ここでいわれる「存亡そのものが危険にさらされる」といった事態に直面する「国家」とは、文脈からして、明らかに「核保有国」を指しているであろう。とすれば、日米関係で考えるならば、米国による核使用が合法となる可能性を孕んでいるのは「アメリカ国家の存亡」が危険にさらされる場合であって、「日本国家の存亡」はそこから外されることになる。つまり、右の勧告的意見にしたがえば、米国みずからが存亡の危険にさらされていないのに、日本のために核を使用することは違法である、つまりは「核の傘」はありえない、という結論にいたる以外にない(57)。

もちろん、「国家の存亡」における「国家」を「核保有国」に限定せず、〝密接な同盟国〟も含まれるという解釈もありうるであろうが、少なくとも「米国第一」を掲げるトランプ政権の米国にあっては、「東京を救うためにワシントンを犠牲にする覚悟があるか」と問われた場合、明確に「ノー」と答えるであろう。つまり今や、長年にわたって日本政府が大前提においてきた米国の「核の傘」は、事実上存在しないに等しいといわざるをえない。

そうであれば、日本はみずから核武装に進まねばならないのであろうか。しかし、この選択肢は、実は北朝鮮とおなじ道を歩むことを意味している。日本や韓国が核武装するためにはNPTから脱退せねばならないが、唯一の被爆国までもが脱退するならば、湾岸諸国をはじめ脱退国が相次ぎ、NPT体制は崩壊し、核拡散の動きが世界中に広まるであろう。それはまさに、悪夢以外にない。

「核の傘」に依拠できず、核武装もできないとすれば、日本が歩むべき道筋は、少なくとも論理的には、核の使用や威嚇ばかりではなく核の保有それ自体を禁止する方向に国際世論を盛り上げ、NPTとNPT外を含む核保有諸国を包囲し〝縛り〟をかける、という外交戦略に踏み出すことである。つまり、北朝鮮の核問題が突きつけた課題は、世界中が「核抑止」の論理から離脱せねばならない、という論理的な帰結に他ならない。

これを現実のものにしようとするのが、核兵器禁止条約である。この条約をめぐっては、二〇〇七年にコスタリカ・マレーシア両政府の共同提案として国連に提出されて以来議論が重ねられてきたが、二〇一七年七月七日に一二二カ国の賛成を得て採択された。核兵器の全廃と根絶を目的として起草された当条約は、核兵器の開発・実験・製造・備蓄・移譲・使用ばかりではなく「使用するとの威嚇」をも禁止するという画期的な国際条約である。ところが、五大国ばかりではなく、事実上の核保有国であるイスラエル、インド、パキスタン、北朝鮮に加え、日本・韓国やNATO諸国など、米国の

「核の傘」に依存する国々が参加を拒否した。

とすれば、唯一の被爆国である日本に加え韓国も「核の傘」の幻想に〝呪縛〟されているという現実を踏まえつつ、東アジアにおいて核軍縮から核の全廃にむかう道程を筋道をたてて描きだすことが求められているといえよう。かねてから、日本・韓国・北朝鮮が核を保持しない代わりに米中露の核保有国はこれら三国の安全を保障するという北東アジア非核地帯構想が提起されてきた。[58]しかし、北朝鮮が事実上の核保有国となった一方で、シンガポールを除くＡＳＥＡＮ諸国が右の核兵器禁止条約に参加したという現実を前提におくならば、まず検討すべきは、ＡＳＥＡＮ一〇ヵ国が調印し一九九七年に発効した東南アジア非核地帯条約であろう。

この条約は、締約国による核兵器の開発・製造などを禁じるものであるが、他の非核地帯条約にはない内容が盛りこまれている。それは付属議定書で、「各締約国は、いずれの条約締約国に対しても、核兵器の使用又はその威嚇を行わないことを約束する」という規定に加えて、「各締約国はさらに、東南アジア非核地帯内において核兵器の使用又はその威嚇を行わないことを約束する」と定めていることである。つまり、この議定書は核保有国を対象としたものであるが、この後段の規定は、「非核地帯全体での核不使用を核兵器国に確約させるような規定が用いられた例はない」と指摘されるように、他の非核地帯条約にはみられないものである。

この背景には、南シナ海の海域で中国が核兵器を配備することを抑えようとするＡＳＥＡＮ諸国の意思が反映されたもの、との有力な見方がある。ただ、この議定書をインド、パキスタン、北朝鮮を念頭に域外国にも開放しようとする動きがあったことを踏まえるならば、その主たる狙いは「ＡＳＥ

ANの新たな安全保障条約のシンボルとして、〔中略〕近隣諸国の核拡散を防ぐことを目的」としたもの、と捉えることができる。(59)

しかし、この議定書は核保有諸国に開放されたにもかかわらず、今日にいたるまでどの国も署名していない。そしてこの間に、北朝鮮が急激なテンポで核開発を進めてきた。以上のようにみてくるならば、いま求められているのは、東南アジア非核地帯条約の議定書の内実を東アジア全域に拡大することであろう。つまり、「東アジアの全域において核兵器の使用又はその威嚇を行わないことを約束する」という枠組みをつくり上げることである。そのさい、ここであらためて対象国として挙げるべきは、米国、中国、ロシア、そして事実上の核保有国としての北朝鮮、さらには中国との関係においてインドとパキスタンの六カ国であろう。

北朝鮮問題といえば、従来の六者（米中露の三カ国に北朝鮮、韓国、日本）協議が枢要な位置を占めていることはまちがいないが、すでに締結されている非核地帯条約でASEANが提起した右の枠組みは、核をめぐる緊張を緩和させていくうえで重要な足掛かりを提供しているといえよう。

問われるNPT体制

さて、東アジアにおいて「核兵器の使用又はその威嚇を行わない」という枠組みを構築するという目標とともに追求されるべきは、棄権したシンガポールを除くASEAN九カ国が参加している核兵器禁止条約に、日本と韓国はいうまでもなく、右にあげた事実上の核保有を含む六つの核保有国の加盟を求めていくことである。

そのさいに重要なことは、問題の大前提として、発効から半世紀近くを経たNPT体制そのものが〝限界〟に立ちいたった、という認識をもつことであろう。今や、イスラエル、インド、パキスタンに加えて北朝鮮までもが、NPT体制の枠外で「核保有国」の立場を求めている。つまり、北朝鮮の核を放棄させるという課題は、安保理決議に反して核を保有しつづけてきた右の三国の核を放棄させるのとおなじレベルの問題となったのである。これだけの〝枠外保有〟が存在するということは、もはやNPT体制はその前提が崩れつつあることを示している。

さらに深刻な事態は、〝枠外〟の問題ばかりではなく、今やNPTによって核保有を認められている国々それ自体に、看過できない問題が生じていることである。問題のありかを象徴するのが、他ならぬトランプ大統領の登場である。実は彼が大統領に就任した直後の二〇一七年一月二四日に民主党のマーキー上院議員らは、「議会が核兵器使用を認める宣戦布告をしない限り大統領は核兵器を先制使用してはならない」との法案を上下両院に提出した。ここには、トランプが「核のボタン」を勝手に押さないように〝縛り〟をかける狙いがある。

なぜなら、トランプが大統領選挙のさなかに、IS（イスラム国）による対米攻撃には「核で反撃する」と公言し、さらには「核能力を拡大・強化する」との方針を掲げてきたという問題だけではなく、なによりもトランプ自身の「判断力」「短気で切れやすい性格」に危機感が広がっているからである。だからこそ、右の法案についてはわずか数カ月で、早期成立を求める署名が五〇万筆も集まり、議会に提出されたのである。(60)

こうした動きを背景に、同年一一月には米上院外交委員会で、議会としては四一年ぶりに「核使用の大統領権限」の問題がとりあげられ、「トランプ氏がツイートをするように核のボタンを押す」のではないか、といった懸念の声が相次いだ。さらに同月、戦略核兵器の運用を担うジョン・ハイテン米戦略軍司令官はカナダでの安全保障フォーラムにおいて、大統領が核兵器の使用を命じた場合でも「違法なら命令を拒否する」と明快に発言した。

トランプに対する深刻な疑念は、長い同盟関係にある英国からも提起されている。たとえば英紙『フィナンシャル・タイムズ』は、「トランプ大統領の米国は危険な国になったように見える」「危惧されるのは、〔内政で〕追い詰められた大統領が窮地から脱するため、国際紛争を利用しようと考えることだ」と、核兵器使用の可能性もふくめて警告を発した。[61] これが、日本の安全を最後的に保障するとされる、米国の「核の傘」ならぬ「トランプの傘」の実状である。

つまり、NPTによって核の保有が認められている超大国米国で「核のボタン」を押す立場にある最高指導者の資質それ自体が、根底から問われる事態が生じているのである。おなじような問題は、たとえばフランスでも、流動化が激しい世論状況を踏まえるならば、今後の情勢展開次第では、ネオナチの流れをくむ政治指導者が「核のボタン」を握る日がくる可能性も排除できない。

ちなみに、フランスについていえば、二〇一七年九月に同国外相は北朝鮮の核開発を「欧州への脅威」と非難したが、これに対して北朝鮮当局は「核兵器がそんなに悪いものだというなら、まずフランスが核兵器を放棄せよ」と反論した。[62] この反論は、今日におけるNPT体制がかかえる根本矛盾をつくものであろう。

さらに懸念されるのは、NPTのもとで核保有が認められている中国とロシアの存在である。「全国民の一挙手一投足の把握をめざす」という〝異様な独裁体制〟を固めつつある中国と、「政敵」への徹底した弾圧で知られるロシアという、これら両国の指導者たちも、国内矛盾が激化し体制が不安定化する場合に、トランプではないが「あらゆる選択肢」をテーブルにおいて威嚇することも否定できないであろう。

このように、「理性」を欠いたテロリストが核にアクセスする危険性ばかりではなく、NPTの「外側」で事実上核を保持するイスラエル、パキスタン、インド、北朝鮮などの国々に加え、NPTによって核の保有が認められている五大国の指導者たちの「理性的判断」それ自体に疑念が生じ、さらには五大国が核を保有する「正当性」そのものが問われている。

とすれば、使用されれば「残虐きわまりない」との人道上の理由から禁止された生物兵器や化学兵器とおなじく、今や核兵器そのものを禁止する時代が到来した、と捉えるべきであろう。ちなみに、二〇一七年一一月にフィリピンで開催された東アジア首脳会議（EAS）の首脳声明において、化学兵器の開発や保持、使用などを全面禁止している化学兵器禁止条約の重要性があらためて強調された。ただ、同条約を完全に遵守する意義を「全人類のため」（for the sake of all humankind）におくのであれば、核兵器禁止条約が人類にとってもつ死活的な重要性が何にもまして主張されるべきであったろう。(63)

「核の島」としての沖縄

本来であれば、唯一の被爆国である日本は核兵器の禁止にむけて、その先頭にたって旗を振るべきである。今日の情勢において日本が直視すべきは、旧態依然たる「核抑止」論にたって米国の「核の傘」に依存しつづけることは、その論理において北朝鮮のそれと変わるところがない、という現実であろう。

こうした現実から目をそむけ、本土政府がなすべき責任を放棄している現状において、沖縄こそが、東アジアで核兵器禁止のうねりを高めていく役割を担うことが期待される。なぜなら、今なお沖縄は、米国の核戦略で重要な位置を占めていると考えられるからである。

周知のように、一九六九年一一月に佐藤栄作首相とニクソン米大統領が沖縄返還で合意したさい、返還後に「緊急事態」が発生した場合に米軍が沖縄に核兵器を「再持ち込み」することを事実上認めた「密約」が交されていた。二〇〇九年に明らかになった密約文書の正文には、「既存の沖縄の核貯蔵地である嘉手納、那覇、辺野古、そしてナイキ・ハーキュリーズ基地をいつでも使用できるよう維持し、重大な事態の際には活用することが必要となる」と、「再持ち込み」がおこなわれる場合の対象基地が明記されていた。

日本の外務省は、こうした密約文書は「公文書ではなく私文書にあたる」との態度を貫いてきたが、米国防省は二〇一五年に公刊された公式の歴史文書において、沖縄返還協定第七条にもとづいて「米国は〔核〕兵器を撤去するが、危機の際にはそれらを再持ち込みする権利を維持した」と記して、「密約」の存在をはじめて認めた。二〇一五年になって「密約」の存在を公にし、しかも沖縄への核の「再持ち込み」を「権利」と述べたことは、半世紀近い前の「密約」が「私文書」どころか現在も生きていることを内外に誇示したものといえよう。(64)

北朝鮮危機を背景に、「非核三原則」のなかで「持ち込ませず」の原則を除くべき、という主張が提起されている。仮に米国の核の「持ち込み」が現実のものとなる場合、最有力の候補地が、すでに撤去されたナイキ・ハーキュリーズ基地は別として、沖縄の右の三つの基地となるであろうことは想像にかたくない。というのも、沖縄は冷戦期にピーク時で一三〇〇発の核弾頭が配備された「極東で最も核の集中する地域」であったからである。[65]

以上のようにみてくるならば、「核密約」が今もなお生きており、情勢の展開次第ではふたたび「核の島」になる危険性をかかえている沖縄こそが、核兵器を禁止する内外の世論を高めていく拠点とならねばならないであろう。

戦争の「第三の革命」

核兵器とともに、大仰にいえば、人類社会にとって新たな深刻きわまりない脅威と目されているのが「ＡＩ（人工知能）兵器」である。国連では「ＡＩ兵器」を、搭載したＡＩによって人間による人道的・倫理的判断を介さずにみずからの判断で攻撃目標を定め人を殺傷することができるという意味で「自律型致死兵器システム（ＬＡＷＳ）」と呼ぶ。この兵器は本格的に開発されると、火薬、核兵器に次ぐ、戦争の「第三の革命」を巻き起こすものと危惧されている。つまり、戦争の態様を根底から変えてしまう危険性を孕んでいる。

すでに二〇一五年に、英国の物理学者のスティーヴン・ホーキング博士ら約一千人のＡＩ研究者たちが公開書簡を発して、問題の緊迫性を訴えた。国連では二〇一六年一二月に「ＡＩ兵器」の規制を巡る公式専門家会合の設置が決められた。人権団体のヒューマン・ライツ・ウォッチによれば、すでに米国、英国、中国、イスラエル、ロシア、韓国などが「自律可動性のレベルが高い兵器システム」を開発中という。これらの国々は今や、AIを搭載した無人攻撃機や対潜無人哨戒艦、あるいは高性能ミサイルなどを競って開発し、一部は実戦で使用されているのである。

こうした事態をうけて、二〇一七年八月に開催されたAIの国際会議「国際人工知能会議」では二五カ国一一六名の著名専門家たちが、「一度開かれたパンドラの箱を元には戻せない」として、あらためてAI兵器の禁止を国際社会に呼びかけた。同年一一月には国連主催で初の公式専門家会合が開かれ、AI兵器の規制にむけて、ようやく本格的な検討が開始された。(66)

問題の深刻さは、この「AI兵器」の問題が、他ならぬ沖縄と密接にかかわっていることである。実は米軍は二〇一六年二月、沖縄の第三一海兵遠征部隊に対し、最前線に投入する最新兵器の実用性を試験する実験部隊としての任務をあたえ、翌年五月には辺野古にあるキャンプ・シュワブにこの実験部隊がカリフォルニアから派遣された。コンピューター制御の支援ロボットやハイテク搭載の次世代装備品の実用性などの実験について米海兵隊トップのネラー総司令官は、「戦闘のあり方を変える試み」と強調した。(67)

今や世界レベルで、科学技術の軍事への転用が進められるなかで、サイバー戦や「AI兵器」の飛躍的な開発に繋がる研究が展開され、悲惨きわまりない〝戦争の舞台〟が準備されつつあるといえる。そうであればこそ、「AI兵器の実験場」と化そうとしている沖縄での海兵隊による実験をただちに中止させるとともに、東アジアや国際社会に対して、戦争の「第三の革命」がもつ破滅的な意味を訴えていかねばならないであろう。

「固有の領土」概念の放棄を

東アジアに緊張をもたらしている東シナ海や南シナ海をめぐる領土問題については、すでに論じた。沖縄がかかえる尖閣問題に関しては、「領土問題」であることを認め、問題を「棚上げ」して具体的な協議に入ることが、先鋭化を防ぐ唯一の道である。そして日本は、こうした「領土問題」の解決の方策を、南シナ海問題を解決していく〝モデル〟として提起すべきであろう。ただ、このさいに日本がまずなすべきは、「固有の領土」という国際法上の根拠を欠いた概念の使用をやめることである。

そもそも「固有の領土」という概念は、「北方領土」という用語を根拠づけるために持ち出されたものであり、だからこそ「日本の領域問題の文脈を離れた一般的な領域法の論述では、この表現（固有の領土）は基本的には使われない」[68]のである。つまり「固有の領土」とは、日本に「固有」の概念に他ならない。

ところが、日本がこの概念を使用していたため、とりわけ一九七〇年代以降、台湾、韓国、中国もこの概念を〝援用〟し、近年では東南アジア諸国も含め、各国がみずからの領有権の「正当性」を排他的に主張するために、国際法上の明確な定義もない「固有の領土」概念を〝乱発〟する事態となっている。

こうして、この概念は「議論が錯綜する危険を大きくする」ものであり、したがって「適切な国際法上の概念に置き換える」べきことが、国際法の専門家によっても指摘されている[69]。そうであれば、日本は尖閣問題はもちろん、南シナ海における領土問題の「解決」を訴えるにあたっては、率先して

「固有の領土」概念の放棄を宣言すべきである。それは、領土問題を「棚上げ」し、あるいは「凍結」して、関係各国が具体的な協議に入っていくにあたって、きわめて重要な意味をもつであろう。要するに、国際法にもとづかない概念の使用をやめ、「海のルール」である海洋法条約の遵守を中国や関係諸国に求めるとともに、なにより米国の加盟を日本が率先して要請せねばならない。

「沖縄イニシアティヴ」

核問題であれAI兵器の問題であれ領土問題であれ、東アジアの諸問題、諸矛盾の結節点が沖縄に集中していることは、今や明らかであろう。いうまでもなく、北東アジアや東南アジアの緊張が激化すれば、「軍事の要石」である沖縄が最前線に位置づけられ、場合によってはふたたび戦場と化すことになる。

もっとも、あらためて確認しておくならば、沖縄が「軍事の要石」と位置づけられるのは、日米政府が主張するような「地理的優位性」という軍事的、地政学的な判断の結果ではない。海兵隊も含めて在沖米軍が「わが物顔で沖縄の陸、空、海を動き回り」、日夜耐えがたい爆音をまき散らし、日米合意を無視した諸々の訓練さえ当然のように展開するのは、今なお沖縄を事実上の「植民地」とみなしているからであって、軍事的合理性にもとづいたものではない。

いずれにせよ、現実において沖縄が緊張激化の結節点に位置しているのであれば、逆に沖縄こそが、東アジアの軍縮と緊張緩和にむけた「東アジア軍縮同盟」の起点となり拠点となるべきであろう。これを、「沖縄イニシアティヴ」と呼びたい。いうまでもなく、この「イニシアティヴ」の核心はソフトパワーである。国内外の世論に働きかけ、支持と共感を獲得し、無限にネットワークを拡大し、現実政治に影響をおよぼしていくことを展望するパワー、つまりはジョセフ・ナイがいう「信条や魅力を通して求める結果を得る力」である。(70)

それでは、「沖縄イニシアティヴ」は具体的にいかなる目標を掲げるべきであろうか。沖縄がふたたび「核の島」となる危険性を孕んでいる以上、まず取り組むべきは核問題であろう。先に述べたように「東アジアの全域において核兵器の使用又はその威嚇を行わないこと」を六つの「核保有国」(本書三二七頁参照)に求め、こうして核を保有していることの意味自体をなくさせ、核禁止条約への展望を切り拓くことである。ここでなにより重要な課題は、東アジアの国々が「非核」の目標で結集することこそが、実は東アジアの脅威と緊張を減じていく道筋であることを提示することにある。

次いで、核という非人道的な兵器をもたらした論理が、戦争の「第三の革命」といわれる「AI兵器」の開発に拍車をかける論理と通底していることが強調されねばならない。この危険性に最大限の警鐘を鳴らすことは、世論戦でのソフトパワーにおいて、その必要性を主張する議論を凌駕できるはずである。とすれば、その「実験場」となる沖縄の辺野古を結集点として、「AI兵器」の開発の禁止にむけて関係各国と内外世論に対し、ただちに行動を起こすように訴えが起こされるべきであろう。

さらに、これもすでに論じたように、東シナ海や南シナ海の領土問題の解決にむけて、関係諸国がたがいに「固有の領土」の概念を使用することを放棄し、たがいに「領土問題」が存在することを認め合い、棚上げや凍結も含め具体的な協議に入るべきという提起が、尖閣問題をかかえる沖縄からなされねばならない。

「日韓提携」の重要性

「沖縄イニシアティヴ」によって緊張の緩和をはかっていく場合、重要な位置を占めているのが、隣国の韓国との関係である。近年メディアや論壇では、中国の脅威を声高に叫ぶ論者たちが同時に、それに劣らず嫌韓論を強く打ち出すという奇妙な傾向がみられる。もちろん嫌韓論をぶつこと自体は自由であるが、仮に中国が真に脅威であるならば、本来なら韓国との提携が模索されるべきであろう。「中国も憎い、韓国も憎い」といった〝子供の喧嘩〟のような議論の立て方は、戦略的思考の欠落という以外にない。

韓国と日本のあいだには、竹島問題と慰安婦問題という二つの大きな争点が横たわっている。しかし、中国の脅威が日本の安全保障にとってきわめて重大な問題であるならば、これら二つの争点は二次的、三次的な位置におかれるべきであろう。竹島問題でいうならば、米国の地名委員会が竹島の帰属を「South Korea・KS」(大韓民国)と明記していること、あるいは『日本経済新聞』も、「島そのものにさほどの価値はない」のであり、日韓両国にとっては漁場の確保こそが問題である以上、この「漁業紛争という原点に戻れば歩み寄れるはずだ」と指摘していることなどを踏まえれば、冷静な対応も考えられるであろう。[71]

韓国で文政権が登場したことで、慰安婦や徴用工という歴史問題があらためて争点に浮上する気配である。しかし、歴史問題であれば、沖縄が重要な位置を占めている。沖縄は日本の侵略戦争の拠点であったとともに犠牲者でもあったわけであり、日本の歴史認識と韓国やアジア諸国のそれとを〝架橋〟できる立場に立っているからである。

そもそも韓国は、安倍首相でさえ「戦略的利益を共有する最も重要な隣国」と評するほどに、戦略的にきわめて重要な位置を占める国家である。とすれば、以上にみたように懸案の慰安婦問題や竹島問題を〝相対化〟し、韓国とのあいだで緊密な提携関係を構築していくことは、日本の戦略外交において喫緊の課題である。さらに、この「日韓同盟」にASEAN諸国が加わるならば、ジョセフ・ナイが「中国に支配されることも、アメリカに支配されることも望みません」と指摘する東アジアの国々による提携関係が形成されるであろう。

ここに、際限ない軍拡と緊張激化という「共通敵」に抗する「東アジア軍縮同盟」の構築が展望されるであろう。この「同盟」が依拠するのは、すでにみたようにソフトパワーであるが、ソフトパワーであるがゆえに、米中両大国のあいだで存在感を増し、東アジアの情勢を左右するキャスティング・ヴォートを握れる可能性を有することになろう。

こうした構想にむけては、ただちに国家や政府のレベルで動くことは困難であろうが、そうであれば、自治体や都市間のレベル、民間や市民レベルでの交流や連携から動きはじめることが重要ではないだろうか。「東アジアの要石」である沖縄に拠点となるセンターを設け、さまざまなネットワークを駆使して、まずは「共通敵」をめぐる情報の収集と発信をおこない、次第に組織網を構築し、その過程で国連の関係諸機関との提携を深めていく、という道筋が考えられよう。ここでも、核兵器の問題であれ、「AI兵器」の問題であれ、領土問題であれ、蓄積されていくべきはソフトパワーである。

以上のような構想については、当然ながら、きわめて非現実的との批判が出されるであろう。たしかに、なお荒削りの構想であり、今後多くの知見を得て練り上げられていかねばならない。しかし、内外ともに文字通りの閉塞状態にあるなかで、大胆な見取り図を提起する意味はあるであろう。

そもそも、二〇一七年六月に自民党の安全保障調査会が提言したように、防衛費をNATOなみのGDP比二パーセント、つまりは一〇兆円規模にまで増大させることによって、日本は安全になるのであろうか。日本経済の根底が揺らぎ、周辺諸国のさらなる軍拡を招くことで、典型的な安全保障のジレンマに陥るのではなかろうか。ちなみに、かつて二〇一〇年に当時の米統合参謀本部議長のマイケル・マレンは、「我が国の安全保障上、唯一最大の脅威は債務だ」と喝破したが、まさにこの問題が日本に降りかかってくるであろう。(72)

さらに、敵基地攻撃能力を獲得することや核武装に乗り出すことは、現実的なのであろうか。こうした選択肢には、日本の「自立」とか「独自性」といえば軍事力のレベルでしか考えることができない〝発想の貧困〟が集約的に示されている。それでは、日米安保体制にのみ依拠しつづけることが、果たして現実的なのであろうか。日本の安全は「核の傘」ならぬ「トランプの傘」で守られているという、この信じがたい不条理のもとにあるのが安保体制の現実に他ならない。〝場当たり外交〟のトランプと「心中」する道を歩むことが、日本外交が採るべき道筋なのであろうか。

あらためて強調するならば、東アジアの国々は今後長期にわたって、米中両大国の狭間で翻弄されつづける事態が予想される。そうであれば、両大国に「支配されたくない」との「望み」をもって、たがいの利害や軋轢を乗り越え、際限ない軍拡と緊張の激化に反対するという共通目標のもとに結集し提携関係を深め、両大国に影響力をおよぼすことのできる「東アジア軍縮同盟」という枠組みの構築を目指すことは、いまの世界的な「大変動」の時代にあって、真剣に検討されるべき道筋ではなかろうか。

「ブルースカイ・ポリシー」からの脱却

「東アジア軍縮同盟」の本拠を沖縄に構えることは、歴史的な意味合いをもつといえる。沖縄は戦後七〇年以上にわたり「軍事の島」として、いっさいの犠牲を押しつけられてきた。今の日米政府の方針にたてば、この事態は今後一世紀にもおよぶのではなかろうか。犠牲を押しつける根拠は、「ブルースカイ・ポリシー」である。つまり、東アジアに「脅威と緊張」がなくならないかぎり、沖縄は軍事拠点としてありつづけねばならない。

それでは、日本政府は一〇〇万を越える「同胞」が住む沖縄のために、東アジアの「脅威と緊張」をなくすべく、いかなる戦略をもち、いかに具体的に行動してきたであろうか。事実上は、なきに等しい。本土では憲法改正が議論されているが、それでは九条を改正して沖縄の何が変わるのであろうか。「日米同盟の御旗」のもと、米国の軍事・外交戦略の枠内で発想し行動するかぎりは、「ブルースカイ・ポリシー」を越えることができない。

そうであれば、米軍基地が集中する沖縄の現状を根本から変えていくためには、東アジアの「脅威と緊張」を緩和し信頼醸成の方向に歩むイニシアティヴを、沖縄を拠点としてつくり出していかねばならない。この場合、政治や軍事は別として、少なくとも経済レベルでは統合への大きな前進がみられる東アジアで、沖縄が重要な流通の拠点となりつつあるという現状も、きわめて重要な要素である。

つまり、沖縄が「基地の島」としての現状から脱する道は、こうした経済統合のうねりを背景に「ブルースカイ・ポリシー」を克服し、東アジアに軍縮と緊張緩和の新たな枠組みを構築していく、その道筋そのものに在るといえる。そして、これこそが真の「戦後レジームからの脱却」であろう。

あとがき

本書を企画し、執筆してきた年月は、著者たちにとってまさに沖縄が「激動」する時期であり、張り詰めた日々であった。それは、菅官房長官の「辺野古の基地建設を粛々と開始する」との発言に始まり、全国から集められた機動隊の力による住民排除がつづき、いまだ継続している時期に重なる。さらに本土にあっては、集団的自衛権にもとづく安全保障法制や、共謀罪を定める組織的犯罪処罰法が強行採決され、少数派が排除されていく時期でもあった。

本書では、戦後初期の一九四〇年代から六〇年代の沖縄と本土の関係を、政治・行政の観点から切り込んでいる。けっして「大昔」のことではないにもかかわらず、事実関係ではいまだ不明な点が多い。そのため、著者たちは暗中模索で悩みながら事実を解明し、結果としてかなりの時間を費やすことになった。主眼はなによりも、沖縄と本土の関係の解明にあったので、文献的にも国会の議事録など「既知であって既知でない」大量の文献を渉猟し、再構成し、本土の視点から沖縄を描きなおすことになった。

いま、沖縄では「強権と排除」が高まる一方、それに抗して「自己決定権」の叫びも高まりつつある。これはまた、伝統的な近代国民国家に連邦化や独立への動きがあるように、沖縄が日本の「地域化」への劈頭に立っているとみることもできる。中央集権国家による軍事基地の強権的建設が自治の排除であることは、今後さらに明確になろう。本書の分析が、沖縄と本土の歴史を日本近代に位置づけ、戦後の日本認識そのものに新たな視点を加え、さらにつぎの時代をも管見できるきっかけになれば、望外の喜びである。

この間、著者たちは東西にわかれて住んでいるにもかかわらず、繰り返し意見交換し、議論を深め、問題意識の収斂をはかった。そのあいだにあって著者たちの作業を仲介し、有益な助言をくださりつつ単行本の体裁を整えてくださった編集者の栗山雅子さんに心からのお礼を申し上げたい。

二〇一八年一月七日*

古関彰一

* 一九五四年のこの日、アイゼンハワー大統領は年頭教書で沖縄の無期限保有を表明した。

主要索引

＊「講和条約三条」や諸大国の国名など，頻出する項目は省いた.

カ 行

サ 行

タ 行

マ 行

ヤ 行

注

第一章　国籍を奪われた沖縄

（1）　琉球新報社・新垣毅編著『沖縄の自己決定権』高文研，2015 年.
（2）　新崎盛暉『日本にとって沖縄とは何か』岩波新書，2016 年，207 頁.
（3）　遠山茂樹『遠山茂樹著作集　第四巻』岩波書店，1992 年，105 頁，初出は「日本近代史における沖縄の位置」『歴史学研究』382 号，1972 年 3 月.
（4）　清宮四郎『外地法序説』有斐閣，1944 年，1，2 頁.
（5）　古関彰一「帝国臣民から外国人へ」『世界』2010 年 10 月号.
（6）　美濃部達吉『憲法撮要　改訂第五版』有斐閣，1932 年，194 頁.
（7）　平賀健太『国籍法 上巻』帝国凡例法規出版，1950 年，81 頁.
（8）　岡久慶「連合王国市民権の獲得」『外国の立法』231 号，2007 年 2 月，17 頁.
（9）　大谷正『日清戦争』中公新書，2014 年，153 頁.
（10）　宮城悦二郎『占領者の眼――アメリカ人は〈沖縄〉をどう見たか』那覇出版社，1982 年，39 頁.
（11）　比嘉幹郎「琉球政府の経験と沖縄の自治」『沖縄法政研究』第 16 号，2014 年 3 月，192 頁.
（12）　新谷正夫「沖縄戸籍断章」戸籍法五〇周年記念論文集編纂委員会編『現行戸籍制度五〇年の歩みと展望』日本加除出版，1999 年，265 頁.
（13）　比嘉春潮他「屈辱の歴史からの脱却」『世界』1967 年 12 月号，59 頁.
（14）　我部政明『日米関係のなかの沖縄』三一書房，1996 年，39，62 頁.
（15）　Report: Strategic Aspects of the Peace Settlement with Japan, British Commonwealth Conference, August 1947，オーストラリア公文書館所蔵.
（16）　外務省特別資料課編『日本占領及び管理重要文書集　朝鮮人，台湾人，琉球人関係』昭和 25 年 3 月.
（17）　川端俊一『沖縄・憲法の及ばぬ島で』高文研，2016 年，40 頁.
（18）　外務省アジア局「琉球政府及び琉球住民」『法律時報』1955 年 3 月号，69 頁.
（19）　芦部信喜『憲法 第六版』岩波書店，2015 年，40 頁.
（20）　琉球立法院『琉球法令集』1959 年版，169 頁以下.
（21）　*The American Journal of International Law*，Vol.49, 1955, pp. 88–90.
（22）　『第一二国会衆議院平和条約特別委員会議録 第五号』，19 頁.
（23）　『第一二回国会参議院平和条約及び日米安全保障条約特別委員会会議録 第十号』15 頁.

(24) 田畑茂二郎「沖縄・小笠原帰属に関する法律問題」『ジュリスト』80号，1955年4月15日，24頁.
(25) 横田喜三郎ほか「沖縄をめぐる法律問題」『法律時報』1955年3月号，46-47頁.
(26) 大田昌秀編著『これが沖縄戦だ――写真記録　改訂版』那覇出版社，2002年，211頁を基本に，沖縄県編『沖縄県史　資料編23　沖縄戦日本軍史料　沖縄戦6』2012年刊により補正した.
(27) 河辺虎四郎『河辺虎四郎回想録』毎日新聞社，1979年，158頁.
(28) 迫水久常『大日本帝国最後の四か月』オリエント書房，1973年，198頁.
(29) 古関彰一『日本国憲法の誕生　増補改訂版』岩波現代文庫，2017年，103頁以下.
(30) 米統合参謀本部：JCS文書：Limited Military Armament for Japan, JCS1380/48.
(31) 古関彰一『「平和国家」日本の再検討』岩波現代文庫，2013年，17頁.
(32) 『第八十九回帝国議会衆議院議員選挙法中改正法律案外一件委員会議録――速記』第4回，1945年12月7日，55頁.
(33) 宮沢俊義『憲法の原理』岩波書店，1967年，190頁.
(34) 杉原泰雄『国民代表の政治責任』岩波新書，1977年，124頁.

第二章　講和条約第三条と安保条約

(1) 鹿島平和研究所編『日本外交主要文書・年表　第一巻』原書房，1983年，421頁.
(2) たとえば，渡辺昭夫『戦後日本の政治と外交』福村出版，1970年；河野康子『沖縄返還をめぐる政治と外交』東京大学出版会，1994年；宮里政玄『日米関係と沖縄 1945-1972』岩波書店，2000年；ロバート・D・エルドリッヂ『沖縄問題の起源』名古屋大学出版会，2003年；原貴美恵『サンフランシスコ平和条約の盲点』溪水社，2005年；明田川融『沖縄基地問題の歴史』みすず書房，2008年，等々.
(3) 明田川『沖縄基地問題』104-105頁；原『サンフランシスコ平和条約』257頁.
(4) 河野『沖縄返還』10頁.
(5) エルドリッヂ『沖縄問題』126頁；原『サンフランシスコ平和条約』257頁.
(6) エルドリッヂ，同上，148, 151, 155, 170-171頁；原，同上，261頁.
(7) 原，同上，260頁.
(8) *Foreign Relations of the United States*（以下*FRUS*）, *1950*, Vol. VI, p. 1287.
(9) 宮里『日米関係』49頁.
(10) 外務省編纂『平和条約の締結に関する調書（第二冊）』巌南堂書店，2002年，35頁. なお，この『調書』は1982年に「公開」されたが削除部分が多く「公開」の名に値しないものであった．その後2002年に全面公開されるにいたったが，この『調書』がなぜ二度も「公開」されることになったのか，その背景については，豊下楢彦『昭和天皇・マッカーサー会見』岩波現代文庫，2008年，73-75頁を参照.
(11) *FRUS, 1951*, Vol. VI, pp. 933, 945.
(12) 宮里『日米関係』56-57頁.
(13) *FRUS, 1951*, Vol. VI, pp. 991, 1157.

(14)　外務省編纂『平和条約の締結に関する調書（第四冊）』284頁.
(15)　同上，300頁.；原『サンフランシスコ平和条約』265-271頁.
(16)　*FRUS, 1951*, Vol. VI, pp. 1152-53.
(17)　*Ibid.*, p. 1062.
(18)　エルドリッヂ『沖縄問題』231頁.
(19)　池上大祐『アメリカの太平洋戦略と国際信託統治』法律文化社，2014年，79-81頁.
(20)　同上，61-62頁.
(21)　同上，68-69頁.
(22)　同上，70, 87頁.
(23)　同上，90-91頁.
(24)　同上，93-94頁.
(25)　同上，95-96頁.
(26)　同上，124-127頁.
(27)　豊下楢彦「太平洋をめぐる米ソ勢力圏分割」佐藤幸男編『世界史のなかの太平洋』国際書院，1998年，160-161頁.
(28)　同上，153頁.
(29)　同上，154-155頁.
(30)　同上，162-163頁.
(31)　池上『アメリカの太平洋戦略』10-11頁.
(32)　宮里政玄編『戦後沖縄の政治と法──1945-72年』東京大学出版会，1975年，27頁.
(33)　Memorandum for General MacArthur from W. J. Sebald, 20 September 1947, Subject: Emperor of Japan's Opinion Concerning the Future of the Ryukyu Islands（沖縄県公文書館，USCAR文書）；進藤栄一「分割された領土──沖縄，千島，そして安保」『世界』1979年4月号.
(34)　豊下楢彦『昭和天皇の戦後日本』岩波書店，2015年，102-103頁.
(35)　明田川『沖縄基地問題』122頁.
(36)　豊下『昭和天皇』111頁；明田川，同上，42, 84, 87頁.
(37)　豊下，同上，113-114, 218-219頁.
(38)　『入江相政日記（第五巻）』朝日新聞社，1991年，419, 423頁（昭和54年4月19日および5月7日付の日記）.
(39)　古川隆久『昭和天皇』中公新書，2011年，352頁.
(40)　宮里編『戦後沖縄』121-122頁.
(41)　エルドリッヂ『沖縄問題』142-143頁.
(42)　Comment on Draft（1/3/51）of Pacific Ocean Pact, *FRUS, 1951*, Vol. VI, part 1. 1977, p. 135.
(43)　Memorandum by the Special Assistant to the Consultant（Allison）, *FRUS, 1951*, Vol. VI, part 1, 1977, p. 791.
(44)　Draft Letter to Mr. Dulles, *FRUS, 1951*, Vol. VI, part 1, 1977, p. 789.
(45)　*The ANZUS Pact and the Treaty of Peace with Japan, Documents on New Zealand External Rela-*

tions, Vol. III, 1985, pp. 596–597.

(46) Memorandum by Mr. Robert A. Fearey of the Office of Northeast Asian Affairs, *FRUS, 1951*, Vol.VI, part 1, 1977, p. 170.

(47) Memorandum on the Substance of Discussions at a Department of State-Joint Chiefs of Staff Meeting, *FRUS, 1951*, Vol. VI, part 1, 1977, p. 196.

(48) *The ANZUS Pact and the Treaty of Peace with Japan*, p. 811.

(49) 伊藤裕子「フィリピンの軍事戦略的重要性の変化と 1947 年米比軍事基地協定の成立過程」『国際政治』117 号，1998 年，213 頁.

(50) 伊藤裕子「戦後アメリカの対フィリピン軍事政策と日本要因 1945–1951 年」池端雪浦／リディア・N・ユー・ホセ編『近現代日本・フィリピン関係史』岩波書店，2004 年，349 頁.

(51) Memorandum of Conversation, by the Deputy to the Consultant（Allison）at the Malacanan Palace, *FRUS, 1951*, Vol. VI, part 1, 1977, p. 881.

(52) 吉川洋子『日比賠償外交交渉の研究　1949–1956』勁草書房，1991 年，65 頁.

(53) W. David McIntyre, *Background to the ANZUS Pact*, Canterbury University Press, 1995, p. 337.

(54) J.G. Starke, *The ANZUS Treaty Alliance*, Melbourne University Press, 1965, p. 94.

(55) Starke, *Ibid.*, p. 144.

(56) 外務省編『日本外交文書　サンフランシスコ平和条約　準備対策』2006 年，485–486 頁.

(57) 豊下楢彦『安保条約の成立――吉田外交と天皇外交』岩波新書，1996 年，72 頁.

(58) 太田昌克『日米「核密約」の全貌』筑摩選書，2011 年，147 頁.

(59) 草案の記載期日は，本文には「undated（日付なし）」とあるが，文書を編集した *FRUS* は脚注で「日本側に文書を手交した日とたぶん同一」として，「1951 年 2 月 3 日」としている．Agreement Concerning Japanese -American Cooperation for Their Mutual Security, *FRUS, 1951*, Vol. VI, part 1, 1977, p. 843；外務省編「外務省外交文書　対日平和条約関係準備作業関係」.

(60) 古関彰一『「平和国家」日本の再検討』岩波現代文庫，2013 年，174 頁．原文は米公文書館蔵の文書.

第三章　「三条失効」論

(1) *Foreign Relations of the United States*（以下 *FRUS*）*, 1952–54*, Vol. XIV, pp. 1319–1327.

(2) *Ibid.*, pp. 1322–1323.

(3) ロバート・D・エルドリッヂ『奄美返還と日米関係――戦後アメリカの奄美・沖縄占領とアジア戦略』南方新社，2003 年，109–110 頁.

(4) 渡辺昭夫『戦後日本の政治と外交』福村出版，1970 年，227–228 頁.

(5) *FRUS, 1952–54*, Vol. XIV, pp. 1396–1400.

(6) *Ibid.*, pp. 1438–1444.

(7) *Ibid.*, pp. 1470-1471.
(8) *Ibid.*, p. 1478；エルドリッヂ『奄美返還』180-181 頁.
(9) *FRUS, 1952-54*, Vol. XIV, p. 1481.
(10) 中野好夫編『戦後資料 沖縄』日本評論社，1969 年，86-87 頁.
(11) エルドリッヂ『奄美返還』200-203 頁；*FRUS, 1952-54*, Vol. XIV, p. 1537.
(12) 宮里政玄『日米関係と沖縄 1945-1972』岩波書店，2000 年，86 頁；*FRUS, 1952-54*, Vol. XIV, p. 1543.
(13) *Ibid.*, pp. 1533-1534, 1544；エルドリッヂ『奄美返還』208-209 頁.
(14) エルドリッヂ，同上，216-224 頁.
(15) 中野編『戦後資料 沖縄』83-84 頁.
(16) エルドリッヂ『奄美返還』263-264 頁；宮里『日米関係』87 頁.
(17) *FRUS, 1952-54*, Vol. XIV, pp. 1569-1570.
(18) 中野編『戦後資料 沖縄』85 頁.
(19) Morton Halperin, American Decision Making on Reversion of Okinawa, Commemorative Events for the Twentieth Anniversary of the Reversion of Okinawa, May, 1992（この資料は明田川融氏より提供頂いた．記して感謝申し上げたい）；『朝日新聞』2014 年 5 月 19 日；明田川融『沖縄基地問題の歴史』みすず書房，2008 年，356-360 頁.
(20) 皆川洸「日本の国連加入と南方諸島」南方同胞援護会編『南方諸島の法的地位』南方同胞援護会，1958 年.
(21) 『読売新聞』1953 年 12 月 26 日；エルドリッヂ『奄美返還』247 頁.
(22) *FRUS, 1952-54*, Vol. XIV, pp. 1571-1572.
(23) 『第十一回国会衆議院会議録第一号（その一）』(1951 年 8 月 16 日)．以下，国会会議録検索システムに依る.
(24) 『第十一回国会衆議院会議録第二号』(1951 年 8 月 17 日).
(25) 『第十二回国会衆議院平和条約及び日米安全保障条約特別委員会会議録第三号』(1951 年 10 月 18 日).
(26) 『第十二回国会参議院平和条約及び日米安全保障条約特別委員会会議録第五号』(1951 年 10 月 29 日).
(27) 同上『第六号』(1951 年 10 月 30 日).
(28) 同上『第一〇号』(1951 年 11 月 5 日).
(29) アラン・プレ／ジャン＝ピエール・コット共編『コマンテール 国際連合憲章——国際連合憲章逐条解説（下）』東京書籍，1993 年，361-362 頁.
(30) 田岡良一・畝村繁『現代法学全書 国際法』青林書院，1957 年，100 頁.
(31) 1952 年 8 月 15 日付の統合参謀本部からラヴェット国防長官あての覚書，*FRUS, 1952-54*, Vol. XIV, p. 1326.
(32) 『第十三回国会衆議院外務委員会議録第二十三号』(1952 年 5 月 7 日).
(33) 『第十五回国会衆議院外務委員会議録第十九号』(1953 年 2 月 21 日).
(34) 以上，明田川『沖縄基地問題』第四章 1 節を参照.
(35) 『第十九回国会衆議院外務委員会議録第八号』(1954 年 2 月 17 日).

(36) 林博史『米軍基地の歴史』吉川弘文館，2011年，92-98頁；NHKスペシャル『スクープドキュメント 沖縄と核』2017年9月10日.

(37) 中野編『戦後資料 沖縄』122-123頁.

(38) 1956年7月9日，衆議院外務委員会における社会党・穂積七郎議員の発言（『第二十四回国会衆議院外務委員会議録第五十八号』).

(39) 仲本和彦「ロジャー・N・ボールドウィンと島ぐるみ闘争」『沖縄県公文書館研究紀要』2014年3月，37-38頁.

(40) 中野編『戦後資料 沖縄』149-150頁.

(41) 仲本『ロジャー・N・ボールドウィン』43頁.

(42) 同上，41-46頁.

(43) 同上，50-51頁.

(44) 『第二十二回国会衆議院法務委員会議録第十六号』（1955年6月9日).

(45) 『第二十四回国会衆議院外務委員会議録第四十五号』（1956年5月18日).

(46) Report of a Special Subcommittee of the Armed Services Committee, House of Representatives, Following an Inspection Tour, October 14 to November 23, 1955, The（Melvin）Price Report-1956, Hathi Trust Digital Library.

(47) 『第二十四回国会衆議院外務委員会議録第五十八号』（1956年7月9日).

(48) 『朝日新聞』1956年6月19日.

(49) 平良好利『戦後沖縄と米軍基地』法政大学出版局，2012年，132，137-140頁.

(50) 『朝日新聞』1956年6月27日.

(51) 渡辺『戦後日本』170頁.

(52) 中村哲・横田喜三郎・海野晋吉・森川金壽「沖縄をめぐる法律問題」『法律時報』1955年3月号.

(53) 平賀健太「沖縄および沖縄島民の地位」『国際法外交雑誌』1955年12月号.

(54) 中野編『戦後資料 沖縄』229頁.

(55) 渡辺『戦後日本』125-127頁.

(56) 平賀健太は実は，十数年後の1969年9月に，いわゆる「平賀書簡事件」を引き起こした当人である．つまり，北海道長沼町に航空自衛隊がナイキ・ミサイル基地を建設する問題をめぐり地域住民が自衛隊の違憲性を問う訴訟を起こした当時，担当裁判長の福島重雄に対し札幌地裁の所長として平賀が「一先輩のアドヴァイス」と題する詳細なメモを差し入れ，原告の申し立てを却下するように“圧力”をかけ，「裁判官の独立」を保障した憲法規定に触れるとして最高裁から注意処分をうけた，という事件である．それでは，沖縄の「八十萬同胞」のために外交的保護権の行使を主張した平賀と，自衛隊の違憲判決を危惧して裁判過程に介入した平賀と，これら両者をつなぐものは何であったろうか．それはおそらく，後にふれる中曽根康弘の立場に似た“ナショナリスト”の信条であろう．

(57) 『第二十四回国会衆議院外務委員会議録五十九号』（1956年7月12日).

(58) 河野康子『沖縄返還をめぐる政治と外交』東京大学出版会，1994年，124-125頁.

(59) 『第二十四回国会衆議院外務・内閣・法務委員会連合審査会議録第二号』（1956年

7月13日).

(60) 田畑茂二郎「沖縄・小笠原帰属に関する法律問題」『ジュリスト』1955年4月15日号.

(61) 『第十三回国会衆議院外務委員会議録第二十三号』(1952年5月7日).

(62) 『第十二回国会参議院平和条約及び日米安全保障条約特別委員会会議録第十号』(1951年11月5日)

(63) 南方同胞援護会編『沖縄復帰の記録』南方同胞援護会, 1972年, 669頁. なお, この資料では「第三回沖縄問題閣僚協議会」と表記されているが, これは「第二回」の誤りである.

(64) 皆川「日本の国連加入」.

(65) プレ/コット共編『コマンテール』365頁.

(66) ところで,「国際連合加盟国の間の関係は, 主権平等の原則の尊重を基礎とするから, 信託統治制度は, 加盟国となった地域には適用しない」と規定する憲章七八条と講和条約三条との関係については, 日本の国際法学者のあいだでも議論が分かれていたが, 問題の焦点は, 憲章七八条からただちに三条の失効を導き出すことができるかどうかにあった. 実はこれに否定的な議論の立場は, そもそも三条は成り立ちえないという"三条無効論"に近いものであった. つまり, 沖縄は「朝鮮や台湾の場合とははっきり異なり, 異民族の支配地域でも, 本土と区別される非自治地域でもなかった. 三府四三県のなかの一県として本土と一体であった. これを植民地としてとらえ, 信託統治の下におくことは法的に許されるであろうか」, あるいは「沖縄は, 決して信託統治制度の下におかれるような地域ではない. およそ信託統治の対象とはならない地域である」といった主張であった(高野雄一「沖縄返還の法理」『法律時報』1968年1月号;入江啓四郎「沖縄の法的地位, その転換」『季刊 南と北』第35号, 1965年).

(67) 『第十九回国会衆議院外務委員会議録第八号』(1954年2月17日).

(68) 『第二十五回国会衆議院外務委員会議録第九号』(1956年12月12日).

(69) 同上『第十号』(1956年12月13日)

(70) *FRUS, 1952–54*, Vol. XIV, pp. 1326–1327.

(71) *FRUS, 1955–57*, Vol. XXIII, p. 241.

(72) *Ibid.*, p. 245.

(73) 渡辺『戦後日本』196–197頁.

(74) 『第二十六回国会衆議院外務委員会議録第十二号』(1957年3月16日).

(75) 渡辺『戦後日本』101頁.

(76) 『第二十六回国会衆議院法務委員会議録第二十六号』(1957年4月16日).

(77) 本土から沖縄への海兵隊移転については, 屋良朝博・川名晋史・齊藤孝祐・野添文彬・山本章子『沖縄と海兵隊』旬報社, 2016年, 第一章を参照.

(78) ジラード事件と密約問題については, 大沼久夫「「ジラード事件」と日米関係」『共愛学園前橋国際大学論集』No.16, 2016年3月号を参照.

(79) 『第二十六回国会衆議院外務委員会議録第十八号』(1957年4月19日).

(80)　「領土問題（対米申入れ用メモ）」1957年4月1日，2013年度第一回外交記録公開 No.3「日米関係（沖縄返還）53」.

(81)　河野康子「日米安保条約改定交渉と沖縄」坂本一登／五百旗頭薫編著『日本政治史の新地平』吉田書店，2013年，437頁．もっとも河野は旧著で，中川の米大使館への説明として，「沖縄と日本本土での復帰運動に対する対策としては，タイム・リミットを設けることが最もよい．岸首相は周辺から「七年」のタイム・リミットを助言されたが，岸自身が「一〇年」をとったのである．なお，岸首相は一〇年後には憲法が改正されているであろうと考えている」との発言をとりあげ，憲法改正問題とのかかわりをもふくめて，「一〇年後」が採られた背景を説明していた．（河野『沖縄返還』153-54頁）.

(82)　「「領土問題」に関する説明」1957年4月2日，2013年度第一回外交記録公開 No.3「日米関係（沖縄返還）53」.

(83)　河野『沖縄返還』151-153頁.

(84)　*FRUS, 1955-57*, Vol. XXIII, p. 280.

(85)　河野『沖縄返還』155頁.

(86)　「第一回岸ダレス会談（政治問題）参考資料」1957年6月15日，2013年度第一回外交記録公開 No.3「日米関係（沖縄返還）53」.

(87)　*FRUS, 1955-57*, Vol. XXIII, pp. 369-374；「日米会談記録（その二）第一回岸，アイゼンハウアー会談要旨」2013年度第一回外交記録公開 No.3「日米関係（沖縄返還）53」.

(88)　*FRUS, 1955-57*, Vol. XXIII, pp. 373-374.

(89)　*Ibid.*, p.380；「日米会談記録（その三）第一回岸，ダレス会談要旨」2013年度第一回外交記録公開 No.3「日米関係（沖縄返還）53」.

(90)　*FRUS, 1955-57*, Vol. XXIII, pp. 380-385.

(91)　*Ibid.*, pp. 55-57, 387-389.

(92)　*Ibid.*, pp. 390-391.

(93)　*Ibid.*, pp. 408-409.

(94)　河野「日米安保条約改定交渉」440頁.

(95)　鹿島平和研究所編『日本外交主要文書・年表　第一巻』原書房，1983年，809頁.

(96)　河野「日米安保条約改定交渉」441-442頁.

(97)　『朝日新聞』1956年6月19日.

(98)　Shigeru Yoshida,"Japan and the Crisis in Asia", *Foreign Afffairs*, Volume 29, Number 2, January 1951.

(99)　豊下楢彦『安保条約の成立──吉田外交と天皇外交』岩波新書，1996年，17-19頁.

(100)　渡辺『戦後日本』46頁.

第四章　沖縄の法的地位と「植民地」問題

(1)　*Forein Relations of the United States*（以下 *FRUS*）, *1955-57*, Vol. XXIII, pp. 243-244.

（2） *Ibid.*, p. 245.
（3） *Ibid.*, pp. 264–267.
（4） 宮里政玄『アメリカの沖縄統治』岩波書店，1966 年，36–37 頁.
（5） 南方同胞援護会編『沖縄復帰の記録』南方同胞援護会，1972 年，420 頁.
（6） 宮里政玄『日米関係と沖縄 1945–1972』岩波書店，2000 年，94 頁.
（7） 同上，94–103 頁.
（8） *FRUS, 1955–57*, Vol. XXIII, pp. 55–57, 265–266.
（9） 宮里『日米関係』142–143 頁.
（10） Executive Order 10713--Providing for Administration of the Ryukyu Islands, 5th June, 1957. http://ryukyu-okinawa.net/pages/archive/eisen.html
（11） 河野康子『沖縄返還をめぐる政治と外交』東京大学出版会，1994 年，161–162 頁.
（12） 渡辺昭夫『戦後日本の政治と外交』福村出版，1970 年，52 頁.
（13） 河野『沖縄返還』159 頁.
（14） Nicholas E. Sarantakes, *Keystone: The American Occupation of Okinawa and U.S.-Japanese Relations*, Texas A&M University Press, 2000, p. 97.
（15） *FRUS, 1955–57*, Vol. XXIII, p. 320.
（16） 中野好夫編『戦後資料 沖縄』日本評論社，1969 年，250 頁.
（17） 渡辺『戦後日本』261–262 頁.
（18） *FRUS, 1955–57*, Vol. XXIII, pp. 544–546.
（19） *Ibid.*, p. 548.
（20） Sarantakes, *Keystone*, p. 107; *FRUS, 1958–60*, Vol. XVIII, pp. 4–5.
（21） *FRUS, 1958–60*, Vol. XVIII, p. 16, note1.
（22） 我部政明『日米関係のなかの沖縄』三一書房，1996 年，120 頁.
（23） *FRUS, 1958–60*, Vol. XVIII, pp. 16–17.
（24） *Ibid.*, pp. 19–21.
（25） *Ibid.*, pp. 21–22.
（26） *Ibid.*, pp. 29–31.
（27） 宮里『日米関係』163 頁；Sarantakes, *Keystone*, p. 110.
（28） *Ibid.*
（29） *Ibid.*
（30） *FRUS, 1958–60*, Vol. XVIII, p. 101.
（31） 『朝日新聞』1956 年 6 月 27 日.
（32） *FRUS, 1958–60*, Vol. XVIII, p. 161.
（33） 『参議院外務委員会（第二十六回国会継続）議録第一号』（1957 年 8 月 1 日）.
（34） 『第二十六回国会衆議院外務委員会議録第二十六号』（1957 年 7 月 31 日）.
（35） 『第二十六回国会衆議院外務委員会議録第二十七号』（1957 年 9 月 6 日）.
（36） Sarantakes, *Keystone*, p.110.
（37） 『第二十六回国会衆議院外務委員会議録第二十八号』（1957 年 10 月 15 日）.
（38） 『第二十九回国会衆議院外務委員会議録第十号』（1958 年 7 月 30 日）.

(39) 河野「日米安保条約改定交渉」448 頁.
(40) 豊下楢彦『安保条約の成立──吉田外交と天皇外交』岩波新書，1996 年，VII 章 1 節を参照.
(41) 『第三十回国会衆議院予算委員会議録第三号』（1958 年 10 月 30 日）.
(42) 豊下楢彦『集団的自衛権とは何か』岩波新書，2007 年，57-60 頁.
(43) 『第三十回国会衆議院内閣委員会議録第 5 号』（1958 年 10 月 23 日）.
(44) 河野「日米安保条約改定交渉」451-456 頁.
(45) 『朝日新聞』1958 年 10 月 15 日.
(46) 本章，注（43）を参照.
(47) 本章，注（41）を参照.
(48) 河野「日米安保条約改定交渉」460-463 頁.
(49) 同上，462-464 頁.
(50) 本章，注（43）を参照.
(51) 『第三十一回国会衆議院外務委員会議録第十一号』（1959 年 3 月 10 日）.
(52) 『第三十四回国会衆議院日米安全保障条約等特別委員会議録第八号』（1960 年 3 月 16 日）.
(53) 笠は，「核兵器を置いたまま返してもらうわけにはいかない．返還の代償にアメリカが日本の国土に核を置くというなら，沖縄の人たちには悪いが，待ってもらわなければ」とまで述べたが，そこには「不戦憲法は空文に帰するであろう」との危機意識があった．笠信太郎「沖縄問題を憂う」『朝日新聞』1967 年 10 月 10 日；川端俊一「新聞と 9 条　沖縄から 27, 28」『朝日新聞』2015 年 11 月 12, 13 日.
(54) 新崎盛暉『日本にとって沖縄とは何か』岩波新書，2016 年，40-41 頁.
(55) 渡辺『戦後日本』264-265 頁.
(56) Declaration on the Granting of Independence to Colonial Countries and Peoples, Adopted by General Assembly Resolution 1514（XV）of 14 December 1960, The United Nations and Decolonization, Main Documents.
(57) Address by Nikita Khrushchev at the United Nations General Assembly, September 23, 1960, United Nations, General Assembly, Official Records, Fifteenth Session.
(58) 河野康子「池田内閣期の沖縄問題（一）」『法学志林』2014 年 3 月号，7 頁.
(59) 河野康子「池田・ケネディ会談再考」『法学志林』2014 年 1 月号，4 頁.
(60) 「池田総理訪米資料　議題三（三）沖縄・小笠原」1961 年 6 月，2010 年度第四回外交記録公開 No.5「沖縄関係　米国管理下の南西諸島（沖縄）状況雑件　第二巻」.
(61) 南方同胞援護会編『沖縄復帰』1215 頁.
(62) 1960 年 1 月 19 日「岸首相・アイゼンハワー大統領共同声明」鹿島平和研究所編『日本外交主要文書・年表　第一巻』原書房，1983 年，988-992 頁.
(63) *FRUS, 1961-63*, Vol. XXII, pp. 699-700.
(64) 若松孝司・高橋啓介「アメリカ外交政策とパナマ運河返還の意義」『愛知淑徳短期大学研究紀要』第 39 号，50 頁.
(65) 「池田，ケネディー会談」（1961 年 6 月 21 日　ヨット上会談），2010 年度第四回外

交記録公開 No.5「沖縄関係　米国管理下の南西諸島（沖縄）状況雑件　第二巻」.

(66) *FRUS, 1961-63*, Vol. XXII, p. 700.

(67) *Ibid.*「池田，ケネディー会談」，本章，注（65）を参照.

(68) 「池田勇人首相とケネディ米大統領の共同声明」（1961年6月22日）鹿島平和研究所編『日本外交主要文書・年表　第二巻』原書房，1984年，342-344頁.

(69) 河野「池田・ケネディ会談」25頁.

(70) 『読売新聞』1962年3月1日；『毎日新聞』1962年3月4日；中野編『戦後資料沖縄』368頁.

(71) 『第四十回国会参議院予算委員会議録第八号』（1962年3月8日）.

(72) 河野「池田内閣期」1-2頁.

(73) 同上，8-9頁.

(74) 『第三十九回国会衆議院外務委員会議録第四号』（1961年10月10日）.

(75) 「植民地独立宣言と沖縄に関する国会答弁資料（試案）」北東アジア課長，1961年10月23日，2010年度第四回外交記録公開 No.5「沖縄関係　国連関係　植民地独立宣言（沖縄）」.

(76) 『第三十九回国会衆議院外務委員会議録第十三号（閉会中審査）』（1961年12月4日）.

(77) 中野編『戦後資料 沖縄』415頁.

(78) 同上，416頁.

(79) アジア局宇山厚審議官「沖縄立法院の国連加盟国に対する要望決議の件」1962年2月6日，2010年度第四回外交記録公開 No.5「沖縄関係　国連関係　植民地独立宣言（沖縄）」.

(80) 『共同通信』1962年2月16日；中野編『戦後資料 沖縄』418頁.

(81) 小坂外相から朝海駐米大使宛「沖縄問題に関する件」1962年2月19日，2010年度第四回外交記録公開 No.5「沖縄関係　国連関係　植民地独立宣言（沖縄）」.

(82) 宮里『日米関係』212-214頁；渡辺『戦後日本』69-70頁.

(83) 宮里，同上，217頁；渡辺，同上，71頁.

(84) *FRUS, 1961-63*, Vol. XXII, p. 773.

(85) 渡辺『戦後日本』223-227，240頁.

(86) 沖縄諸島日本復帰期成會「国連の植民地廃止宣言即時実施に協力方御決議御願い日本國會へ」1961年10月，2010年度第四回外交記録公開 No5「沖縄関係　国連関係植民地独立宣言（沖縄）」.

(87) 『第三十九回国会衆議院外務委員会議録第四号』（1961年10月10日）における岡田春夫の発言および，『第四十回国会衆議院外務委員会議録第三号』（1962年2月14日）における稲村隆一の発言を参照.

(88) Sarantakes, *Keystone*, pp. xv-xix, 66, 194.

(89) *FRUS, 1955-57*, Vol. XXIII, p. 513.

(90) Sarantakes, *Keystone*, p. 61.

(91) *FRUS, 1961-63*, Vol. XXII, pp. 718-719.

(92) 宮城悦二郎『占領者の眼──アメリカ人は〈沖縄〉をどう見たか』那覇出版社，1982年，264-265頁.
(93) 同上，199-200頁.
(94) Sarantakes, *Keystone*, p. 151.
(95) 宮里政玄「沖縄施政の現実」『中央公論』1964年12月号.
(96) 宮城『占領者の眼』204頁.
(97) 筆者（豊下）は第二次大戦の戦後処理としての連合国による旧枢軸諸国に対する占領管理体制を分析するなかで，占領支配者とのあいだで「特権的対話者」としての地位を獲得した政治家や政治勢力が「占領協力」をとおして戦後秩序の再編成において主導権を握っていく，という構図を抽出した．拙著『イタリア占領史序説』有斐閣，1984年，序章2節を参照.
(98) 新崎『日本にとって沖縄とは』55頁.
(99) 明田川融『沖縄基地問題の歴史』みすず書房，2008年，218-220頁.
(100) 千田恒『佐藤内閣回想』中公新書，1987年，15頁.
(101) たとえば，有識者委員会（北岡伸一・波多野澄雄・河野康子・坂本一哉・佐々木卓也・春名幹男）「いわゆる「密約」問題に関する有識者委員会報告書」2010年3月9日；波多野澄雄『歴史としての日米安保条約──機密外交記録が明かす「密約」の虚実』岩波書店，2010年；信夫隆司『若泉敬と日米密約──沖縄返還と繊維交渉をめぐる密約外交』日本評論社，2012年，など.
(102) 南方同胞援護会編『沖縄復帰』669頁.
(103) 本書，150頁を参照.
(104) 若松・高橋「アメリカ外交政策」51頁.
(105) 本書，102頁を参照.
(106) 本書，155頁を参照.
(107) 本書，241頁を参照.
(108) 中島琢磨『沖縄返還と日米安保体制』有斐閣，2012年，32頁.
(109) 宮里『日米関係』245頁.
(110) 本書，105頁を参照.
(111) 河野康子「佐藤内閣期の外務省と沖縄問題──全面返還論の選択をめぐって」『法学志林』2013年11月号，7頁.
(112) 同上，13-15頁.
(113) 宮里『日米関係』250頁；明田川『沖縄基地問題』216-217頁.
(114) 『日本外交主要文書・年表　第二巻』742頁.
(115) 同上，879-882頁.
(116) 同上，892-893頁；中島『沖縄返還』271頁.
(117) 明田川『沖縄基地問題』第六章を参照.
(118) 我部政明『戦後日米関係と安全保障』吉川弘文館，2007年，II章2節；西山太吉『沖縄密約──「情報犯罪」と日米同盟』岩波新書，2007年，第三章を参照.
(119) 栗山尚一『外交証言録　沖縄返還・日中国交正常化・日米「密約」』岩波書店，

2010年，74-75頁.
(120)『日本外交主要文書・年表　第二巻』892頁.
(121)　ニクソン・ショックについては，豊下楢彦編『安保条約の論理』柏書房，1999年，第一章2節を参照.
(122)　本書，164頁を参照.
(123)　本書，208頁を参照.

終章　「閉塞状態」の打破に向けて

(1)　梅林宏道『在日米軍──変貌する日米安保体制』岩波新書，2017年，9頁以下.
(2)『第八回琉球政府立法院議事録』第八号，14頁，1956年6月14日.
(3)　上原蕃『上海共同租界誌』丸善，1942年.
(4)　植田捷雄「中国の租界地」『南方諸島の法的地位』南方同胞援護会，1958年.
(5)　黒澤亜里子編『沖国大がアメリカに占拠された日』青土社，2005年，14頁.
(6)　新崎盛暉『沖縄同時代史　第二巻（琉球弧の視点から）』凱風社，1992年，111頁.
(7)　佐藤功「憲法第九五条の諸問題」田中二郎編『公法学研究』上，有斐閣，1974年，399-400頁.
(8)　加藤一彦「地方自治特別法の憲法問題」『現代法学』第18号，2009年，48頁.
(9)　新崎『沖縄同時代史』111頁.
(10)　仲地博「有事と沖縄」全国憲法研究会編『憲法と有事法制』日本評論社，2002年，110頁.
(11)『琉球新報』2017年5月14日.
(12)『読売新聞』2017年1月22日.
(13)『日本経済新聞』2017年2月14日.
(14)　豊下楢彦『集団的自衛権とは何か』岩波新書，2007年，96-98頁.
(15)　富士山会合　特別タスクフォース　政策提言「Toward A Greater Alliance──より強固な同盟を目指して」2017年4月.
(16)『ニューズウィーク』2017年12月7日.
(17)　川島真『中国のフロンティア』岩波新書，2017年，序章.
(18)『Sputnik日本』2017年4月29日.
(19)　NHK「クローズアップ現代」2017年5月15日．なお，同時期に『朝日新聞』がおこなった世論調査で，沖縄に米軍基地が集中していることについて，それを「本土による沖縄への差別だ」という意見に関して問うたところ，60歳代以上では「その通り」との答えが7割を超えたが，18-29歳では「そうは思わない」が多数を占めた（『朝日新聞』2017年5月12日）.
(20)『朝日新聞』2017年11月30日.
(21)　豊下『集団的自衛権』第四章4節参照.
(22)　礒崎敦仁・慶応大学准教授の発言（『読売新聞』2017年8月30日）.
(23)『日本経済新聞』2017年8月30日.

(24)　山本健太郎『ドゴールの核政策と同盟戦略』関西学院大学出版会，2012 年，43，58 頁．

(25)　『日本経済新聞』2017 年 8 月 12 日．

(26)　同上，2017 年 2 月 23 日．

(27)　豊下『集団的自衛権』163-65 頁，第六章 3 節を参照．

(28)　同上，第五章 4 節を参照．

(29)　『日本経済新聞』2017 年 8 月 16 日．

(30)　同上，2017 年 6 月 6 日．

(31)　以上については，豊下楢彦『「尖閣問題」とは何か』岩波現代文庫，2012年，第二，三章を参照．

(32)　豊下楢彦・古関彰一『集団的自衛権と安全保障』岩波新書，2014 年，79-87 頁；『琉球新報』2016 年 10 月 19 日．

(33)　日中両政府は 2017 年 12 月上旬の実務者協議において，自衛隊と中国軍の偶発的な衝突を防ぐための「海空連絡メカニズム」の締結にむけて協議を急ぐことで合意をみた（『日本経済新聞』2017 年 12 月 7 日）．こうした道筋こそ，尖閣問題で危機を煽りたてて沖縄の基地機能の強化をはかる前に歩まれるべきであったし，そこで海兵隊の存在意義も問いなおされるべきであった．

(34)　堀口健夫「中国による南沙諸島の埋め立ては違法？」森川幸一他編『国際法で世界がわかる』岩波書店，2016 年，156-159 頁．

(35)　同上，158 頁．

(36)　豊下『「尖閣問題」』269-271 頁．

(37)　ピーター・ナヴァロ『米中もし戦わば』文藝春秋，2016 年．もっとも，北朝鮮問題がなんらかの「解決」をみた場合に，米中間の覇権をめぐる対立が先鋭化し，最悪シナリオとして軍事的対決にいたる可能性を完全に否定しきることはできないであろう．その場合，核戦略を背景に，宇宙戦争，サイバー戦争，さらには AI（人工知能）兵器による戦争など，これまでの人類の戦争の歴史を塗り替えるような悲惨な結末を迎えることになるであろう．しかし，このように中国が米国との，あるいは日本をも加わった戦争に踏みこむ事態となった場合，そもそも誰が“喜ぶ”ことになるのであろうか．それは，IS（イスラム国）やアルカイダではなかろうか．

　問題の焦点は中央アジアである．泥沼の戦争がつづくアフガニスタンに加え，とくにキルギス，ウズベキスタン，タジキスタンなどでは，独裁体制の腐敗と汚職，経済低迷による大量の失業などを背景に閉塞感に苛まれた多くの若者たちが IS のもとに戦闘員として加わったが，IS がイラクやシリアで劣勢となるなかで，こうした若者たちが本国に戻りつつあり，いまや東南アジアとともに中央アジアが“テロの温床”となってきた．仮に中央アジアの「権力の空白地帯」にイスラム過激派が勢力を拡大することになれば，中国がなりふり構わぬ弾圧政策で臨んできた新疆ウイグル自治区におよぼす影響は計り知れないであろう．同自治区で暴動やテロが頻発し情勢が流動化すれば，それはただちに，おなじく徹底した抑圧を加えてきたチベット自治区に飛び火することになるであろう（佐藤優『大国の掟』NHK 出版新書，2016 年，167-

170, 187-194 頁).

仮にこうした事態が生ずるならば,「海洋国土」の建設に野心を燃やしてきた中国が,本来の基盤である大陸国家の核心部分を失いかねないという,未曾有の危機に直面することになる.ところが,ナヴァロは上記の著作で中国の民族問題について,ほんの数行ふれているにすぎない(ナヴァロ,205 頁).彼の問題関心はなによりも,海洋国家として拡張いちじるしい中国と米国の対決局面に絞られ,民族問題が新たな段階を画して大陸国家としての中国の屋台骨を揺るがすようなシナリオは,そもそも眼中にないのであろう.

(38) Philip Stephens, "A train that proclaims China's global ambition", *Financial Times*, July 20, 2017.

(39) ブルッキングス研究所フェローのトーマス・ライトの発言(『日本経済新聞』2017 年 3 月 3 日,3 月 17 日).

(40) 『聯合ニュース』2017 年 5 月 12 日;『共同通信』2016 年 7 月 1 日;豊下・古関『集団的自衛権と安全保障』188-191 頁.

(41) 『毎日新聞』2017 年 11 月 9 日;『共同通信』2017 年 11 月 7 日.

(42) 『読売新聞』2017 年 9 月 9 日.

(43) The White House, Office of the Press Secretary, Remarks by President Trump and Prime Minister Abe of Japan in Joint Press Conference, Tokyo, Japan, November 06, 2017.

(44) 『毎日新聞』2017 年 11 月 30 日.

(45) 『日本経済新聞』2017 年 2 月 20 日.

(46) 同上,2017 年 5 月 17 日.

(47) 『産経新聞』2016 年 8 月 14 日;『読売新聞』2017 年 11 月 12 日.

(48) 『朝鮮日報』2017 年 4 月 6 日;『ハンギョレ新聞』2017 年 3 月 20 日.

(49) 本章,注(15)を参照.

(50) Remarks by President Trump on the Administration's National Security Strategy, The White House, December 18, 2017; *The Atlantic*, December 19, 2017; President Trump Participates in an Expanded Bilateral Meeting with President Xi Jinping, The White House, November 9, 2017.

(51) カーネギー国際平和財団インド代表ラジャ・モハンの発言(『日本経済新聞』2017 年 11 月 15 日.

(52) 『日本経済新聞』2016 年 10 月 27 日,2017 年 2 月 8 日;『読売新聞』2017 年 1 月 13 日.

(53) 『朝日新聞』2017 年 6 月 5 日;羽場久美子編著『アジアの地域統合を考える』明石書店,2017 年,217 頁.

(54) 『産経新聞』2016 年 2 月 21 日;『日本経済新聞』2017 年 3 月 16 日.

(55) 『産経新聞』2017 年 9 月 10 日;『共同通信』2017 年 8 月 30 日.

(56) 『産経新聞』2017 年 3 月 3 日.

(57) 柳澤協二・伊勢﨑賢治・加藤朗『新・日米安保論』集英社新書,2017 年,120-121 頁.

(58) 2015 年には「北東アジア非核化への包括的枠組み協定」という,北朝鮮の核廃棄

など具体的プロセスに向かうさいの関係諸国のモラトリアムを含意した提案がまとめられた（梅林『在日米軍』249–259 頁）.

(59) 山地秀樹「東南アジア非核地帯条約の背景と意義── ASEAN による広域安全保障の追求」『外務省調査月報』2001 年，No. 3.

(60) 『毎日新聞』2017 年 5 月 4 日.

(61) 『毎日新聞』2017 年 11 月 16 日, 19 日. Gideon Rachman, “America is now a dangerous nation”, *Financial Times*, August 14, 2017.

(62) *AFPBB News*, 2017 年 9 月 10 日.

(63) Association of Southeast Asian Nations, East Asia Summit Leaders’ Statement on Chemical Weapons, November 16th, 2017.

(64) 春名幹男「新資料・沖縄核密約」『世界』2016 年 6 月号.

(65) NHK スペシャル『スクープドキュメント 沖縄と核』2017 年 9 月 10 日.

(66) 『日本経済新聞』2017 年 5 月 9 日；*BBC News*, 2017 年 8 月 21 日；『共同通信』2017 年 11 月 14 日.

(67) 『沖縄タイムス』2017 年 5 月 29 日.

(68) 深町朋子「日本・韓国・中国がともに主張する「固有の領土」とは？」森川他編『国際法で世界がわかる』55 頁.

(69) 同上，58 頁.

(70) 羽場『アジアの地域統合』216 頁.

(71) 『日本経済新聞』2014 年 3 月 5 日；豊下『尖閣問題』134 頁.

(72) 『日本経済新聞』2017 年 1 月 23 日. ところで，「安全保障のジレンマ」のわかりやすい事例は，米国の銃社会の現実であろう. 2017 年末の調査によれば，米銃業界の同年の売り上げは 87 億 1510 万ドル（約 9800 億円）という過去最高額に達する見通しである. それでは，100 人あたり 90 丁ちかい銃が保有される米国社会は安全になったのであろうか. まったく逆で，16 年の銃犯罪は約 5 万 9000 件を数え，14 年比で 13% も増大し，「銃が銃を呼ぶ悪循環に陥っている」のである（『日本経済新聞』2017 年 12 月 7 日）. この構図は，軍拡が軍拡を呼ぶ構図と瓜二つといわざるをえない. 悪循環が深まるなかで我が世を謳歌しているのが，前者でいえば全米ライフル協会が率いる銃業界であり，後者でいえばボーイングやロッキード・マーティンに代表される軍需産業である.

著者略歴

（こせき・しょういち）

1943年生まれ．早稲田大学大学院法学研究科修士課程修了．獨協大学名誉教授，和光学園理事長．専攻 憲政史．著書『新憲法の誕生』（中央公論社 1989，吉野作造賞受賞，中公文庫 1995）『憲法9条はなぜ制定されたか』（岩波ブックレット 2006）『安全保障とは何か―国家から人間へ』（岩波書店 2013）『「平和国家」日本の再検討』（岩波現代文庫 2013）『集団的自衛権と安全保障』（共著，岩波新書 2014）『平和憲法の深層』（ちくま新書 2015）『日本国憲法の誕生　増補改訂版』（岩波現代文庫 2017）他．

（とよした・ならひこ）

1945年生まれ．京都大学法学部卒．元関西学院大学法学部教授．専攻 外交史．著書『日本占領管理体制の成立―比較占領史序説』（岩波書店 1992）『安保条約の成立―吉田外交と天皇外交』（岩波新書 1996）『安保条約の論理―その生成と展開』（編著，柏書房 1999）『集団的自衛権とは何か』（岩波新書 2007）『昭和天皇・マッカーサー会見』（岩波現代文庫 2008）『「尖閣問題」とは何か』（岩波現代文庫 2012）『集団的自衛権と安全保障』（共著，岩波新書 2014）『昭和天皇の戦後日本―〈憲法・安保体制〉にいたる道』（岩波書店 2015）他．

古関彰一・豊下楢彦
沖縄 憲法なき戦後
講和条約三条と日本の安全保障

2018年 2月 9日 第1刷発行
2018年10月17日 第2刷発行

発行所 株式会社 みすず書房
〒113-0033 東京都文京区本郷2丁目20-7
電話 03-3814-0131(営業) 03-3815-9181(編集)
www.msz.co.jp

本文組版 キャップス
本文印刷所 三陽社
扉・表紙・カバー印刷所 リヒトプランニング
製本所 誠製本

Printed in Japan
ISBN 978-4-622-08676-5
[おきなわ けんぽうなきせんご]